本书由成都市社会科学院资助

光明社科文库
GUANGMING DAILY PRESS:
A SOCIAL SCIENCE SERIES

·法律与社会书系·

留守儿童身心健康研究

基于社会关系的视角

张筱竹 | 著

光明日报出版社

图书在版编目（CIP）数据

留守儿童身心健康研究：基于社会关系的视角 / 张筱竹著. -- 北京：光明日报出版社，2023.9

ISBN 978-7-5194-7484-3

Ⅰ.①留… Ⅱ.①张… Ⅲ.①农村—儿童—社会服务—研究—中国②农村—儿童—身心健康—研究—中国 Ⅳ.①D669.5②G444

中国国家版本馆 CIP 数据核字（2023）第 178403 号

留守儿童身心健康研究：基于社会关系的视角

LIUSHOU ERTONG SHENXIN JIANKANG YANJIU：JIYU SHEHUI GUANXI DE SHIJIAO

著　　者：张筱竹

责任编辑：李月娥　　　　责任校对：鲍鹏飞　李佳莹

封面设计：中联华文　　　　责任印制：曹　净

出版发行：光明日报出版社

地　　址：北京市西城区永安路 106 号，100050

电　　话：010-63169890（咨询），010-63131930（邮购）

传　　真：010-63131930

网　　址：http://book.gmw.cn

E - mail：gmrbcbs@gmw.cn

法律顾问：北京市兰台律师事务所龚柳方律师

印　　刷：三河市华东印刷有限公司

装　　订：三河市华东印刷有限公司

本书如有破损、缺页、装订错误，请与本社联系调换，电话：010-63131930

开　　本：170mm×240mm

字　　数：245 千字　　　　印　　张：14.5

版　　次：2024 年 3 月第 1 版　　　　印　　次：2024 年 3 月第 1 次印刷

书　　号：ISBN 978-7-5194-7484-3

定　　价：89.00 元

内容简介

留守儿童问题是我国社会经济发展历程中特定阶段的特殊人口现象，保障留守儿童的健康成长关乎国家现代化建设，近年来受到政府、社会、学界高度重视，并取得斐然成绩。但从学术上，以下因素引发本书对留守儿童身心健康问题做进一步探讨和研究。一方面，已有大量文献研究了留守儿童身心健康问题，但关于留守儿童身心健康是否弱于非留守儿童的观点结论存在明显差异。另一方面，留守儿童因其父母外出务工而面对有别于其他儿童的社会关系结构，而人是社会关系的总和，社会关系对个体的影响受到学术界广泛关注，这些社会关系会怎样影响留守儿童，与非留守儿童相比是否存在差异？因此，本书基于四川省某县留守儿童调查数据，一是尝试将儿童身心健康做进一步的维度划分，以期从更细致的角度分析留守儿童与非留守儿童的身心健康差异问题；二是尝试从儿童最常接触的社会关系切入，分析不同社会关系对儿童身心健康是否存在差异性影响，并尝试寻求对这种影响的解释机制。

通过深入研究，本书主要有以下发现：一是将儿童身心健康细分为四个维度，并发现留守儿童并非在这四个健康维度上都弱于非留守儿童。二是通过特定方法证明了“留守”是造成留守儿童在身心健康部分维度上弱于非留守儿童的重要原因。三是通过社会关系对儿童身心健康影响的研究，证实了监护人、父母、同侪等重要社会关系对留守儿童身心健康有积极影响，但不同社会关系对儿童身心健康的影响具有差异性，留守儿童与其监护人之间的关系（而非与其父母之间的亲子关系）是对其身心健康影响最大的一种社会关系。四是通过引入抗逆力和被欺凌度两个概念，解释了社会关系为何对留守儿童身心健康产生影响，证实了抗逆力的中介效应以及被欺凌度的调节效应。

在上述研究基础上，本书从乡村振兴、社会生态系统完善、社会关系整合、综合施策等方面对提升农村留守儿童身心健康提出了政策建议。

前　言

留守儿童现象是我国社会经济发展历程中一个特殊时期的特殊人口现象，尽管这一现象终将随着制度的完善和社会经济的发展而消失，但当前这一特殊群体仍具有相当规模，应予以社会关注。留守儿童身心健康水平不仅关乎个人成长、家庭幸福，也关乎乡村振兴、城市发展与国家未来。党和国家已将留守儿童身心健康问题列为重大民生课题，并于2016年印发了《国家卫生计生委关于做好农村留守儿童健康关爱工作的通知》，明确了做好农村留守儿童健康关爱工作的重要意义、总体思路、主要任务部署及工作要求。

有关留守儿童的大量文献与实践观察显示，亲子分离对留守儿童的身体、认知、心理和情感健康具有直接和间接的影响。有研究认为留守生活显著负向影响了儿童身心健康，如留守儿童的不安全感、沮丧和焦虑感以及更强的自杀倾向等；也有研究认为父母外出务工改善了家庭经济、卫生和饮食水平，进而提升了儿童健康水平。相关文献的这类矛盾性结论，使本书作者特别关注到以下问题：儿童的身心健康包含哪些维度？留守儿童相较于非留守儿童是否在所有的健康维度上都存在显著差别？如果留守儿童身心健康水平较非留守儿童存在差异，那么“留守”是否是造成这种差异的原因？亲子分离使留守儿童的社会关系结构不同于非留守儿童，留守儿童的各主要社会关系是否对其身心健康构成差别性影响？如果有差别性影响的话，其影响的条件和路径是什么？

为了对上述问题做系统性的研究，本书作者利用“2017年四川省J县留守儿童问卷调查”数据，首先借助因子分析法，将儿童身心健康做了更细致的维度划分。继而利用相关性统计分析方法（回归分析）与因果关系研究方法（倾向值分析）检验留守身份与儿童身心健康的关系。在此基础上，本书进一步考察了留守儿童家庭、学校等微观系统环境中的五大类支持性社会关系对其身心健康水平的影响，并引入抗逆力和被欺凌度两个因素解释了社会关系对留守儿童身心健康的影响机制。

本书的研究主要得到了以下结论：一是证明了亲子分离的确是留守儿童在身心健康的部分维度上得分低于非留守儿童的原因。二是发现各主要社会关系对留守儿童身心健康均有显著影响，但是影响的维度不尽相同；在所有被探讨的社会关系中，监护人（而非父母）对留守儿童身心健康的影响是最广泛的；同时，留守儿童身心健康受到更多社会关系子类别的影响，这表明在亲子关系缺位时留守儿童倾向于寻找补偿性关系来保护自我身心健康。三是推导并验证了抗逆力在社会关系对身心健康影响的中介效应和被欺凌度中的调节效应。

基于上述分析结论，本书从社会关系视角提出提升农村留守儿童身心健康的政策建议：一是推进乡村振兴，构建关爱留守儿童身心健康的长效机制；二是完善社会生态系统，全面落实有关保障留守儿童身心健康的政策措施；三是整合社会关系，从实际监护人、父母以及学校和教师入手，强化其对留守儿童的正向社会支持；四是多方齐抓共管，全面落实保障留守儿童身心健康的政策措施。

本书可能的创新点在于：第一，对儿童身心健康进行了更细致的维度划分，有利于提升儿童身心健康研究的内容效度。第二，利用倾向值分析方法证明了亲子分离是留守儿童身心健康较非留守儿童存在差异的原因，但只是身心健康部分维度的原因，此结论较好地解释了部分文献在留守儿童与非留守儿童身心健康差异研究中的矛盾结论。第三，从留守儿童多维、复杂的社会关系视角对其身心健康进行了研究，并证明留守儿童的身心健康是镶嵌于社会关系中的。第四，将抗逆力作为解释社会关系影响留守儿童身心健康的内在机制。第五，探讨了被欺凌度（逆境水平）对抗逆力中介效应的调节作用，厘清了抗逆力发生作用的边界，并发现留守儿童将不同的社会关系并入不同的“关系账户”中。

同时，本书可能存在如下不足：一是采用数据中样本儿童的年龄段分布较为集中，在11~12周岁；二是所采用的数据不是追踪调查数据，本书只从静态角度分析了留守儿童社会关系与其身心健康的关系。在进一步研究中，一是优化样本年龄的分布宽度；二是加大定性研究的内容，对论文中一些比较特殊的结论，运用扎根理论等定性研究方法探究其内在机理。

目　录

CONTENTS

第一章

绪　论

第一节　研究背景与问题提出

一、研究背景

（一）留守儿童的产生背景和规模

劳动力迁移已经成为一种全球化现象，全世界有将近10亿移民，其中2.14亿是国际移民，另外7.4亿是国内移民。① 中国自改革开放以来，随着人口跨地区、跨省市流动的限制逐渐减少，劳动力迁移的规模飞速增长、日益扩大：我国境内流动人口在1990年时仅有2135万人，② 到2014年达到峰值2.53亿人，③ 共增长了11.85倍”。但与其他国家不同的是，我国的劳动力迁移主要来自农民工的乡—城流动：根据国家统计局发布的《全国农民工监测调查报告》（2011—

① LACZKO F, LÖNNBACK L J. Migration and the United Nations post-2015 development agenda [M]. Geneva: International Organization for Migration, 2013.

② 段成荣，袁艳，郭静．我国流动人口的最新状况［J］．西北人口，2013，34（6）：1-7，12.

③ 国家卫生计生委流动人口司．11月例行发布会材料：《中国流动人口发展报告（2015）》有关情况［EB/OL］．（2015-11-11）［2020-11-05］．http：//www.nhc.gov.cn/xcs/s3574/201511/07b8efe0246e4a59bd45d1fd7f4e3354.shtml.

2019)，全国农民工数量从 2008 年的 2.25 亿人①持续增长到 2019 年的 2.91 亿人②，其中外出农民工数量分别为 1.40 亿人和 1.74 亿人，分别约占当年农民工总数的 62.2%和 59.8%。2021 年，农民工总量进一步攀升至 2.93 亿人，其中外出务工农民工总量 1.72 亿人。③

伴随流动人口规模快速提升的还有我国的现代化和城镇化进程：我国常住人口城镇化率在 2019 年已首次超过 60%，而 1980 年时仅为 19.4%。④ 但是，由于我国“城市化滞后于工业化，户籍改革滞后于城市化”，而城乡二元户籍制度被视为对个人分享城市社会资源的“社会屏蔽”（social closure），⑤ 这一限制性因素导致流动人口，特别是其中的乡—城流动人口的子女大多不得不留在户籍地家乡就学就医，从而形成了世界上规模最大的留守儿童群体。段成荣和周福林（2005）根据第五次全国人口普查数据，对父母一方或双方外出的 14 岁以下儿童进行估计，2000 年中国留守儿童的数量达 2290.45 万人；⑥ 如果将留守儿童的年龄范围扩大到 17 岁，2000 年中国留守儿童的数量达 2904.3 万人，2005 年全国留守儿童的规模增至 7326 万人，2015 年该规模降至 6876.6 万人。⑦ 尽管段成荣等（2017）所估算的 2010 年全国留守儿童的数据（6972.8 万）⑧ 与全国

---

① 国家统计局.2011 年我国农民工监测调查报告［EB/OL］.（2012-04-27）［2020-11-05］.http：//www.stats.gov.cn/ztjc/ztfx/fxbg/201204/t20120427_ 16154.html.

② 国家统计局.2019 年农民工监测调查报告［EB/OL］.（2020-04-30）［2020-11-05］.http：//www.stats.gov.cn/tjsj/zxfb/202004/t20200430_ 1742724.html.

③ 国家统计局.2021 年我国农民工监测调查报告［EB/OL］.（2022-04-29）［2022-11-27］.http：//www.stats.gov.cn/sj/zxfb/202302/t20230203_ 1901452.html.

④ 郭泽函.李克强：去年常住人口城镇化率首次超过 60%［EB/OL］.（2020-05-22）［2020-11-05］.http：//www.china.com.cn/lianghui/news/2020-05/22/content_ 76075730.shtml；中国人口与发展研究中心课题组，桂江丰，马力，等.中国人口城镇化战略研究［J］.人口研究，2012，36（3）：3-13.

⑤ 李培林，田丰.中国农民工社会融入的代际比较［J］.社会，2012，32（5）：1-24.李强.关注转型时期的农民工问题（之三）户籍分层与农民工的社会地位［J］.中国党政干部论坛，2002（8）：16-19；任远，邬民乐.城市流动人口的社会融合：文献述评［J］.人口研究，2006（3）：87-94.

⑥ 段成荣，周福林.我国留守儿童状况研究［J］.人口研究，2005（1）：29-36.

⑦ 段成荣，杨舸.我国农村留守儿童状况研究［J］.人口研究，2008（3）：15-25；段成荣，赖妙华，秦敏.21 世纪以来我国农村留守儿童变动趋势研究［J］.中国青年研究，2017（6）：52-60.

⑧ 段成荣，赖妙华，秦敏.21 世纪以来我国农村留守儿童变动趋势研究［J］.中国青年研究，2017（6）：52-60.

妇联课题组 2013 年发布的《我国农村留守儿童、城乡流动儿童状况研究报告》所公布的留守儿童规模（6102.6 万）① 有一定的出入，但总体上仍可以体现出留守儿童规模之大，不过我国留守儿童规模已呈现出下降趋势：从 2005 年到 2015 年，全国留守儿童规模下降了 6.1%，农村留守儿童规模下降了 6.3%（如图 1-1 所示）。

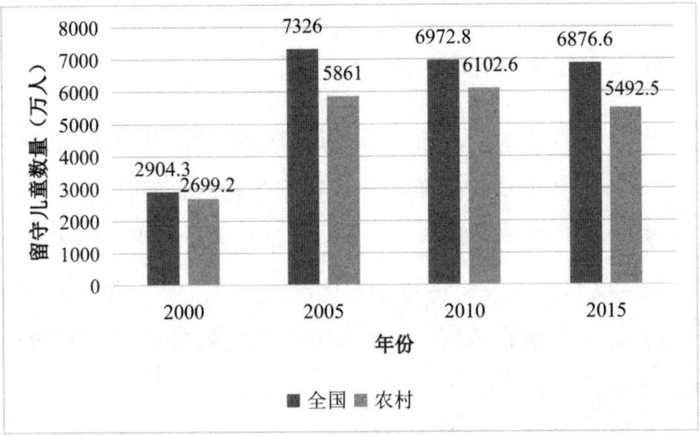

图 1-1 2000—2015 年中国留守儿童规模变化趋势

资料来源：段成荣，赖妙华，秦敏．21 世纪以来我国农村留守儿童变动趋势研究［J］．中国青年研究，2017（06）：52-60.

此外，民政部 2016 年首次开展全国农村留守儿童摸底排查，结果显示：那些“父母双方外出务工或一方外出务工另一人无监护能力、不满十六周岁”的留守儿童规模为 902 万人，② 该部分群体到 2020 年末进一步下降到 643.6 万人；③ 教育部的统计数据则显示，2020 年处于义务教育阶段的农村留守儿童尚

---

① 全国妇联课题组．全国农村留守儿童 城乡流动儿童状况研究报告［J］．中国妇运，2013（6）：30-34.

② 潘跃．民政部发布数据显示 农村留守儿童少了两成多［EB/OL］．（2018-11-02）［2020-11-05］．http：//www.gov.cn/guowuyuan/2018-11/02/content_ 5336714.htm.
此留守儿童概念出自《国务院关于加强农村留守儿童关爱保护工作的意见》（国发［2016］13 号）。

③ 数据来源：中华人民共和国民政部，https：//lyzx.mca.gov.cn：8443/consult/showQuestion.jsp？MZ=7910978776。

有 1289.67 万人。① 总体上，我国留守儿童的规模一度十分庞大，近年来在持续缩减，不过段成荣等（2017）认为全国儿童数量的逐年减少是留守儿童规模降低的潜在原因。② 尽管如此，留守儿童规模仍不可小视，2021 年发布的《中华人民共和国国民经济和社会发展第十四个五年规划和 2035 年远景目标纲要》明确提出要“加强困境儿童分类保障，完善农村留守儿童关爱服务体系”。③ 留守儿童问题也成为多年来学界讨论的热点问题之一。

（二）留守儿童的身心健康问题

亲子分离对儿童的身体、认知、心理和情感健康具有直接和间接的影响。④ 世界卫生组织《2013 年全球疾病负担》研究报告称，自我伤害是 10—24 岁人口仅次于道路伤害的第二大死亡原因。⑤ 中国留守儿童面临更大的不安全感、沮丧和焦虑感，⑥ 与同父母住在一起的孩子相比，60%的留守儿童（以 840 名儿童的调查估计）更有可能考虑自杀。⑦ 因此，留守儿童的身心健康问题成为学界广泛关注的问题之一。

根据段成荣等（2017）对 21 世纪中国留守儿童变动趋势的研究，从 2000 年到 2015 年，中国留守儿童呈现出低龄化的趋势，0—5 岁的留守儿童从 30%增

---

① 彭小辉，傅宇辰，史清华．农民工汇款对留守儿童教育的影响及其作用机制——基于 CFPS 数据的实证分析［J］．中国农村观察，2022（5）：168-184.

② 段成荣，赖妙华，秦敏．21 世纪以来我国农村留守儿童变动趋势研究［J］．中国青年研究，2017（6）：52-60.

③ 中华人民共和国国民经济和社会发展第十四个五年规划和 2035 年远景目标纲要［EB/OL］．（2021-03-13）［2022-11-27］．http：//www.gov.cn/xinwen/2021-03/13/content_5592681.htm.

④ JAN C，ZHOU X，STAFFORD R S. Improving the health and well-being of children of migrant workers［J］．Bulletin of the World Health Organization，2017，95（12）：850.

⑤ MOKDAD A H，FOROUZANFAR M H，DAOUD F，et al. Global burden of diseases，injuries，and risk factors for young people's health during 1990—2013：a systematic analysis for the Global Burden of Disease Study 2013［J］．The lancet，2016，387（10036）：2383-2401.

⑥ LIU Z，LI X，GE X. Left too early：the effects of age at separation from parents on Chinese rural children's symptoms of anxiety and depression［J］．American journal of public health，2009，99（11）：2049-2054.

⑦ 李光友，陶方标．14～16 岁留守儿童心理状况及自杀倾向分析［J］．中国公共卫生，2009，25（8）：905-907.

加到 40.34%。[①] 而这个阶段正是儿童体格快速发展的时期，也是个性塑造和智力开发的关键时期,[②] 若在这一阶段出现身心健康问题，可能会对儿童的身心健康造成不可挽回的影响。而对于留守儿童而言，由于父母一方或双方离家务工，留守儿童自小便遭受亲子分离，家庭结构的不完善导致留守儿童在膳食营养和心理疏导等方面面临一定的缺失，由此可能会对留守儿童的身心健康带来极大影响。有研究显示，低体重在留守儿童群体中的患病率明显高于非留守儿童,[③] 患营养不良相关症状和疾病的发生概率也远高于非留守儿童。[④] 此外，留守儿童出现心理问题（如孤独、焦虑及抑郁等）的概率也明显高于非留守儿童。[⑤] 那些交由祖父母照看的留守儿童容易被溺爱，而随着祖父母年纪渐长，照看留守儿童会越来越困难，且祖父母和留守儿童之间容易存在“代沟”问题，导致照看者和留守儿童之间缺乏必要的情感支持。[⑥]

如依恋理论所揭示的，人的发展是一个连续的过程，在一个发展阶段产生的问题很可能会影响下一阶段的成长，如幼年时期形成的不安全依恋带来的负面影响可能会一直持续到成年以后;[⑦] 而留守经历也同样会对留守儿童的成长产生持续性影响，留守阶段形成的身心健康问题可能会持续影响留守儿童的生活。研究表明，父母的迁移可能对儿童产生长期的不利影响。[⑧] 与其他儿童相比，留

---

① 段成荣，赖妙华，秦敏 . 21 世纪以来我国农村留守儿童变动趋势研究［J］. 中国青年研究，2017（6）：52-60.

② 吴倩岚 . 农村留守与非留守儿童身心健康状况及影响因素分析［D］. 武汉：华中科技大学，2009.

③ FULLER-THOMSON E. Grandparents raising grandchildren in Canada：a profile of skipped generation families［D］. Hamilton：Mcmaster University，2005.

④ 吴倩岚 . 农村留守与非留守儿童身心健康状况及影响因素分析［D］. 华中科技大学，2009.

⑤ LIU Z，LI X，GE X. Left too early：the effects of age at separation from parents on Chinese rural children's symptoms of anxiety and depression［J］. American journal of public health，2009，99（11）：2049-2054.

⑥ DE LA GARZA R. Migration，development and children left behind：a multidimensional perspective［R］. New York：UNICEF，2010.

⑦ SIMPSON J A. Influence of attachment styles on romantic relationships［J］. Journal of personality & social psychology，1990，59：971-980.

⑧ ZHANG N，Bécares L，CHANDOLA T. Does the timing of parental migration matter for child growth? A life course study on left-behind children in rural China［J］. BMC public health，2015，15（1）：966.

守儿童在情感、社会和学术领域的功能明显较差。① 有过留守经历的大学生，其心理韧性水平可能更低，② 人格发展更可能受到负面影响，③ 也更可能有较低的自尊水平和较多的负面情绪（如抑郁、焦虑等）④。留守经历所带来的影响还可能会持续到工作阶段，比如有过留守经历的新工人会更频繁换工作、对高强度工作的适应性更差。⑤ 在这样的背景下，留守儿童的身心问题受到了越来越多的关注。

需要指出的是，留守儿童问题是我国社会经济发展历程中一个特殊时期的特殊人口现象问题，留守儿童身心健康问题则是这一特殊时期、特殊人群的人口素质问题。其特殊之处源于我国城乡二元户籍制度等历史性因素。而随着户籍制度改革的逐渐深化、配套制度和设施的不断完善，目前已有越来越多的留守儿童能够随父母迁入城市生活和学习，义务教育阶段的农民工子女随迁率明显提升，⑥ 未来这一人口现象也终会随制度的完善和社会经济的发展而消失。尽管如此，现阶段对留守儿童及其身心健康问题的关注仍然具有重大意义，一是该人口群体当前规模仍然庞大；二是青少年儿童时期遭遇的身心健康问题，不仅影响其当下的成长，也会持续影响其未来的发展，甚至会影响其对后代的生养和教育；三是这一年轻群体未来也将是我国城市发展、乡村振兴、中国式现代化建设的重要人力基础。

---

① WANG L, MESMAN J. Child development in the face of rural-to-urban migration in China: a meta-analytic review［J］. Perspectives on psychological science, 2015, 10（6）: 813-831.

② 杨雪岭，冯现刚，崔梓天. 大学生的留守经历与心理韧性、心理病理症状［J］. 中国心理卫生杂志，2014，28（3）：227-233.

③ 温义媛，曾建国. 留守经历对大学生人格及心理健康影响［J］. 中国公共卫生，2010，26（2）：146-147.

④ 李晓敏，罗静，高文斌，等. 有留守经历大学生的负性情绪、应对方式、自尊水平及人际关系研究［J］. 中国临床心理学杂志，2009，17（5）：620-622.

⑤ 汪建华，黄斌欢. 留守经历与新工人的工作流动 农民工生产体制如何使自身面临困境［J］. 社会，2014，34（5）：88-104.

⑥ 邬志辉，李静美. 农民工随迁子女在城市接受义务教育的现实困境与政策选择［J］. 教育研究，2016，37（9）：19-31.

二、问题提出

当前有关留守儿童身心健康问题的研究大致集中在以下五方面：身心健康问题的具体表现①、身心健康问题的度量②、身心健康问题的影响因素③、身心健康问题的成因④和解决办法⑤。

尽管有不少研究表明，相较于非留守儿童，留守儿童的身心健康问题可能更加严重,⑥ 这些研究是从相关关系的角度出发，说明留守儿童与身心健康问题之间存在显著的相关关系,⑦ 但这些身心健康问题是否源于留守身份，目前尚缺乏确切的研究。并且，不同文献存在相互矛盾的研究结论——有的认为留守会导致儿童身心健康水平显著低于非留守儿童；有的则认为父母外出务工虽然导

① FULLER-THOMSON E. Grandparents raising grandchildren in Canada: a profile of skipped generation families [D]. Hamilton: McMaster University, 2005; 吴倩岚. 农村留守与非留守儿童身心健康状况及影响因素分析 [D]. 武汉：华中科技大学，2009；李光友，陶方标. 14~16 岁留守儿童心理状况及自杀倾向分析 [J]. 中国公共卫生，2009，25 (8)：905-907.

② 文育锋，王金权，刘荣强，等. 皖南农村留守儿童健康状况的研究 [J]. 现代预防医学，2008 (4)：690-692.

③ VALTOLINA G G, COLOMBO C. Psychological well-being, family relations, and developmental issues of children left behind [J]. Psychological reports, 2012, 111 (3): 905-928; 周遵琴，李森，刘海燕. 留守儿童身体健康状况及影响因素分析——以贵州省为例 [J]. 贵州民族研究，2015，36 (6)：29-33; YE M, LV M, LI L, et al. The psychological problems and related influential factors of left-behind adolescents (LBA) in Hunan, China: a cross sectional study [J]. International journal for equity in health, 2017, 16 (1): 163.

④ DE LA GARZA R. Migration, development and children left behind: a multidimensional perspective [R]. New York: UNICEF, 2010; 刘欣. 基于结构方程模型的留守儿童心理健康及社会性发展关系研究 [D]. 西安：陕西师范大学，2010.

⑤ 边慧敏，崔佳春，唐代盛. 中国欠发达地区农村留守儿童健康水平及其治理思考 [J]. 社会科学研究，2018 (2)：114-124.

⑥ 吴倩岚. 农村留守与非留守儿童身心健康状况及影响因素分析 [D]. 武汉：华中科技大学，2009.

⑦ 宋月萍，张耀光. 农村留守儿童的健康以及卫生服务利用状况的影响因素分析 [J]. 人口研究，2009，33 (6)：57-66; YE M, LV M, LI L, et al. The psychological problems and related influential factors of left-behind adolescents (LBA) in Hunan, China: a cross sectional study [J]. International journal for equity in health, 2017, 16 (1): 163.

致了陪伴的缺失，但是经济条件的改善会正向补偿由此带来的健康问题。①

因此，本书研究的第一个问题是留守身份与身心健康之间是否存在显著的因果关系？

人具有很强的社会属性，这决定了人需要在一定范围内与各种社会成员交往，从而构建自己的社会关系网络。在这个社会网络中，不同类别的社会关系成员（如父母、亲人、教师及同伴等）构成了社会关系结构，而个体与这些成员之间有着不同的社会关系水平。对于留守儿童而言，其社会关系网络在弥补父母角色缺位中起着十分重要的作用，留守儿童会将对父母的依赖逐渐转移到社会网络中的其他关系上。② 而社会关系网络规模太小、社会关系水平较低则会对身心健康带来一定的影响。③ 但过去对留守儿童不同社会关系及其对身心健康影响的研究却并不充分。此外，尽管有研究认为社会关系是保护性因素，能够对留守儿童的自我意识发展起到保护作用，④ 但也有研究提到不良的社会关系可能会影响留守儿童的自我认知⑤和身心健康⑥。

因此，本书的研究问题之二，是留守儿童的各类社会关系对其身心健康起着

① 李庆丰．农村劳动力外出务工对“留守子女”发展的影响——来自湖南、河南、江西三地的调查报告［J］．上海教育科研，2002（9）：25-28；YE M，LV M，LI L，et al. The psychological problems and related influential factors of left-behind adolescents（LBA）in Hunan，China：a cross sectional study［J］．International journal for equity in health，2017，16（1）：163；TAYLOR E J. The new economics of labour migration and the role of remittances in the migration process［J］．International migration，1999，37（1），63-88；文育锋，王金权，刘荣强，等．皖南农村留守儿童健康状况的研究［J］．现代预防医学，2008（4）：690-692.

② 张克云，叶敬忠．留守儿童社会支持网络的特征分析——基于四川省青神县一个村庄的观察［J］．中国青年研究，2010（2）：55-59.

③ HAWKLEY L C，HUGHES M E，WAITE L J，et al. From social structural factors to perceptions of relationship quality and loneliness：the Chicago health，aging，and social relations study［J］．Journals of gerontology：series B，Gerontological Society of America，2008，63（6）：375-384.

④ 周永红，李慧玲，吕催芳．农村留守儿童自我意识及其保护性因素的研究［J］．教育学术月刊，2013（12）：56-61.

⑤ JACOBS R H，REINECKE M A，GOLLAN J K，et al. Empirical evidence of cognitive vulnerability for depression among children and adolescents：A cognitive science and developmental perspective［J］．Clin Psychol Rev，2008，28（5）：759-782.

⑥ CACIOPPO J T，CACIOPPO S. Social relationships and health：the toxic effects of perceived social isolation［J］．Social and personality psychology compass，2014，8（2）：58-72.

什么样的作用，社会关系是否会通过自我认知对留守儿童的身心健康产生影响?

此外，越来越多的研究发现，尽管成长环境不如人意，留守儿童却并非都存在明显的身心健康问题。① 为了探究背后的原因，不少学者对此进行深入研究，发现有些儿童具备能够战胜逆境的能力——抗逆力。② 抗逆力也逐渐作为一种保护性因素出现在留守儿童身心健康问题的相关研究中。已有文献将抗逆力作为主要中介变量进行分析，探索某一变量（如社会资本）如何在抗逆力的作用下，对留守儿童的身心健康产生影响;③ 或将抗逆力作为因变量，探索留守儿童抗逆力的影响因素④和保护因素⑤。本书推测，虽然抗逆力对逆境带来的影响有一定的“免疫”作用，但个体的抗逆力存在一定的区间范围，若超出了这个区间，抗逆力可能无法对身心健康问题产生有效的缓冲。

因此，本书的研究问题之三，是抗逆力在留守儿童身心健康中起什么作用，如果社会关系会影响留守儿童的身心健康，抗逆力在其中扮演了什么样的角色?

第二节 研究意义

一、理论意义

支持性社会关系显著促进人的健康与幸福。与那些有较少社会关系的人相

① 胡心怡，刘霞，申继亮，等．生活压力事件、应对方式对留守儿童心理健康的影响［J］．中国临床心理学杂志，2007（5）：502-503，501；TAO X，GUAN H，ZHAO Y，et al. Mental health among left-behind preschool-aged children：preliminary survey of its status and associated risk factors in rural China［J］．Journal of international medical research，2014，42（1）：120-129.

② 赵茜．留守儿童的抗逆力——内蒙古赤峰市巴林右旗留守儿童个案研究［D］．北京：中国人民大学，2007.

③ 何婷婷．留守儿童和流动儿童身心健康状况及其影响因素的比较研究［D］．上海：华东理工大学，2017；严骏夫，徐选国．社会资本、抗逆力与留守儿童的教育获得——基于7省“农村中小学生发展状况调查”的实证研究［J］．中国农业大学学报（社会科学版），2020，37（2）：96-105.

④ 赵嘉琦，安媛媛．留守儿童抗逆力与抑郁情绪的关系：反刍思维和情绪灵活性的中介作用［C］//中国心理学会．第二十二届全国心理学学术会议摘要集．北京：中国心理学会，2019：2.

⑤ 万江红，李安冬．从微观到宏观：农村留守儿童抗逆力保护因素分析——基于留守儿童的个案研究［J］．华东理工大学学报（社会科学版），2016，31（5）：26-35，43.

比，具有亲密社会关系的人更有可能长寿，也更不容易生病；而失去人际关系纽带或者丧失自己在社交网络中的地位，则增大了心理和身体患病的概率；此外，良好的社会关系还有助于促进认知结果和记忆功能等。① 但上述研究结论是否适用于儿童，特别是留守儿童，有待进一步研究。

在做留守儿童与非留守儿童身心健康比较分析时，文献中常常出现相互矛盾的结论。部分文献认为留守会显著影响儿童健康。② 但也有文献指出：留守儿童的留守生活有助于儿童体格养成；③ 父母外出打工，能够改善家庭的收入情况，有利于提升儿童的营养状况和卫生水平。④ 孔炜莉（2009）认为同学关系可以让留守儿童以更加积极的态度来面对生活和学业，但 Ling 等人（2017）则认为不良的同学关系是儿童和青少年孤独感的主要来源。⑤ 对于上述文献结论的

---

① SCARMEAS N, STERN Y. Cognitive reserve and lifestyle [J]. Journal of clinical and experimental neuropsychology, 2003, 25 (5): 625-633; LUETHI M, MEIER B, SANDI C. Stress effects on working memory, explicit memory, and implicit memory for neutral and emotional stimuli in healthy men [J]. Frontiers in behavioral neuroscience, 2009, 2: 5; 戴维·迈尔斯. 社会心理学：第 11 版 [M]. 侯玉波，乐国安，张智勇，译. 北京：人民邮电出版社，2016; HOLT-LUNSTAD J, TIMOTHY B S, LAYTON J B. Social relationships and mortality risk: a meta-analytic review [J]. PLOS Medicine, 2010, 7 (7): e1000316; GOW A J, CORLEY J, STARR J M, et al. Which social network or support factors are associated with cognitive abilities in old age? [J]. Gerontology, 2013, 59 (5): 454-463; LATKIN C A, KNOWLTON A R. Social network assessments and interventions for health behavior change: a critical review [J]. Behavioral medicine, 2015, 41 (3): 90-97; SANTINI Z I. The impact of social networks and social support on mental disorders and mortality [D]. Universitat de Barcelona, 2016.

② 李庆丰. 农村劳动力外出务工对“留守子女”发展的影响——来自湖南、河南、江西三地的调查报告 [J]. 上海教育科研，2002 (9): 25-28; YE M, LV M, LI L, et al. The psychological problems and related influential factors of left-behind adolescents (LBA) in Hunan, China: a cross sectional study [J]. International journal for equity in health, 2017, 16 (1): 163.

③ 丁继红，徐宁吟. 父母外出务工对留守儿童健康与教育的影响 [J]. 人口研究，2018, 42 (1): 76-89.

④ TAYLOR E J. The new economics of labour migration and the role of remittances in the migration process [J]. International migration, 1999, 37 (1), 63-88; 文育锋，王金权，刘荣强，等. 皖南农村留守儿童健康状况的研究 [J]. 现代预防医学，2008 (4): 690-692.

⑤ 孔炜莉. 社会网络对留守儿童身心健康的影响 [J]. 宁夏社会科学，2009 (2): 79-83; LING H, FU E, ZHANG J R. Peer relationships of left-behind children in China moderate their loneliness [J]. Social behavior and personality, 2017, 45 (6): 901-913.

不一致现象，本书试图通过进一步改进身心健康的测评维度，得出更具有一般性的结论，并对上述研究结论存在的矛盾进行进一步解读。

同时，本书利用抗逆力来解释社会关系影响留守儿童身心健康的内在机制，有助于更好地理解培育留守儿童支持性社会关系的意义。运用被欺凌度作为中介机制的调节变量，有助于进一步厘清抗逆力对“留守儿童社会关系与身心健康”发生作用的边界。

二、实践意义

中国人历来重视少年儿童的身心健康问题。《朱子家训》《傅雷家书》等关于儿童教育的书籍不胜枚举。一百二十多年前，梁启超在《少年中国说》中写下的“少年智则国智，少年富则国富，少年强则国强，少年独立则国独立，少年自由则国自由，少年进步则国进步”，更是激发了国人对青少年发奋图强、健康有为的厚望。

留守儿童是我国社会经济发展历程中一个特殊时期的特殊人口现象，留守儿童身心健康问题则属于这一特殊时期、特殊人群的人口素质问题。一方面，尽管这一群体会随制度的完善、社会经济的发展而最终消失，但当前的规模仍十分庞大，该群体的诸多身心健康相关问题引发广泛关注；另一方面，幼年时期的生活经历和身心健康状况，可能对个体当下和未来的成长与发展产生持续性影响。此外，高素质的青少年儿童群体也将是我国未来城市发展、乡村振兴的重要人力资本。

党和国家也把留守儿童身心健康问题列为重大民生课题，2016 年国家卫生和计划生育委员会专门针对留守儿童颁发了《国家卫生计生委关于做好农村留守儿童健康关爱工作的通知》，明确了做好农村留守儿童健康关爱工作的重要意义、总体思路、主要任务部署及工作要求。① 但留守儿童的身心健康是复杂、多元的，许多内在机理尚未厘清，因此本书从社会关系视角对留守儿童身心健康问题展开研究，具有较强的现实意义。

---

① 国家卫生计生委 .《国家卫生计生委关于做好农村留守儿童健康关爱工作的通知》[EB/OL] .（2016-05-25）[2020-11-05] . http：//www. gov. cn/zhengce/2016-05/25/content_ 5076670. htm.

第三节 研究方法与技术路线

一、研究方法

为了回答以上三个问题，本书将在文献梳理的基础上，主要采用实证分析方法进行研究。

（一）文献梳理

通过文献检索，收集、阅读及整理留守儿童身心健康领域内的相关文献，从社会关系的角度找出影响留守儿童身心健康的潜在因素。再进一步检索这些影响留守儿童身心健康的潜在因素的相关文献，尝试找出各个影响因素之间的关系，从而整理出留守儿童身心健康的影响机制模型。在此基础上形成本书的文献综述和研究基本框架，为后续的数据分析打下基础。

（二）实证分析法

第一，通过倾向值匹配（propensity score matching）研究留守儿童与非留守儿童的身心健康差异问题。倾向值是指被研究个体在控制可观测到的混淆变量（confounding variables）的情况下受到某种自变量影响的条件概率。“匹配”（matching）是控制倾向值所带来的选择性误差的一种简便方法，其基本逻辑是将受到自变量影响的个体与未受到影响的个体进行匹配，保证相互匹配的个体的倾向值相似。① 在本书中，通过匹配留守儿童和非留守儿童的身心健康水平来控制影响身心健康水平的混淆变量，将身心健康水平的差异归因到儿童类型，从而判断出留守身份是否是身心健康水平存在差异的原因。第二，通过（广义）线性回归和结构方程模型等统计方法，基于“2017 年四川省 J 县留守儿童问卷调查”数据，对建构的留守儿童身心健康影响机制模型进行检验。

① 胡安宁．倾向值匹配与因果推论：方法论述评［J］．社会学研究，2012，27（1）：221-242，246.

二、技术路线

本书的基本思路遵循以下过程：提出问题、梳理和分析相关主题、建构理论模型及假设、实证检验、得出结论并提出建议，具体技术路线如图 1-2 所示。

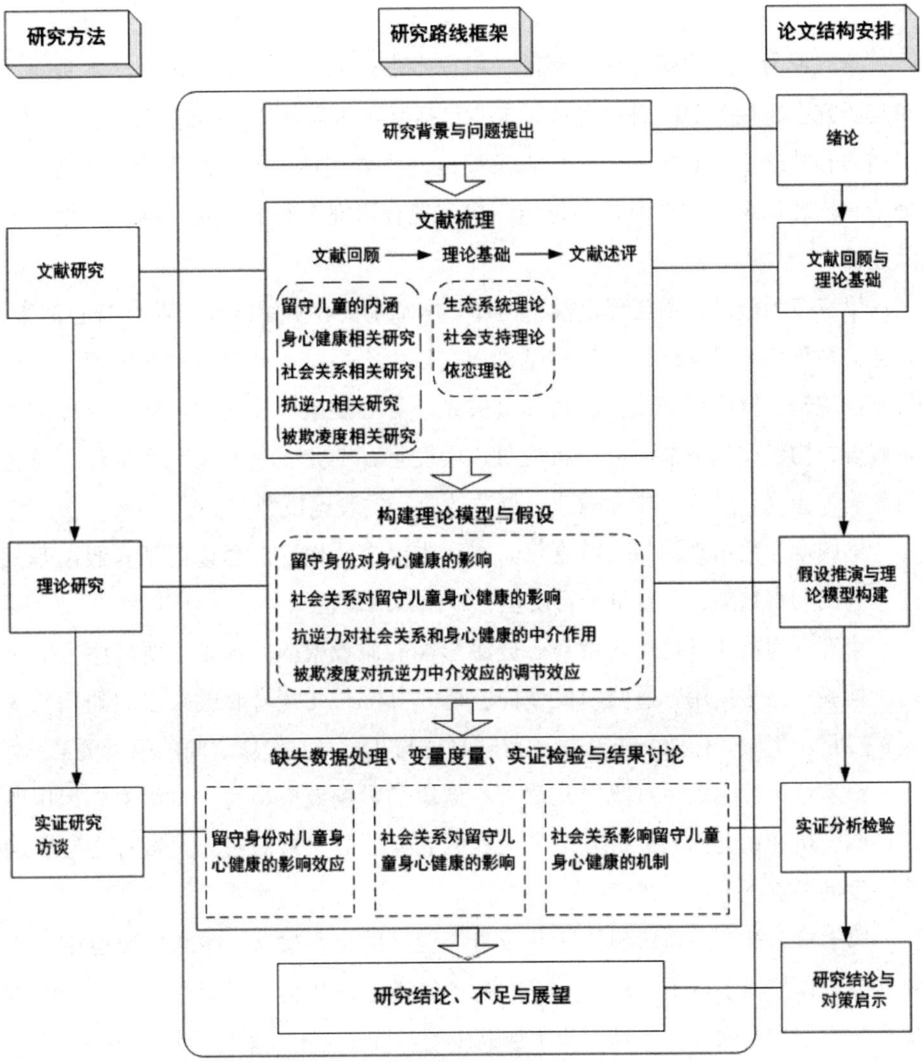

图 1-2　技术路线图

第四节 全书结构安排

本书的结构安排如下：

第一章为绪论。本章主要对全书内容进行概括性介绍，包括本书的研究背景、问题提出、研究意义、拟用研究方法、技术路线、总体结构以及研究创新点等。

第二章为文献回顾与理论基础。根据本书研究目的和研究内容，本章主要对与研究主题相关的国内外文献（主要包括留守儿童及其身心健康、社会关系、抗逆力和被欺凌度的相关研究）以及理论（主要包括生态系统理论、社会支持理论和依恋理论）进行回顾和总结，找到现有研究存在的不足及缺口，做出文献述评。

第三章为假设推演与理论模型构建。本章主要在对留守儿童及其身心健康、社会关系等核心概念进行界定的基础上，以生态系统、社会支持和依恋等理论为支撑逻辑，推演留守儿童及其社会关系、身心健康、抗逆力、被欺凌度的关系假设，构建反映关系假设中自变量、因变量、中介变量及调节变量作用路径与影响效应（主效应、中介效应、调节效应）的理论模型。

第四章为数据来源与变量度量。本章主要在所构建的理论模型和假设基础上，利用调查数据，对变量进行度量，并做信效度检验。

第五章为留守身份对儿童身心健康影响的假设检验。本章主要从两方面进行了检验：一是运用普通回归模型检验留守身份与儿童身心健康之间的相关关系；二是运用倾向值分析方法检验留守身份与儿童身心健康之间的因果关系。

第六章为社会关系对留守儿童身心健康的影响效应检验。本章主要运用普通回归分析和稳健回归分析方法来检验五大类社会关系对留守儿童身心健康四个维度的影响。

第七章为社会关系影响留守儿童身心健康的机制检验。本章主要运用广义结构方程模型做了以下检验：一是检验了抗逆力在社会关系对留守儿童身心健康影响中的中介效应；二是检验了被欺凌度对抗逆力中介效应的调节效应。

第八章为结论与建议。本章主要是在总结本书研究结论的基础上提出对策建议，并总结了可能存在的局限性和研究展望。

第五节 研究创新点

本书可能存在如下五方面的创新：

第一，本书对儿童身心健康进行了更细致的维度划分。由于儿童年龄较小，对于自身面临的健康问题并不能进行准确的描述，若是对其身心健康进行不加维度区别的研究，一是可能严重降低研究的内容效度，二是由于不同指标的数据分布存在较大差异，有的不完全服从正态分布，在分析时将不同指标进行平均计算可能会导致严重的统计效度问题。由此，本书依据儿童健康状况是否可以被直接肉眼观察，将儿童身心健康分为外显维度与内隐维度，并与身体健康和心理健康组合为四个维度：身体健康外显维度、身体健康内隐维度、心理健康外显维度、心理健康内隐维度，具有较强的现实意义。同时，本书通过因子分析等统计学手段也证明了四个维度之间存在显著的区别。

第二，本书利用倾向值分析方法，证明了亲子分离是留守儿童身心健康水平较非留守儿童存在差异的原因。具体而言，亲子分离是导致留守儿童在身体健康外显维度和心理健康内隐维度得分低于非留守儿童的原因。此研究结论较好地解释了部分文献在留守儿童与非留守儿童身心健康状况是否存在差异问题上的非一致性结论，即留守儿童并非在身心健康的所有维度均显著弱于非留守儿童，而是只在某些维度存在差异。因而，若不加区分地求取平均值差异，则可能得出矛盾的结论。

第三，本书从留守儿童多维、复杂的社会关系视角对其身心健康进行了研究。虽然既有研究已经发现社会关系与健康存在关联，但是留守儿童在实际监护人不是父母的情况下，会寻求多种关系进行补偿，从而导致社会关系对身心健康的影响更为复杂。研究结果显示，社会关系对留守儿童身心健康的影响并不符合中国人传统的“差序格局”关系，也不符合生态系统理论的递推关系，而是表现为在不同的身心健康维度分别受到不同的社会关系影响，结论充分证明留守儿童的身心健康是镶嵌于社会关系中的。

第四，本书将抗逆力作为解释社会关系影响留守儿童身心健康的内在机制。本书不是将抗逆力作为留守儿童面临逆境时的结果变量，而是将其作为身心健康发展的内在机制，有助于从新的视角去改善留守儿童的身心健康。

第五，本书将留守儿童遭受校园欺凌的被欺凌度（逆境水平）作为抗逆力中介效应的调节变量，厘清了抗逆力发生作用的边界。通过分析被欺凌度对社会关系与抗逆力的调节差异，本书发现留守儿童将与实际监护人的关系同其他社会关系明显区分开来，即将不同的关系并入不同的“关系账户”中。

第二章

文献回顾与理论基础

第一节　文献回顾

一、留守儿童内涵的相关研究

留守儿童（left-behind children，LBC）一词最早出现于 1994 年一张在《瞭望》发表的《留守儿童》一文，指的是因父母出国而被留下来由祖辈照看的儿童。① 随着中国逐渐减少对个人跨省跨地区流动的限制，以及改革开放以来城镇化和现代化的快速发展，越来越多的农村人口流动到外地务工。然而受限于户籍制度等因素，他们不得不将自己的孩子留在家乡，这也让留守儿童的概念转换为因父母流动到其他地区务工而被留在农村户籍所在地的儿童。

尽管针对留守儿童的定义大致趋同，且大多数研究都认同需要从留守儿童的年龄、父母外出时长及父母外出数量三方面来界定留守儿童的范畴，② 但目前针对这三方面仍存在较大的分歧。

首先，在留守儿童的年龄方面，目前的研究主要集中在 6—16 周岁③、14

① 一张．“留守儿童”［J］．瞭望新闻周刊，1994（45）：37.

② 周福林，段成荣．留守儿童研究综述［J］．人口学刊，2006（3）：60-65.

③ 吴霓．农村留守儿童问题调研报告［J］．教育研究，2004（10）：15-18，53；吕绍清．中国农村留守儿童问题研究［J］．中国妇运，2006（6）：19-25.

周岁以下[1]、16周岁以下[2]、17周岁以下[3]和18周岁以下[4]。目前较为公认的是2016年国务院发布的《国务院关于加强农村留守儿童关爱保护工作的意见》（国发〔2016〕13号）中对留守儿童的年龄界定：将留守儿童的年龄界定为16周岁以下的未成年儿童。[5]

其次，在父母外出时长方面也存在较大的争议，其主要争议点在于儿童持续留守的时间长短与儿童累计留守的时间长短。有研究认为父母外出三个月以上，其子女就可以被认为是留守儿童；[6] 也有研究认为父母外出时间长达半年甚至有的认为一年以上才能算作留守儿童。[7] 吴杰梅指出，父母外出时间究竟多长才能将其子女算作留守儿童，受到各区域经济发展情况的影响。[8] 但更加令人警醒的是，有学者认为讨论留守时间长短并无意义，因为无论时间长短如何，其亲子隔离的处境、留守的性质和面临的问题都是相同的，[9] 只要因为留守给儿童的学习、生活和心理健康等方面带来问题，这些儿童就是留守儿童。本书认同罗国芬和刘志军的观点，不对父母外出时间做具体的界定，认为只要存在亲子隔离的情况，其子女就可以被视为留守儿童。

最后，在父母的外出数量方面，目前的研究也未能达成共识。其分歧在于父母双方均外出、只要有一方外出、父母双方或一方外出，哪种情况下其子女就可被视为留守儿童。例如，林宏（2003）认为留守儿童是父母双方常年在外

---

① 段成荣，周福林．我国留守儿童状况研究［J］．人口研究，2005（1）：29-36.

② 江荣华．农村留守儿童心理问题现状及对策［J］．成都行政学院学报（哲学社会科学），2006（01）：71-72.

③ 段成荣，杨舸．我国农村留守儿童状况研究［J］．人口研究，2008（3）：15-25.

④ 全国妇联课题组．全国农村留守儿童 城乡流动儿童状况研究报告［J］．中国妇运，2013（6）：30-34；边慧敏，崔佳春，唐代盛．中国欠发达地区农村留守儿童健康水平及其治理思考［J］．社会科学研究，2018（2）：114-124.

⑤ 国务院．国务院关于加强农村留守儿童关爱保护工作的意见［EB/OL］．（2016-02-14）［2020-11-05］．http：//www. gov. cn/zhengce/content/2016-02/14/content_ 5041066. htm.

⑥ 叶敬忠，王伊欢，张克云，等．对留守儿童问题的研究综述［J］．农业经济问题，2005（10）：75-80，82；边慧敏，崔佳春，唐代盛．中国欠发达地区农村留守儿童健康水平及其治理思考［J］．社会科学研究，2018（2）：114-124.

⑦ 吕绍清．中国农村留守儿童问题研究［J］．中国妇运，2006（6）：19-25.

⑧ 吴杰梅．社会支持与留守儿童社会化的关系研究［D］．桂林：广西师范大学，2018.

⑨ 罗国芬．从1000万到1.3亿：农村留守儿童到底有多少［J］．青年探索，2005（2）：3-6；刘志军．留守儿童的定义检讨与规模估算［J］．广西民族大学学报（哲学社会科学版），2008（3）：49-55.

而被留在家乡的儿童;① 段成荣和周福林（2005）则认为只要父母双方或一方外出打工而将其子女交由祖辈、亲戚、教师或朋友等其他的监护人来养育，这些儿童便可称为留守儿童。②《国务院关于加强农村留守儿童关爱保护工作的意见》（国发〔2016〕13 号）将留守儿童的父母外出数量限定为父母双方均外出务工，或一方外出务工而另一方无监护能力。③ 杜琼（2009）则认为，从生态系统理论来看，人是环境的产物，只要父母双方有一方长年在外，则必然带来家庭结构的失调和家庭功能的弱化，也就会给其子女带来各种各样的问题。④

为了得出具有较强效应值的结论，按照从特殊到一般的研究原则，本书将留守儿童界定为父母双方均外出务工而被滞留在户籍地的 18 岁以下的儿童。

二、社会关系的相关研究

（一）社会关系的概念

1. 社会关系的内涵

社会关系是社会学中“最古老而传统”的议题之一。⑤ 马克思曾指出，“人的本质是人的真正的社会联系”。⑥ 社会关系是人与人之间的关系，人是社会关系的主体。关系的概念是根据个人行为互动模式、随时间推移而发生的。⑦

Ge 和 Wang（2019）总结了多位学者的观点，认为：从社会学的角度，社会关系强调了家庭成员之间相互关系的重要性以及家庭成员所处社区的影响;

---

① 林宏．福建省“留守孩”教育现状的调查［J］．福建师范大学学报（哲学社会科学版），2003（3）：132-135.

② 段成荣，周福林．我国留守儿童状况研究［J］．人口研究，2005（1）：29-36.

③ 国务院．国务院关于加强农村留守儿童关爱保护工作的意见［EB/OL］．（2016-02-14）［2020-11-05］．https：//www.gov.cn/zhengce/content/2016-02/14/content_5041066.htm.

④ 杜琼．农村留守初中生社会支持、生活满意度与心理健康的关系研究［D］．扬州大学，2009.

⑤ 孙立平．“关系”、社会关系与社会结构［J］．社会学研究，1996（5）：22-32.

⑥ 中共中央马克思恩格斯列宁斯大林著作编译局．马克思恩格斯全集（第 42 卷）［M］．北京：人民出版社，1979.

⑦ HINDE R A. Interactions，relationships and social structure［J］．Man，1976，11（1）：1-17.

从人类学的角度，社会关系则被描述为社会网络的不同层次。① 社会网络是一个人与其他人之间特定联系的集合。② 这种特定联系可能是基于交流和接触、资源的传递、互动或权威而产生的一种纽带关系。③ 而血缘关系和地缘关系往往是这种纽带关系形成的基石，这一点在“差序格局”的中国社会尤为明显。④

需要指出的是，个体之间特定联系所形成的社会关系网络，其具体行动者既可以是个人，也可以是企业甚至国家。⑤ 而本书根据自身研究对象及目的，着重关注微观个体（如留守儿童）与其主要社会关系（如父母、监护人等）之间的关系。

2. 社会关系、社会网络与社会资本的概念辨析

人是社会关系的总和，人从出生开始就处于一个社会网络中，并逐渐与多个重要他人（significant others）建立社会关系，形成自己的社会网络，网络中的每一个主体（重要他人）承担不同的角色和功能。⑥ 每个人的社会网络是稳定而又不断变化的，当个体遇到了比现有重要他人更加适合的人物，或遭遇现有重要他人的分离或死亡时，该社会网络就会由于重要他人的更新而发生变化。⑦

孙立平（1996）将社会结构定义为不同个体之间“相当稳定的社会关系模式”⑧，也即为一种社会网络⑨。具体地说，每个人的社会关系都是从网络的视

---

① GE T，WANG L. Multidimensional child poverty，social relationships and academic achievement of children in poor rural areas of China［J］. Children and youth services review，2019，103：209-217.

② MITCHELL J C. The concept and use of social networks［M］// MITCHELL J C. Social network in urban situations. Manchester：Manchester University Press，1969.

③ GRANOVETTER M S. Economic action and social structure：the problem of embeddedness［J］. American journal of sociology，1985，91（3）：481-510；冯宝轩．基于社会网络理论产业集群升级理论及其实证研究［D］．长春：吉林大学，2008.

④ 费孝通．乡土中国［M］．北京：人民出版社，2008.

⑤ 肖鸿．试析当代社会网研究的若干进展［J］．社会学研究，1999（3）：3-13.

⑥ 侯静．依恋理论与社会网络理论的进展［J］．心理发展与教育，2008（1）：123-128.

⑦ TAKAHASHI K. Toward a life span theory of close relationships：the affective relationships model［J］. Human development，2005，48（1-2）：48-66.

⑧ 孙立平．“关系”、社会关系与社会结构［J］．社会学研究，1996（5）：22-32.

⑨ WALDER A G. Communist Neo-traditionalism：work and authority in Chinese industry［M］. Berkeley：University of California Press，1988.

角来看待的，每个人构成一个节点，个人之间的关系构成一个纽带。① 从网络结构探索社会关系的典型理论是伯特（Burt）在1992年提出的“结构洞”理论②，指两个关系人之间的非重复关系。当社会网络中的个体（或组织）与某个或某些个体（或组织）不发生直接联系，而是透过其他个体（或组织）发生联系时，就出现了“结构洞”。处在结构洞位置上的个体（或组织）是连接两端的“桥梁”，也因此往往拥有更强的链接资源的能力。

从这个角度而言，资源不仅是可以个体（或组织）独占的，也可以是内嵌在社会网络中的。③ 也就是说，虽然网络主体并不直接拥有网络中的某些资源（如权利、财富），但他们可以通过其社会网络关系来间接获取，同时，这种间接获取资源的行为又会进一步加深社会资源在社会网络中的嵌入度。④ 1980年，法国社会学家布迪厄（Bourdieu）在《社会科学研究》杂志上首次提出“社会资本”的概念，将社会资本看作是实际的或潜在的、可以为个人带来利益的资源集合体。⑤ 1988年，美国社会学家科尔曼（Coleman）在此基础上提出，社会资本是个人所拥有的，表现为社会结构资源的财产。⑥

因此，尽管一些研究将社会关系等同于社会资本，⑦ 但本书认为，虽然在定义上社会关系与社会资本极其相似，但二者的属性不尽相同。社会资本偏重个体或组织利用社会网络获取资源的能力，而社会关系则是获取这些资源的渠道。尤其是对于“伦理本位”和“差序格局”的中国社会而言，不仅仅是经济行为

---

① SCOTT J. Social network analysis [J]. Sociology, 1988, 22 (1): 109-127.

② BURT R S. Structural holes [M]. Boston: Harvard University Press, 1992.

③ LIN N, ENSEL W M, VAUGHN J C. Social resources and strength of ties: structural factors in occupational status attainment [J]. American sociological review, 1981, 46 (4): 393-405.

④ LIN N. Social resources and social actions: a progress report [J]. Connections, 1983, 6 (2): 10-16.

⑤ BOURDIEU P. Le capital social: notes provisoires [J]. Actes de la recherche en sciences sociales, 1980, 31 (1): 2-3.

⑥ COLEMAN J S. Social capital in the creation of human capital [J]. American journal of sociology, 1988, 94: 95-120.

⑦ 吴愈晓. 社会关系、初职获得方式与职业流动 [J]. 社会学研究, 2011, 26 (5): 128-152, 244-245.

“嵌入”在社会关系中，而且是人“依靠社会关系‘展开’自己的经济行为”。①

（二）社会关系的特征

社会关系最基本的特征之一是个人在多大程度上被社会孤立（客观孤立），以及个人感到社会孤立（主观孤立）的程度。② 阿兰·费斯克（Alan Fiske）提出人类文化中存在四种基本的关系模型：社区共享（communal sharing）、权威排名（authority ranking）、平等匹配（equality matching）和市场定价（market pricing），并认为：

> 人们根据不同的文化规则，利用这些模式的组合来构建复杂多样的社会形态。人们的主要社会概念、关注点和协调标准，以及其主要目的和原则，通常来源于这四种模式，它们是人们用来构建和解释关系的图式。这意味着人们对他人的意图本质上是社会性的，他们的社会目标是内在相关的：人们与他人互动是为了构建和参与四种社会关系中的一种或多种。③

除了类型划分，社会关系还有强弱之分。最著名的莫过于格兰诺维特（Grannovetter）提出的强关系理论和弱关系理论，④ 该理论是以个体（或组织）之间关系的互动频率、情感强度、亲密程度及互惠交换等为基础提出的，指出一个人的不同社会关系具有不同的强度，这些不同强度的社会关系对其发挥着差异性的作用。具体而言，格兰诺维特认为，强关系是在具有相似特征的个体（或组织）之间建立起来的，这些主体往往同处于一个“圈子”，具有很高的同质性，相互非常了解、交流频次高、信任程度也较高，因此人们通过强关系所得到的信息往往会有很高的重复性；而弱关系则相反，弱关系往往发生在不同的“圈子”之间，尽管主体之间的了解程度不如强关系，但弱关系更能帮助主

---

① 熊凤水，慕良泽．农民工城市适应：层次及其转型——基于社会关系理论的分析［J］．调研世界，2007（7）：11-13.

② CACIOPPO J T, CACIOPPO S. Social relationships and health：the toxic effects of perceived social isolation［J］. Social and personality psychology compass, 2014, 8（2）：58-72.

③ FIFSKE A P. The four elementary forms of sociality：framework for a unified theory of social relations［J］. Psychological review, 1992, 99（4）：689-723.

④ GRANOVETTER M S. The strength of weak ties［J］. American journal of sociology, 1973, 78（6）：1360-1380.

体获取异质性的信息,① 这也被称为"弱关系假设"。但格兰诺维特的理论是基于美国市场经济体制的总结，在中国的体制和文化下，其强弱关系的结论恰好相反。费孝通在《乡土中国》中提出"差序格局"的概念，认为中国传统的社会关系是按照亲疏远近的差序原则来确立的，是一根根私人联系所构成的网络。② 边燕杰和张文宏（2001）基于中国天津的研究提出"强关系假设",③ 结论也与此类似：社会关系是人情网，在中国的人情社会中，关系越强，得到照顾的可能性越大；信息的获得只是人情关系的副产品；借助强关系获取资源是最节省成本、最牢靠的办法。

（三）社会关系的形成

对于社会关系的形成，可以从依恋的视角进行探索。儿童的社会关系分为纵向依恋和横向依恋，其中纵向依恋是指儿童依恋那些比他们有更多知识和更大社会权力的人（如儿童依恋父母）；横向依恋是指儿童与拥有和自己同等社会权力的个人之间的社会关系，这些关系涉及其他孩子，并以互惠和平等为特点。④ 一般说来，纵向依恋的出现要早于横向依恋。但无论是纵向依恋还是横向依恋，儿童的发展过程与社会关系之间是相互影响的。

早期的关系为社会和情感的发展奠定了基础。例如，婴儿期内拥有安全关系的儿童在幼儿园中往往更受欢迎、更频繁地参与社会交往以及更有效地向他人提供指导和建议。⑤ 此外，他们的师生关系也不同：不安全依恋的儿童比安全依恋的儿童更依赖老师的情感支持。⑥ 同伴是儿童社会支持的重要来源，也是儿童社会化的背景。友谊不同于其他的依恋，没有母子或父子关系那么具有排他

---

① GRANOVETTER M S. Economic action and social structure: the problem of embeddedness [J]. American journal of sociology, 1985, 91 (3): 481-510.

② 费孝通. 乡土中国 [M]. 北京：人民出版社，2008.

③ 边燕杰，张文宏. 经济体制、社会网络与职业流动 [J]. 中国社会科学，2001 (2): 77-89, 206.

④ HARTUP W W. Social relationships and their developmental significance [J]. American psychologist, 1989, 44 (2): 120-126.

⑤ HARTUP W W. Social relationships and their developmental significance [J]. American psychologist, 1989, 44 (2): 120-126.

⑥ SROUFE L A, FLEESON J. Attachment and the construction of relationships [J]. Relationships and development, 1986, 51: 72.

性，这种互动的特点是权力基础更加平等。① 在儿童友谊的行为表现形式中，合作和互惠出现得比较早，如幼儿园孩子和他们的朋友之间的社会示好通常引发持续的互动，而与非朋友之间的互动持续率相对较低。②

虽然与其他孩子的亲密关系可能不是发展的必要条件，但被同伴讨厌和排斥却是一个危险因素③——比如可能预测儿童的攻击性和反社会行为④——而这种因素一般源于儿童的家庭。此外，有研究表明，有问题的孩子很难建立并维持友谊，且同伴的负面特征（如饮酒、吸烟、攻击性和抑郁）会给儿童带来健康风险行为。⑤ 而其中，地位较低的儿童（如被高度排斥或不太受欢迎的儿童）比地位较高的儿童更容易受到同龄人的影响。⑥

人类从出生就暴露在各种各样的社会关系中，为了生存、安全和幸福，他们自然而然地倾向于与多个重要他人进行互动。⑦ 儿童、青少年和成人的社会世界具有实质性的结构和功能差异，从出生到成年早期，个人的人际关系不断增加，但都是由多个重要的其他人组成的社会关系，包括他们的父母、兄弟姐妹、配偶、子女、亲戚、同龄人、朋友以及其他与他们关系密切的人。⑧ 从生态系统理论⑨的角度来看，随着儿童的成长，其社会关系网络的范围会逐渐拓展，从一

---

① HARTUP W W. Social relationships and their developmental significance［J］. American psychologist，1989，44（2）：120-126.

② HOWES C. Patterns of friendship［J］. Child development，1983，54（4）：1041-1053.

③ 赵景欣，刘霞，张文新. 同伴拒绝、同伴接纳与农村留守儿童的心理适应：亲子亲合与逆境信念的作用［J］. 心理学报，2013，45（7）：797-810.

④ GUNNAR M R，COLLINS W A. Development during the transition to adolescence：the minnesota symposia on child psychology［M］. Vermont：Psychology Press，2013.

⑤ CHRISTAKIS N A，FOWLER J H. Social contagion theory：examining dynamic social networks and human behavior［J］. Statistics in medicine，2013，32（4）：556-577.

⑥ SIJTSEMA J J. Preadolescents and their friends：similarity in aggression and depressive problems as a function of social status and friendship reciprocity［J］. International journal of behavioral development，2016，40（6）：565-576.

⑦ TAKAHASHI K. Toward a life span theory of close relationships：the affective relationships model［J］. Human development，2005，48（1-2）：48-66.

⑧ LANG F R. Social motivation across the life span［M］// LANG F R，FINGERMAN K L. Advances in personal relationships. Growing together：Personal relationships across the lifespan. London：Cambridge University Press，2004：341-367.

⑨ BRONFENBRENNER U. The ecology of human development：experiments by nature and design［M］. Boston：Harvard University Press，1979.

开始的亲子关系，逐渐拓展到同伴关系、师生关系、同事关系等。亲密的人际关系的总数在整个生命周期中呈倒 U 形分布，在中年时呈现出峰值，但这种模式不适用于非常亲密的关系，非常亲密的社会伙伴数量更具有稳定性。①

个人网络和社会关系是按照一个人最显著的目标来调节的。对特定目标内容的追求在儿童期②、青少年期③和成年期④的人际关系和社会功能的维持中起着重要作用。相较于幼年和童年，成人的社会关系建立具有更强的目标和资源导向性。目标反映了一个人对未来的期望，决定了一个人对他人的期望以及对他人期望的反应。⑤ 当一个人认为某段个人关系不符合其目标或计划，且没有办法影响它时，这个人可能不得不考虑是调整其内部标准和目标以适应新的形势，还是结束这一关系。⑥ 同时，资源决定了目标，个人资源的可用性可以调节目标和个人关系的实际质量之间的关系。目标可以分为归属感目标和代理控制目标，当个人拥有许多可用资源时，他们会通过寻求社会认可或权力等来加强对社会事件的代理控制；当个人拥有很少的资源时，归属目标会被优先考虑，由此逐渐构建出自己的社会关系网络。⑦

---

① LANG F R. Social motivation across the life span [M] // LANG F R, FINGERMAN K L. Advances in personal relationships. Growing together: Personal relationships across the lifespan. London: Cambridge University Press, 2004: 341-367.

② WENTZEL K R. Social relationships and motivation in middle school: the role of parents, teachers, and peers [J] . Journal of educational psychology, 1998, 90 (2): 202.

③ JARVINEN D W, NICHOLLS J G. Adolescents' social goals, beliefs about the causes of social success, and satisfaction in peer relations [J] . Developmental psychology, 1996, 32 (3): 435.

④ LANG F R, CARSTENSEN L L. Time counts: future time perspective, goals, and social relationships [J] . Psychology and aging, 2002, 17 (1): 125.

⑤ LANG F R , HECKHAUSEN J. Perceived control over development and subjective well-being: differential benefits across adulthood [J] . Journal of personality and social psychology, 2001, 81 (3): 509.

⑥ LANG F R. Social motivation across the life span [M] // LANG F R, FINGERMAN K L. Advances in personal relationships. Growing together: Personal relationships across the lifespan. London: Cambridge University Press, 2004: 341-367.

⑦ LANG F R. Social motivation across the life span [M] // LANG F R, FINGERMAN K L. Advances in personal relationships. Growing together: Personal relationships across the lifespan. London: Cambridge University Press, 2004: 341-367.

（四）社会关系的分析维度

人类是社会性的生物，他们学习生活和生存的基础是社会传递给他们的语言和非语言信息，从出生那一刻起，他们就通过自己的社会环境了解生活，而通过社会环境传递和习得的信息对健康和行为都有很大的影响。① 人们不仅从他们的社会环境中学习和接收重要的信息，还会受到社会关系传递的信息的强烈影响，即使这些社会关系传递的信息看起来不准确。②

对社会关系的分析可以从社会网络结构、社会活动和社会支持这三方面进行。③ 其中，社会网络结构包括社会网络的规模、强度、相似性等，而社会成员之间的接触频率、社会支持的形式以及社会成员相识的历史长度等都是社会网络的重要特征。④ 社会活动也被称为社会参与，包括会见朋友、参加活动、志愿服务以及参与职业职责或团体娱乐活动等。⑤ 社会关系联结了社会网络成员，使得社会资源（如物质、情感和信息等）在成员的不对称联系中得以“过渡”和传递。⑥ 社会支持指的是一个人在其社交网络中对他人帮助或支持的感知，社会支持可以是情感性的（与同情、信任和信心有关）或工具性的（与实际援助有关），也可以是信息性的或评价性的。⑦

① COHEN S. Social relationships and health [J]. American psychologist, 2004, 59 (8): 676.

② SANTINI Z I. The impact of social networks and social support on mental disorders and mortality [D]. Barcelona: Universitat de Barcelona, 2016.

③ BARNES L L, DE LEON C F M, WILSON R S, et al. Social resources and cognitive decline in a population of older African Americans and whites [J]. Neurology, 2004, 63 (12): 2322-2326.

④ BERKMAN L F, GLASS T, BRISSETTE I, et al. From social integration to health: Durkheim in the new millennium [J]. Social science & medicine, 2000, 51 (6): 843-857.

⑤ BERKMAN L F, GLASS T, BRISSETTE I, et al. From social integration to health: Durkheim in the new millennium [J]. Social science & medicine, 2000, 51 (6): 843-857.

⑥ 肖鸿. 试析当代社会网研究的若干进展 [J]. 社会学研究, 1999 (3): 3-13.

⑦ WILLS T A. Social support and interpersonal relationships [M] //CLARK M S. Review of Personality and Social Psychology, Vol. 12. Prosocial behavior. London: Sage Publications, Inc., 1991: 265-289; HOUSE J S. Work stress and social support [M]. Reading: Addisoon-Wesley, 1981.

(五)社会关系对身心健康的影响机制

许多大规模调查都发现,是否拥有亲密、良好的社会关系能够预测一个人的健康状况,① 即那些拥有亲密社会关系、更多社会参与的个体身心往往更健康,因为一个人的社会关系提供了情感寄托和积极的应对援助。而那些孤独者(或缺乏亲密社会联系的个体)则更可能面临健康问题②,他们不仅可能罹患疾病,甚至更可能早逝③。

根据托伊特(Thoits)的研究,社会关系和心理健康之间的联系可以受许多心理—社会途径的影响,这些途径既可以直接发挥作用,也可以作为压力缓冲起作用。④ 霍尔特(Holt-Lunsta)等人综述了两个社会关系影响健康的一般的理论模型:压力缓冲模型和主效应模型。⑤ 缓冲假设表明,良好的社会关系可能提供信息、情感或有形资源,来促进对疾病、生活事件或生活转变等急性或慢性应激源的适应性行为或神经内分泌反应。因此,社会关系的帮助可以缓和或缓冲压力源对健康的有害影响。主效应模型提出,良好的社会关系可能更直接与保护性健康效应相关联。

1. 主效应模型

主效应模型提出,无论人们是否处于压力之下,社会关系都可能直接对个体的身心健康产生促进作用,⑥ 如认知、情感、行为和生物影响。例如,社会关

① BERKMAN L F. The role of social relations in health promotion [J]. Psychosomatic medicine, 1995, 57: 245-254; RYFF C D, SINGER B. Interpersonal flourishing: a positive health agenda for the new millennium [J]. Personality and social psychology review, 2000, 4 (1): 30-44.

② COHEN S, DOYLE W J, SKONER D P, et al. Social ties and susceptibility to the common cold [J]. Journal of the american medical association, 1997, 277: 1940-1944; COHEN S, DOYLE W J, TURNER R, et al. Sociability and susceptibility to the common cold [J]. Psychologicla science, 2003, 14: 389-395.

③ CACIOPPO J T, CACIOPPO S. Social relationships and health: the toxic effects of perceived social isolation [J]. Social and personality psychology compass, 2014, 8 (2): 58-72.

④ THOITS P A. Mechanisms linking social ties and support to physical and mental health [J]. Journal of health and social behavior, 2011, 52 (2): 145-161.

⑤ HOLT-LUNSTAD J, TIMOTHY B S, LAYTON J B. Social relationships and mortality risk: a meta-analytic review [J]. PLOS Medicine, 2010, 7 (7): e1000316.

⑥ COHEN S, WILLS T A. Stress, social support, and the buffering hypothesis [J]. Psychological bulletin, 1985, 98 (2): 310.

系可能直接鼓励或间接塑造健康行为。①

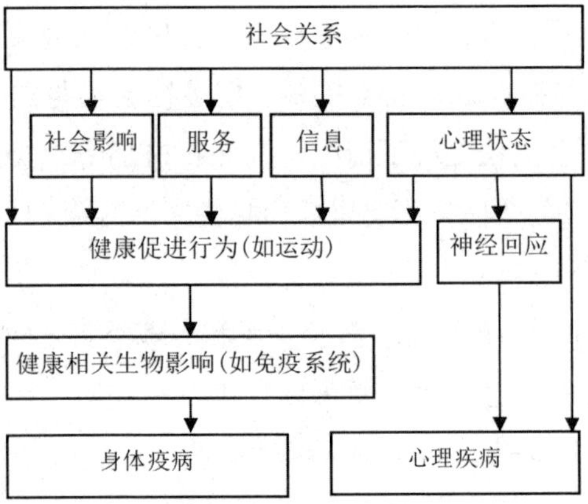

图 2-1 社会关系影响身心健康的主效应模型

资料来源：COHEN S, GOTTLIEB B H , UNDERWOOD L G. Social relationships and health：challenges for measurement and intervention [J] . Advances in mind-body medicine, 2001, 17 (2)：129-141.

科恩（Cohen）等人总结了社会关系对心理和身体健康影响的主要机制（如图 2-1 所示）②。那些参与社交网络的人会受到社会控制和同伴压力的影响，如归属感、安全感及自我价值的认可等，这些压力可能会影响他们的健康行为，从而证明个人满足规范角色期望的能力,③ 例如，他们的人际网络可能会影响他们对锻炼、低脂饮食或吸烟的行为选择。

一般而言，广泛的社会联系还能提供多种信息源，从而增加访问适当信息源的可能性。信息可以影响与健康相关的行为，帮助人们避免或尽量减少压力或其他高风险的情况，也可以通过提供有形的经济服务（如食物、衣物和住房）

① HOLT-LUNSTAD J, TIMOTHY B S, LAYTON J B. Social relationships and mortality risk：a meta-analytic review [J] . PLOS Medicine, 2010, 7 (7)：e1000316.

② COHEN S, GOTTLIEB B H , UNDERWOOD L G. Social relationships and health：challenges for measurement and intervention [J] . Advances in mind-body medicine, 2001, 17 (2)：129-141.

③ WILLS T A. Supportive functions of interpersonal relationships [M] //COHEN S, SYME S L. Social support and health. New York：Academic Press, 1985：61-82.

来预防疾病，甚至还可以提供非正式的医疗保健。① 相反，社会联系的缺乏能够增加死亡率，因为社会隔离和孤立会增加负面情绪和疏远感，进而可能致使神经内分泌反应增加、免疫功能抑制，最终损害健康。②

2. 压力缓冲模型

压力缓冲模型提出，社会关系与身心健康之间的正向联系可能与积极的情感和认知状态、知识和安全感相关，这些知识和安全感是在需要时由他人提供的。社会资源的感知可用性通常被认为是一种压力缓冲。③

科恩（Cohen）等人提出，当个体面临压力事件时，社会关系提供的支持能够对不利于个体健康的压力事件的负面影响起到削弱甚至阻止的作用（如图 2-2 所示）。④ 在将压力源与疾病联系起来的因果链中，这种支持可能在几个不同的点上发挥作用。⑤ 一方面，相信他人会提供必要的资源和帮助，可能会减轻一个人对压力的负面感知、增强抗压能力；⑥ 另一方面，这种能够获得支持的信念，可以抑制对应激事件的情绪及其他生理反应，预防不适应的行为反应。人们还发现，与人谈论问题可以减少侵入性思维，这种思维会维持对压力事件的慢性不适应反应。⑦ 此外，实际获得的社会支持或许能提供问题解决方案、降低问题重要性及分散对问题的注意力，从而实现减轻压力负面影响的作用。

---

① COHEN S. Social relationships and health［J］. American psychologist，2004，59（8）：676.

② HOLT-LUNSTAD J，TIMOTHY B S，LAYTON J B. Social relationships and mortality risk：a meta-analytic review［J］. PLOS Medicine，2010，7（7）：e1000316.

③ COHEN S，WILLS T A. Stress，social support，and the buffering hypothesis［J］. Psychological bulletin，1985，98（2）：310.

④ COHEN S，GOTTLIEB B H，UNDERWOOD L G. Social relationships and health：challenges for measurement and intervention［J］. Advances in mind-body medicine，2001，17（2）：129-141.

⑤ MCKAY G. Social support，stress and the buffering hypothesis：a theoretical analysis［J］. Handbook of psychology and health，1984，2：253.

⑥ THOITS P A. Social support as coping assistance［J］. Journal of consulting and clinical psychology，1986，54（4）：416.

⑦ LEPORE S J，SILVER R C，WORTMAN C B，et al. Social constraints，intrusive thoughts，and depressive symptoms among bereaved mothers［J］. Journal of personality and social psychology，1996，70（2）：271.

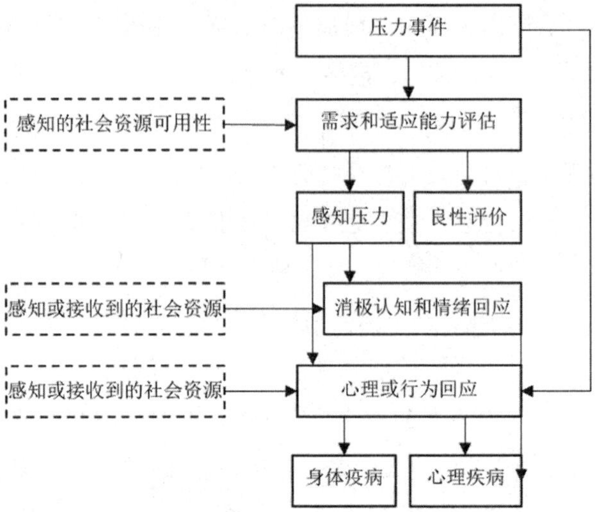

图 2-2 社会关系影响身心健康的压力缓冲模型

资料来源：COHEN S, GOTTLIEB B H , UNDERWOOD L G. Social relationships and health: challenges for measurement and intervention [J] . Advances in mind-body medicine, 2001, 17 (2): 129-141.

三、身心健康的相关研究

(一) 身心健康的内涵

健康的含义经历了从身体健康到身心健康，再到身心和社会状态健康的过程。早期学者对于健康的定义侧重于身体健康，即人体的生理机能正常，没有疾病和缺陷的状态。① 而身与心不可分割，心理现象是生物过程的表现，这些过程是由大脑产生的身体活动。② 在此基础上，健康被定义为“一种完全身心健

① TILLICH P. The meaning of health [J] . Perspectives in biology and medicine, 1961, 5 (1): 92-100.

② BALOG J E. The meaning of health [J] . Journal of health education, 2005, 36 (5): 266-273.

康的状态，而不仅仅是没有疾病或身体虚弱的状态”①，其内涵被延伸到个体是否能够适应社会及其变化、是否可以完成社会角色，即在“人”的层面上，一个人是否可以做到富有成效地活动，与他人建立良好的关系、积极的态度，以及具备适应变化和应对逆境的能力②。世界卫生组织将健康定义为“一种在身体上、心理上和社会上的完满状态，以及良好的适应力，而不仅仅是没有疾病和衰弱的状态”。③ 而后，健康的概念逐渐发展为四个维度——身体健康、心理健康、社会适应和道德健康。④ 意义与健康（meaning and health）之间的关系也逐渐开始被强调。⑤ 尽管健康的概念发展得日益完善，但目前针对社会适应和道德健康维度的度量方式还不成熟，因此在目前有关留守儿童的研究中，道德健康的维度很少被涉及，社会适应维度也只是在少部分研究中被提及，本书考虑的健康范畴只包括身体健康和心理健康两个维度。

（二）身心健康的度量标准

1. 身体健康水平的度量

身体健康水平主要从医学和卫生学的角度进行判断，侧重于分析个体的身体是否存在器质性问题。国内外关于身体健康水平的判断标准分为主观判断与客观判断。主观判断是个体对身体健康水平的自我评价，客观判断是基于人体测量指标（anthropometric measures）⑥ 形成的。在这些测量指标中，有较为简单直接的年龄别体重 Z 评分（Weight for Age Z-score，WAZscore）、身高别体重 Z 评分（Weight for Height Z-score，WHZscore），也有更加精细的营养不良发生

---

① JAN C，ZHOU X，STAFFORD R S. Improving the health and well-being of children of migrant workers［J］. Bulletin of the World Health Organization，2017，95（12）：850.

② SATCHER D. Mental health：a report of the Surgeon General--executive summary［J］. Professional psychology：research and practice，2000，31（1）：5-13.

③ World Health Organization. The first ten years of the World Health Organization［M］. Geneva：World Health Organization，1958.

④ 边慧敏，崔佳春，唐代盛. 中国欠发达地区农村留守儿童健康水平及其治理思考［J］. 社会科学研究，2018（2）：114-124.

⑤ ROEPKE A M，JAYAWICKREME E，RIFFLE O M. Meaning and health：a systematic review［J］. Applied research in quality of life，2014，9（4）：1055-1079.

⑥ 边慧敏，崔佳春，唐代盛. 中国欠发达地区农村留守儿童健康水平及其治理思考［J］. 社会科学研究，2018（2）：114-124.

率、某段时间内的患病率、肥胖体密度、皮下脂肪厚度、四周患病率等测量方式。①

在这些度量指标中，基斯（Ancel Keys）等人在 1972 年提出的“身体质量指数（Body Mass Index，BMI）”②因其广泛的适用性，成为国际通行和权威的度量指标之一。对于 2—20 岁的儿童和青少年，国际上常用世界卫生组织疾病预防控制中心（Centers for Disease Control and Prevention，CDC）所制定的 BMI 指数的年龄百分比（BMI-for-age percentile）来判断，体重指数低于 5%视为体重过低，在 5%～<85%之间视为正常，85%～<95%之间视为超重，95%以上视为肥胖;③ 就中国的成年人而言，18.5≤BMI<24 为正常，BMI 低于 18.5 为体重过低，BMI 若在 24—28 之间则证明超重，BMI 若大于 28 则代表肥胖。④ 对于中国的留守儿童而言，可能更多的是面临营养不良等问题，因此本书主要从生长发育状况、基本身体状况及基本健康状况等方面度量留守儿童的身体健康水平。

2. 心理健康水平的度量

心理健康是健康的一个重要维度。相较于身体健康，心理健康的判断标准更加复杂和多元，受关注度也更高。

目前针对心理健康水平的判断标准十分复杂，尽管不同的研究提出的心理健康的标准不尽相同，但总体而言，心理健康应具备以下几个特征：能够了解并接受自己、对学习或工作有热情、具备良好的人际关系、具有良好的适应能力以及言行协调统一。已有文献对留守儿童心理健康水平度量的常用指标主要包括：孤独感、社交焦虑、自尊与人格问卷等。⑤ 总体而言，当前有关心理健康

---

① 陈丽，王晓华，屈智勇．流动儿童和留守儿童的生长发育与营养状况分析［J］．中国特殊教育，2010（8）：48-54；赵如婧，周皓．儿童健康发展的比较研究［J］．青年研究，2018（1）：34-45，95.

② KEYS A，FIDANZA F，KARVONEN M J，et al. Indices of relative weight and obesity［J］. Journal of chronic diseases，1972，25（6-7）：329-343.

③ Centers For Disease Control And Prevention. About Child & Teen BMI［EB/OL］.［2020-11-05］https：//www.cdc.gov/healthyweight/assessing/bmi/childrens_bmi/about_childrens_bmi.html.

④ 顾东风，HE J，段秀芳，等．中国成年人体重与死亡率的关系［J］．中华内分泌代谢杂志，2007，23（4）：294-300.

⑤ 赵如婧，周皓．儿童健康发展的比较研究［J］．青年研究，2018（1）：34-45，95.

水平的度量标准可以分为两大类:[①] 心理健康水平度量的综合性量表，以及针对心理健康某一个维度或某一个心理健康问题表现的非综合性量表，如表 2-1 所示。

表 2-1　心理健康水平的度量标准

<table>
<tr><th>量表分类</th><th>量表类型</th><th>亚类</th></tr>
<tr><td rowspan="5">综合性量表</td><td>心理健康诊断测验（MHT）</td><td></td></tr>
<tr><td>艾森克个性问卷</td><td></td></tr>
<tr><td>SCL-90 心理健康测量量表</td><td></td></tr>
<tr><td>中国中学生心理健康量表</td><td></td></tr>
<tr><td>长处和困难问卷（SDQ）</td><td></td></tr>
<tr><td rowspan="11">非综合性量表</td><td rowspan="2">心理弹性调查量表</td><td>青少年心理弹性量表</td></tr>
<tr><td>心理弹性（韧性）量表</td></tr>
<tr><td rowspan="3">行为问题测量量表</td><td>情绪性问题行为评定问卷</td></tr>
<tr><td>Rutter 儿童行为教师问卷</td></tr>
<tr><td>Corners 儿童行为问题问卷调查</td></tr>
<tr><td rowspan="3">社会支持测量量表</td><td>社会支持评定量表</td></tr>
<tr><td>青少年社会支持问卷</td></tr>
<tr><td>领悟社会支持量表（PSSS）</td></tr>
<tr><td rowspan="3">抑郁调查量表</td><td>儿童抑郁量表</td></tr>
<tr><td>流调用儿童抑郁量表（CES-DC）</td></tr>
<tr><td>儿童抑郁情绪自评量表</td></tr>
</table>

① 张高华．留守儿童心理研究文献综述［J］．山东师范大学学报（人文社会科学版），2016（5）：119-129.

续表

量表分类	量表类型	亚类
非综合性量表	孤独感测量量表	儿童孤独量表（Children's Loneliness Scale，CLS）
		状态与特质性孤独量表
		UCLA 孤独量表
	社会适应调查量表	中学生社会适应量表
		社会适应不良量表
	焦虑测量量表	儿童社交焦虑量表
		儿童焦虑性情绪障碍筛查表
	幸福感测量量表	青少年主观幸福感量表
		主观幸福感量表
		幸福感指数量表
		牛津幸福感问卷

资料来源：张高华．留守儿童心理研究文献综述［J］．山东师范大学学报（人文社会科学版），2016（5）：119-129.

目前研究中最为常用的心理健康水平测量量表是心理健康诊断测验（Mental Health Test，MHT）、症状自评量表（Symptom Check list 90，SCL-90）以及长处与困难问卷（Strengths and Difficulties Questionnaires，SDQ）。其中 SCL-90 量表由 L. R. Derogatis 编制，适用于 16 岁以上青少年的精神障碍和心理疾病分析的门诊检查，涉及思维、情感、行为、人际关系、生活习惯等多项内容。与 SCL-90 相比，SDQ 量表可以更好地度量年幼的儿童和青少年的自我认知能力问题。SDQ 由英国儿童心理学家 Goodman Robert 在 1997 年编制，主要针对 4—16 岁的儿童和青少年，涉及行为问题、情绪症状、多动症、同伴关系和社会行为五个维度的问题。MHT 是由周步成教授于 1991 年修订编制，主要针对中小学儿童的焦虑孤独、自责、过敏、冲动等倾向，以及部分身体症状等多个维度的心理健康问题。

除了以上常用的综合性量表之外，目前有大量的研究采用非综合性量表或自设量表对留守儿童的心理健康水平进行度量。所度量的角度侧重于心理健康的主要维度以及人格特征的主要维度,① 如儿童孤独量表、儿童抑郁量表和心理弹性（韧性）量表。本书采用非综合性量表，基于“2017 年四川省 J 县留守儿童问卷调查”，从“自我认知”和“抑郁情绪”两个维度来对留守儿童的心理健康状态进行度量。自我认知是一个源于心理学的概念，表达的是个体对自我的认识。自我可以分为本我和他我，或者纯粹自我（主我）和自我（宾我）。② 自我认知可以被视为个体从本我（主我）的角度对他我（宾我）的认知和评价,③ 且一般产生于个体与其他社会成员互动的过程中④。

（三）留守状态或留守经历对儿童身心健康的影响

1. 对留守儿童身体健康的影响

关于留守对儿童身体健康的影响研究，一种观点认为留守状态或留守经历对儿童身体健康存在不利影响，如更高营养不良发生率,⑤ 更高患病率和就诊率⑥等。但也有研究支持父母外出务工对留守儿童身体健康具有积极作用，因为父母外出务工增加了家庭收入，进而能够为儿童提供更好的营养和医疗健康条件，从而提升儿童身体健康水平，这也得到了全球多国相关研究的支持。⑦ 此

① 张高华．留守儿童心理研究文献综述［J］．山东师范大学学报（人文社会科学版），2016（5）：119-129.

② 威廉·詹姆斯．心理学原理（精华本）［M］．李红艳，译．北京：中国商业出版社，2009.

③ 张元．自我认知的实现路径［J］．宁夏社会科学，2013（5）：127-131.

④ 童宗斌，风笑天．独生子女青少年社会化过程中的自我认知——对全国 14 个城市青少年社会化状况的调查分析［J］．青年探索，2005（2）：19-23.

⑤ 文育锋，王金权，刘荣强，等．皖南农村留守儿童健康状况的研究［J］．现代预防医学，2008（4）：690-692；田旭，黄莹莹，钟力，等．中国农村留守儿童营养状况分析［J］．经济学（季刊），2018，17（1）：247-276.

⑥ 宋月萍，张耀光．农村留守儿童的健康以及卫生服务利用状况的影响因素分析［J］．人口研究，2009，33（6）：57-66.

⑦ GROSSMAN M. On the concept of health capital and the demand for health［J］. Journal of political economy，1972，80（2）：223-255；
ANTÓN J I. The impact of remittances on nutritional status of children in ecuador［J］. International migration review，2010，44（2）：269-299；
孙文凯，王乙杰．父母外出务工对留守儿童健康的影响——基于微观面板数据的再考察［J］．经济学（季刊），2016，15（3）：963-988；
赵晨晓，董志勇．父母外出务工与农村留守儿童健康——基于 CFPS 微观证据的考察［J］．湖北社会科学，2021（2）：59-65.

外，还有一些研究结果表明父母外出务工对儿童身体健康的影响并不显著。①

2. 对留守儿童心理健康的影响

家庭是儿童获取社会支持的重要途径。父母长期外出务工致使其对留守儿童的生活照顾和心理支持不足，进而对留守儿童心理健康产生显著负面影响。②这些儿童可能面临安全感降低或缺乏③、孤独④、焦虑甚至抑郁⑤，以及社会排斥⑥等；同时，留守经历对心理健康造成的负面影响还可能持续到成年。⑦ 但也有研究表明父母外出务工带来的家庭经济条件的改善有助于提升留守儿童在学校的社会交往状况，例如有可能降低受歧视的概率，或提升儿童心理调节能力等。⑧

3. 父母对留守儿童身心健康的差异性影响

父亲或母亲外出务工对留守儿童身心健康的差异性影响也受到学者重点关

---

① GIBSON J, MCKENZIE D, STILLMAN S. Accounting for selection and duration-dependent heterogeneity when estimating the impact of emigration on incomes and poverty in sending areas [J]. Economic development and cultural change, 2013, 61 (2): 247-280.

② 梁在，李巧. 劣势处境对农村儿童身体健康的影响——基于社会支持和饮食摄入视角的分析 [J]. 人口学刊, 2022, 44 (5): 21-33.

③ BOWLBY J. Attachment and loss, Vol. I: Attachment [M]. New York: Basic Books, 1969; BOWLBY J. Attachment and loss: retrospect and prospect [J]. American journal of orthopsychiatry, 1982, 52 (4): 664-680.

④ WEN M, LIN D. Child development in rural China: children left behind by their migrant parents and children of nonmigrant families [J]. Child development, 2012, 83 (1): 120-136.

⑤ ZHANG X, LI M, GUO L, et al. Mental health and its influencing factors among left-behind children in South China: a cross-sectional study [J]. BMC public health, 2019, 19 (1): 1725.

⑥ 宋月萍，韩筱，崔龙韬. 困境留守儿童社会排斥状况及对健康的影响 [J]. 人口研究, 2020, 44 (2): 102-112.

⑦ HAZAN C. Intimate attachment capacity to love and be loved [M] //PETERSON C, SELIGMAN M E P. The values in action classification of strenghs and virtues. Washington, D. C.: American Psychological Association, 2004; SCHMITT D P, ALCALAY L, ALLENSWORTH M, et al. Patterns and universals of adult romantic attachment across 62 cultural regions: are models of self and of other pancultural constructs? [J]. Journal of cross-cultural psychology, 2004, 35 (4): 367-402; 汪建华，黄斌欢. 留守经历与新工人的工作流动　农民工生产体制如何使自身面临困境 [J]. 社会, 2014, 34 (5): 88-104.

⑧ 吴培材. 父母外出务工对农村留守儿童身心健康的影响研究 [J]. 南方经济, 2020 (1): 95-111.

注。许多研究表明，相较于父亲，母亲外出务工对留守儿童，特别是幼龄儿童的身体和心理健康都有更显著的负面影响，可能加重儿童的营养不良、患病概率、焦虑甚至抑郁等情况。① 而父亲外出务工、母亲留在家中照看儿童则可能对留守儿童身心健康的影响较小或不显著。②

4. 影响机制

父母外出务工对农村留守儿童身心健康的影响机制可以被归纳为“分离效应”和“收入效应”。③ 分离效应以依恋理论和家庭功能理论为基础。一方面，作为儿童早期社会化的“重要他人”，父母长期外出务工可能使儿童对父母的依恋需求得不到满足；另一方面，父母的缺位也造成家庭结构的变化和部分功能的缺失，以及家庭成员之间在情感联系、家庭规则、家庭沟通与应对外部事件等方面的改变，④ 二者共同负向作用于儿童身心健康。收入效应也称“汇款效应”（remittance effect），父母外出务工往往有助于改善家庭经济状况，儿童因此可能获得更好的饮食、医疗健康条件和教育资源，也可能有利于儿童扩大在学校的交往等，改善儿童的身体和心理健康水平。⑤

（四）留守儿童身心健康的影响因素

由于留守儿童与父母长期处于亲子隔离的状态，缺少父母的关爱和恰当的

---

① DU S，MROZ T A，ZHAI F，et al. Rapid income growth adversely affects diet quality in China--particularly for the poor！［J］. Social science & medicine，2004，59（7）：1505-1515；李强，臧文斌. 父母外出对留守儿童健康的影响［J］. 经济学（季刊），2011，10（1）：341-360；赵晨晓，董志勇. 父母外出务工与农村留守儿童健康——基于 CFPS 微观证据的考察［J］. 湖北社会科学，2021（2）：59-65；梁在，李巧. 劣势处境对农村儿童身体健康的影响——基于社会支持和饮食摄入视角的分析［J］. 人口学刊，2022，44（5）：21-33.

② 吴培材. 父母外出务工对农村留守儿童身心健康的影响研究［J］. 南方经济，2020（1）：95-111；赵晨晓，董志勇. 父母外出务工与农村留守儿童健康——基于 CFPS 微观证据的考察［J］. 湖北社会科学，2021（2）：59-65.

③ 吴培材. 父母外出务工对农村留守儿童身心健康的影响研究［J］. 南方经济，2020（1）：95-111.

④ 方晓义，徐洁，孙莉，等. 家庭功能：理论、影响因素及其与青少年社会适应的关系［J］. 心理科学进展，2004（4）：544-553；胡芳芳，桑青松. 3—5 岁流动儿童心理理论发展与家庭功能的关系［J］. 学前教育研究，2011（7）：42-48.

⑤ 吴培材. 父母外出务工对农村留守儿童身心健康的影响研究［J］. 南方经济，2020（1）：95-111.

指导，这种亲子隔离的状况也导致留守儿童在遭遇烦恼时缺乏必要的倾诉渠道，从而导致诸如抑郁、焦虑、人际关系紧张和敏感等心理健康问题。① 2015 年《中国留守儿童心灵状况白皮书》指出，中国的留守儿童，特别是西部地区留守儿童具有更高的心理危险指数，对自我现状和自己的未来都有更严重的焦虑感，面临更多的心理健康困扰。② 在严重的情况下，心理健康问题会对行为造成影响，导致留守儿童出现逆反或偏激的行为。有相当多的研究已经证实，相较于非留守儿童，留守儿童的心理受损程度更高，更容易感到孤独或患上抑郁症，③也更容易出现不良行为④。对于那些生活在低收入状况下的留守儿童，青少年犯罪的风险更高。⑤ 从目前的研究总结出，影响留守儿童身心健康水平的因素主要集中在个人因素、家庭因素和社会因素三方面。

1. 个人因素

从当前的研究可以发现，尽管遭遇了类似的经历，不同的留守儿童却表现出不同的状态和特点。不同性别、年龄、受教育水平及个性的留守儿童在身心健康水平上有显著差异。

就性别对留守儿童心理健康的影响来看，当前的研究尚未达成一致的结论。一般而言，相较于男性，女性更容易受到情绪的影响，因此女性留守儿童的心理健康问题会比男性留守儿童更加严重。⑥ 但也有研究认为，由于男性更不会表

---

① 杜琼．农村留守初中生社会支持、生活满意度与心理健康的关系研究［D］．扬州：扬州大学，2009.

② 近千万留守儿童一年到头见不到父母［J］．云南教育（视界时政版），2015，793（7）：5.

③ JIA Z，TIAN W. Loneliness of left-behind children：a cross-sectional survey in a sample of rural China［J］．Child Care Health Dev，2010，36（6）：812-7.

④ GE Y，SE J，ZHANG J. Research on relationship among internet-addiction，personality traits and mental health of urban left-behind children［J］．Global journal of health science，2015，7（4）：60；ADHIKARI R，JAMPAKLAY A，CHAMRATRITHIRONG A，et al. The impact of parental migration on the mental health of children left behind［J］．Journal of immigrant and minority health，2014，16（5）：781-789；YE M，LV M，LI L，et al. The psychological problems and related influential factors of left-behind adolescents（LBA）in Hunan，China：a cross sectional study［J］．International journal for equity in health，2017，16（1）：163.

⑤ 段成荣，杨舸．我国农村留守儿童状况研究［J］．人口研究，2008（3）：15-25.

⑥ 张高华．留守儿童心理研究文献综述［J］．山东师范大学学报（人文社会科学版），2016（5）：119-129.

达自己的情绪，因此在遭受情绪冲击时，他们更不会向外倾诉，而是倾向于将自己孤立起来，从而对心理健康带来更加严重的影响。①

就留守儿童的年龄而言，目前有关年龄对留守儿童身心健康影响的研究呈现出混合性的结果。从心理健康的角度来看，有研究发现，不同年龄的儿童心智成熟度不同，年龄小的儿童对父母的依赖更强，因此父母一方或双方外出务工对其心理健康造成的影响也会更大；② 而对于年龄较大的留守儿童，由于他们的“重要他人”逐渐增多，即使父母外出，他们也能够比较容易找到替代父母角色和功能的重要他人（如寻求老师和同学的支持），从而降低父母外出对其心理健康的影响。③ 但也有研究发现，对于年龄较小（如0—5岁）的留守儿童，由于他们尚未与父母建立起亲密关系，因此父母外出务工并不会对他们的身心健康产生很大的影响；而那些年龄较大（如6—16岁）且已经同父母建立起亲密关系的留守儿童，则更难接受父母的外出。④ 从身体健康的角度来看，当前的研究也并未形成一致的结论。有研究认为，幼儿时期是儿童体格快速发展的时期，若在这一阶段没有得到较好照顾，留守儿童的正常生长发育很容易受到影响。⑤ 但也有学者认为，由于留守儿童的监护人往往是祖父母，因此留守儿童年纪越小的时候，监护人也越年轻、照顾能力越足，对留守儿童身体健康的影响反而越小。⑥

就留守儿童的受教育水平来讲，受教育水平越高的留守儿童，父母外出对

① UNICEF. The impact of parental deprivation on the development of children left behind by Moldovan migrants [R]. New York: UNICEF, 2008.

② LIU Z, LI X, GE X. Left too early: the effects of age at separation from parents on Chinese rural children's symptoms of anxiety and depression [J]. American journal of public health, 2009, 99 (11): 2049.

③ 刘霞，胡心怡，申继亮. 不同来源社会支持对农村留守儿童孤独感的影响 [J]. 河南大学学报（社会科学版），2008 (1): 18-22.

④ REYES M M. Migration and Filipino children left-behind: a literature review [M]. New York: UNICEF, 2007.

⑤ 吴倩岚. 农村留守与非留守儿童身心健康状况及影响因素分析 [D]. 武汉：华中科技大学，2009.

⑥ 陈在余. 中国农村留守儿童营养与健康状况分析 [J]. 中国人口科学，2009 (5): 95-102, 112.

其身心健康的影响越小。① 产生这一结果的原因可能在于：一方面，受教育水平越高，说明留守儿童的年龄越大，这与年龄对留守儿童身心健康的影响类似；另一方面，受教育水平越高，意味着留守儿童更能理解父母外出务工的原因，而不会将父母的外出行为简单理解为“抛弃”。②

就留守儿童个性而言，不同的留守儿童有着不同程度的自尊③和不同的人格④，对负面事件也有着不同的应对方式，⑤ 这些与儿童个性相关的因素也都会影响留守儿童的身心健康水平。

2. 家庭因素

家庭具有生产、生育、抚养和赡养、教育、情感慰藉、休闲娱乐以及政治和宗教七种功能，因此家庭对于个人的成长和发展具有十分重要的作用。⑥ 家庭对留守儿童身心健康的影响，主要来自家庭结构和家庭经济水平两方面。

家庭是儿童最早生活和学习的场所，家庭结构的缺失会导致留守儿童自小便缺乏这样的场所。一方面，父母家庭角色的缺失会导致留守儿童缺乏完整的教育和照顾，影响留守儿童在生活技能、社会规范、道德情感和个性品格方面的养成；⑦ 另一方面，家庭角色的缺失不仅会导致留守儿童无法与父母进行充分

① YANG T, LI C, ZHOU C, et al. Parental migration and smoking behavior of left-behind children: evidence from a survey in rural Anhui, China [J]. International journal for equity in health, 2016, 15 (1): 127; SU S, LI X, LIN D, et al. Psychological adjustment among left-behind children in rural China: the role of parental migration and parent-child communication [J]. Child: care, health and development, 2013, 39 (2): 162-170.

② REYES M M. Migration and Filipino children left-behind: a literature review [M]. New York: UNICEF, 2007.

③ ORTH U, LUCIANO E C. Self-esteem, narcissism, and stressful life events: testing for selection and socialization [J]. Journal of personality and social psychology, 2015, 109 (4): 707; YE M, LV M, LI L, et al. The psychological problems and related influential factors of left-behind adolescents (LBA) in Hunan, China: a cross sectional study [J]. International journal for equity in health, 2017, 16 (1): 163.

④ HIRSCHI A, NILES S G, AKOS P. Engagement in adolescent career preparation: social support, personality and the development of choice decidedness and congruence [J]. Journal of adolescence, 2011, 34 (1): 173-182.

⑤ 吴瑞，李建桥，刘琴，等．留守中学生生活事件与应对方式对心理健康的影响［J］．卫生研究，2014，43（4）：586-590.

⑥ 吴杰梅．社会支持与留守儿童社会化的关系研究［D］．桂林：广西师范大学，2018.

⑦ 吴杰梅．社会支持与留守儿童社会化的关系研究［D］．桂林：广西师范大学，2018.

的情感沟通，还会导致儿童必须承担起一部分家庭责任,① 让他们在缺失家庭照顾的情况下，进一步缺失与同伴的沟通,② 从而将留守儿童的健康问题带入一个负循环。因此，单亲家庭儿童或留守儿童的心理健康水平常常低于家庭状况正常的儿童;③ 而父母均外出对留守儿童身体健康水平的影响最大，母亲离家则比父亲离家对留守儿童的身体健康水平影响更大。④ 但也有研究发现，父母外出会影响儿童的身高，但并不会影响留守儿童的体重和患病情况，父母外出务工促使留守儿童承担部分家庭责任，实际上有助于留守儿童增强运动，进而有助于其体格养成。⑤

家庭经济水平也是一个影响留守儿童心理健康的重要因素。大部分研究认为，父母外出务工能改善家庭的收入情况，有利于保证儿童的营养结构稳定并提升卫生水平;⑥ 同时，较高的社会经济地位还能为儿童提供更好的学习生活条件⑦。但另一方面，父母出于内疚而对孩子进行物质补偿，很可能导致儿童养成

① REYES M M. Migration and Filipino children left-behind: a literature review [M]. New York: UNICEF, 2007; YE J, PAN L. Differentiated childhoods: impacts of rural labor migration on left-behind children in China [J]. Journal of peasant studies, 2011, 38 (2): 355-377.

② VALTOLINA G G, COLOMBO C. Psychological well-being, family relations, and developmental issues of children left behind [J]. Psychological reports, 2012, 111 (3): 905-928.

③ YE M, LV M, LI L, et al. The psychological problems and related influential factors of left-behind adolescents (LBA) in Hunan, China: a cross sectional study [J]. International journal for equity in health, 2017, 16 (1): 163.

④ DU S, MROZ T A, ZHAI F, et al. Rapid income growth adversely affects diet quality in China--particularly for the poor! [J]. Social science & medicine, 2004, 59 (7): 1505-1515; 李强，臧文斌. 父母外出对留守儿童健康的影响 [J]. 经济学（季刊），2011, 10 (1): 341-360.

⑤ 丁继红，徐宁吟. 父母外出务工对留守儿童健康与教育的影响 [J]. 人口研究，2018, 42 (1): 76-89.

⑥ TAYLOR E J. The new economics of labour migration and the role of remittances in the migration process [J]. International migration, 1999, 37 (1), 63-88; 文育锋，王金权，刘荣强，等. 皖南农村留守儿童健康状况的研究 [J]. 现代预防医学，2008 (4): 690-692.

⑦ BRADLEY R H, CORWYN R F. Socioeconomic status and child development [J]. Annual review of psychology, 2002, 53 (1): 371-399.

不良的行为习惯和价值观，① 从而影响其身体和心理的健康发展。

总体而言，家庭因素对于留守儿童的身心健康的影响有着极大的不确定性，需要进一步挖掘。

3. 社会因素

从理论视角看，社会关系因素和认知结果之间有明确的关联。社会活动可能包括一种认知刺激，通过建立认知储备来促进认知结果；② 在社会网络中与他人互动可能会影响认知结果，因为密切的社会关系可能使其具有更积极的健康行为。③ 阿道夫（Adolphs）甚至提出了一个有趣的替代假设，即所有的认知本质上都是社会性的，④ 社会关系的不同方面可能以不同的方式影响认知领域。⑤

认知可以分为社会认知和自我认知。其中，社会认知指对他人的认知、对自己与他人之间关系的认知以及对社会事务的认知等；自我认知表示对自己的认知，在社会关系对身心健康的影响研究中也更多被提及。一方面，个体在认识自己时，无论是儿童还是成人均易产生认知偏差⑥：自我认知积极偏向（positive bias of self-perception）会让个体更多产生积极情绪和行为，对于个体适应社会具有积极意义；⑦ 而负性自我认知则更容易导致消极抑郁情绪和行为。另一

---

① 李庆丰．农村劳动力外出务工对“留守子女”发展的影响——来自湖南、河南、江西三地的调查报告［J］．上海教育科研，2002（9）：25-28.

② SCARMEAS N, STERN Y. Cognitive reserve and lifestyle［J］. Journal of clinical and experimental neuropsychology, 2003, 25（5）：625-633.

③ UMBERSON D. Family status and health behaviors：social control as a dimension of social integration［J］. Journal of health and social behavior, 1987, 28（3）：306-319.

④ ADOLPHS R. Cognitive neuroscience of human social behaviour［J］. Nature reviews neuroscience, 2003, 4（3）：165-178.

⑤ KELLY M E, DUFF H, KELLY S, et al. The impact of social activities, social networks, social support and social relationships on the cognitive functioning of healthy older adults：a systematic review［J］. Systematic reviews, 2017, 6（1）：1-18.

⑥ GAERTNER L, SEDIKIDES C, CHANG K. On pancultural self-enhancement：well-ajusted Taiwanese self-enhance on personally valued traits［J］. Journal of cross-cultural psychology, 2008, 39（4）：463-477.

⑦ 杨丽珠，徐敏．教师期望对幼儿自我认知积极偏向的影响：师生关系的中介效应［J］．心理与行为研究，2015, 13（5）：621-626.

方面，自我认知一般产生于个体与其他社会成员互动过程中，① 自我认知能力随个人成长发展而逐渐增强。② 随着个体从婴儿逐渐成长，其接触的“重要他人”也会逐渐由父母、家人扩展到老师、同学，在此过程中，父母以外的其他重要他人对儿童自我认知发展的影响也逐渐增强。

个体的自我认知制约着个体的行为反应模式，③ 是影响个体心理健康水平的重要因素。④ 一个人在社交网络中的地位会影响其自我认知能力，最终影响其心理健康和寿命。⑤ 社会网络互动可能通过鼓励健康行为（如锻炼）间接有利于推理、注意力和处理速度。⑥ 同时，社会活动可能包括一种认知刺激，通过建立认知储备来促进认知结果。⑦ 社会网络所提供的社会支持正向促进一个人的记忆和执行功能，⑧ 而缺乏社会支持可能降低个人认知加工速度。⑨

具体而言，影响留守儿童身心健康的社会因素主要包括留守儿童所在的社区因素及其对留守儿童的社会支持状况。

---

① 童宗斌，风笑天．独生子女青少年社会化过程中的自我认知——对全国 14 个城市青少年社会化状况的调查分析［J］．青年探索，2005（2）：19-23；WANG L，MESMAN J. Child development in the face of rural-to-urban migration in China：a meta-analytic review［J］．Perspectives on psychological science，2015，10（6）：813-831.

② 刘方然．农村留守儿童社会互动关系和自我概念发展的关系研究［D］．郑州：河南大学，2017.

③ 杨丽珠，徐敏．教师期望对幼儿自我认知积极偏向的影响：师生关系的中介效应［J］．心理与行为研究，2015，13（5）：621-626.

④ CONTRADA R J，ASHMORE R D. Self and social identity：key to understanding social and behavioral aspects of physical health and disease?［J］．Rutgers series on self and social identity，1999，2：3-22；周铁民，阴国恩．中国青少年心理健康素质·自我的研究［J］．心理与行为研究，2007（4）：252-258.

⑤ SANTINI Z I. The impact of social networks and social support on mental disorders and mortality［D］．Bareelona：Universitat de Barcelona，2016.

⑥ LATKIN C A，KNOWLTON A R. Social network assessments and interventions for health behavior change：a critical review［J］．Behavioral medicine，2015，41（3）：90-97.

⑦ SCARMEAS N，STERN Y. Cognitive reserve and lifestyle［J］．Journal of clinical and experimental neuropsychology，2003，25（5）：625-633.

⑧ LUETHI M，MEIER B，SANDI C. Stress effects on working memory，explicit memory，and implicit memory for neutral and emotional stimuli in healthy men［J］．Frontiers in behavioral neuroscience，2009，2：5.

⑨ GOW A J，CORLEY J，STARR J M，et al. Which social network or support factors are associated with cognitive abilities in old age?［J］．Gerontology，2013，59（5）：454-463.

在社区因素方面，诸如地理环境、社区发展、公共项目、信息的可及性以及基础设施等都会对留守儿童的健康带来影响。① 对于处于经济发展较弱的农村地区的留守儿童而言，社会资源无法充分利用、社区关爱体系缺乏②、医疗服务质量差以及无法获得与城市居民相同的优惠补贴和福利等因素③，导致留守儿童的生存境况较难得到缓解。但也有研究表明，贫困地区留守儿童的心理健康水平要显著高于富裕地区的留守儿童，而在人格特征上却刚好相反。④ 此外，留守儿童所在地区的医疗体系、卫生经费的投入都是影响留守儿童身体健康的重要因素。⑤

在社会支持状况方面，进入学龄期的留守儿童，其所接触的主要群体从父母和监护人进一步扩大到教师和同学，这些群体都可能为留守儿童提供某种社会支持。⑥ 积极的社会支持会直接或间接地对可能造成留守儿童健康问题的事件带来缓冲，从而改善留守儿童的健康状况。⑦ 随着年龄的增加，学校逐渐成为留守儿童生活的中心地带，留守儿童从教师和同学那里寻求社会支持的倾向也会加强。⑧ 父母的外出会导致留守儿童缺乏父母的支持，但较好的师生关系和同伴关系能够在一定程度上弥补因为亲子分离而缺乏的社会支持。⑨ 当然，社会支持

---

① 边慧敏，崔佳春，唐代盛．中国欠发达地区农村留守儿童健康水平及其治理思考［J］．社会科学研究，2018（2）：114-124.

② 邓纯考．农村留守儿童社区支持的资源与路径——基于西部地区四省两区的调研［J］．教育发展研究，2013，33（1）：12-17.

③ JAN C，ZHOU X，STAFFORD R S. Improving the health and well-being of children of migrant workers［J］．Bulletin of the World Health Organization，2017，95（12）：850.

④ 雷芳．不同地区留守儿童心理健康状况和人格特征比较［J］．中国健康心理学杂志，2010，18（1）：74-76；张高华．留守儿童心理研究文献综述［J］．山东师范大学学报（人文社会科学版），2016（5）：119-129.

⑤ 宋月萍．中国农村儿童健康：家庭及社区影响因素分析［J］．中国农村经济，2007（10）：69-76.

⑥ 叶敬忠，王伊欢，张克云，等．对留守儿童问题的研究综述［J］．农业经济问题，2005（10）：75-80，82.

⑦ LIN H S，PROBST J C，HSU Y C. Depression among female psychiatric nurses in southern Taiwan：main and moderating effects of job stress，coping behaviour and social support［J］．Journal of clinical nursing，2010，19（15-16）：2342-2354.

⑧ 刘欣．基于结构方程模型的留守儿童心理健康及社会性发展关系研究［D］．西安：陕西师范大学，2010.

⑨ 周永红，李慧玲，吕催芳．农村留守儿童自我意识及其保护性因素的研究［J］．教育学术月刊，2013（12）：56-61.

对健康的影响既可能是积极的也可能是消极的,[①] 老师、同学等社会关系也可能对儿童身心健康带来负面影响。

总的来说，依据布朗芬布伦纳（Bronfenbrenner）提出的生态系统理论,[②] 影响留守儿童身心健康的因素可以分为个人、家庭、学校和社会三个同心圈层，各层次间层层递进，既可单独对留守儿童的身心健康带来影响，又可共同作用于留守儿童的身心健康。

四、抗逆力的相关研究

（一）抗逆力的内涵

20 世纪后半叶，逆境经历对身心健康的影响成为心理学范畴的热点话题，学者们普遍关注心理健康问题的产生原因和治疗手段。但这种关注却无法解释为何有些个体经历了逆境，其身心健康却未因此遭受显著负面影响。积极心理学也随着该研究范畴而逐渐发展起来，侧重于分析个体如何在逆境中生存和发展，并获得高质量的生活。[③] 1984 年，加梅齐（Garmezy）等人对生活在危机情境中的儿童进行研究，发现危机情境并不是对所有的儿童都会产生不利的后果，反而有一部分儿童良好地适应了危机，甚至产生了更高水平的发展。[④] 随着更多相似研究结论的产生，学者们认为这些儿童具备战胜逆境的力量，从而提出了抗逆力（resilience）的概念。

对于抗逆力概念的理解，主要包括过程说、特质说和结果说三种。第一，从过程的角度看，抗逆力是一种尽管遭受了逆境或困境，却能够积极适应这种

① COHEN S, SYME S L. Issues in the study and application of social support [M] // COHEN S, SYME S L. Social support and health. New York: Academic Press, 1985: 3-22.

② BRONFENBRENNER U. The ecology of human development: experiments by nature and design [M]. Boston: Harvard university press, 1979.

③ 周嵌，石国兴. 积极心理学介绍 [J]. 中国心理卫生杂志，2006 (2): 129-132.

④ GARMEZY N, MASTEN A S, TELLEGEN A. The study of stress and competence in children: a building block for developmental psychopathology. [J]. Child Dev, 1984, 55 (1): 97-111.

情境的动态过程。[①] 第二，从特质的角度看，抗逆力可以被视为个体的一种内在特质，这种特质能够帮助个体降低威胁或困境所带来的影响。[②] 第三，从结果角度看，抗逆力是一种面对逆境，却依然能够保持良好心理状态的结果。[③]

本书倾向于从过程说来理解抗逆力。一方面，一个人特质的形成受到外部环境的影响，抗逆力也是如此，目前也有研究证明抗逆力会受到家庭环境[④]、学校和社区环境[⑤]的影响；另一方面，如果将抗逆力视为一种结果，那么一定要危机或困境出现时才会有抗逆力的产生，而且危机或困境的强度不同，抗逆力所体现的强度也不同，但实质上，抗逆力的强度还无法被确切地识别。[⑥] 而过程说关注到了抗逆力动态调整的过程，体现了抗逆力是一种遭遇逆境而反弹的能力，是一种个体与环境的互动关系，这种互动结果也进一步影响抗逆力的发展。[⑦]

（二）抗逆力的作用机制

由于自我认知形成于与他人的互动交流过程中，因此个体对于互动交流过程中产生的信息以及对信息的接纳能力都会影响自我认知的倾向。因此，社会关系水平在一定程度上体现了个体与重要他人的互动水平或社会支持水平，在这个互动过程中，会产生一个重要的心理概念“抗逆力”（resilience）。孔普弗（Kumpfer）在 2002 年提出的抗逆力运作过程模型（如图 2-3 所示）阐释了抗逆力基于个体和环境进行互动的产生过程。在这个互动过程中，个体的

---

① UNGAR M, GHAZINOUR M, RICHTER J. Annual research review: what is resilience within the social ecology of human development? [J]. Journal of child psychology and psychiatry, 2013, 54 (4): 348-366.

② CONNOR K M, DAVIDSON J R T. Development of a new resilience scale: the Connor-Davidson resilience scale (CD-RISC) [J]. Depression and anxiety, 2003, 18 (2): 76-82.

③ MASTEN A S, WRIGHT M O D. Resilience over the lifespan: developmental perspectives on resistance, recovery, and transformation [M] //REICH J W, ZAUTRA A J, HALL J S. Handbook of adult resilience. New York: Guilford Press, 2010: 213-237.

④ 同雪莉．抗逆力的发展：人格、家庭环境及生活事件的影响［J］．中国健康心理学，2017，25（5）：728-733.

⑤ 李竹馨．中学生抗逆力及影响因素研究［D］．西安：西北大学，2017.

⑥ 同雪莉．留守儿童抗逆力生成研究［D］．南京：南京大学，2016.

⑦ SANDERS A E, LIM S, SOHN W. Resilience to urban poverty: theoretical and empirical considerations for population health [J]. American journal of public health, 2008, 98 (6): 1101-1106.

知觉基于自身调整（如认知重构、与社会网络中的重要他人互动获取支持，以及主动应对等）将逆境转变成保护性的环境，从而实现对自我认知的再构造。因此可以推测，在个体与社会网络中重要他人进行互动时，抗逆力可能会影响个体基于自我认知的心理健康，尤其是当互动中产生负向信息或者当留守儿童身处逆境却难以获得社会支持时。

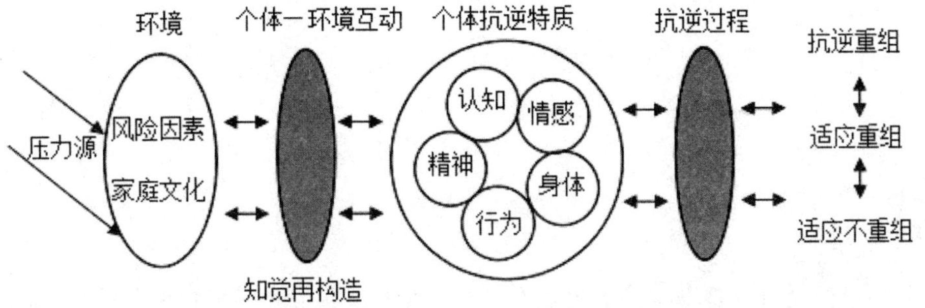

图 2-3 抗逆力运作的环境—个体互动模型

资料来源：同雪莉．留守儿童抗逆力生成研究［D］．南京：南京大学，2016.

抗逆力被普遍视为身心健康的保护因素，即抗逆力水平越高的个体具备越强的适应能力，[①] 因而逆境和挫折对其身心健康的影响也越小。对留守儿童而言，许多研究都认为留守儿童的身心健康水平比非留守儿童要低，但依然有研究发现，尽管留守儿童的生活压力比非留守儿童更大，但是在心理健康水平上，留守儿童与非留守儿童并没有显著性的差异。[②] 因此，在留守身份与心理健康之间，存在着保护性因素，即抗逆力。可以猜测，抗逆力也能够避免留守儿童产生消极和叛逆的行为，从而对身心健康进行保护。

五、校园欺凌与被欺凌度的相关研究

（一）校园欺凌的概念

校园欺凌成为当前校园主题的热词。在知网（CNKI）中搜索主题“欺凌”，

① 同雪莉．留守儿童抗逆力生成研究［D］．南京：南京大学，2016.

② 胡心怡，刘霞，申继亮，等．生活压力事件、应对方式对留守儿童心理健康的影响［J］．中国临床心理学杂志，2007（5）：501-503.

一共有 4866 条结果，根据知网提供的数据可视化分析（如图 2-4 所示），“主要主题”数居首位的是“校园欺凌”，有 2176 篇文献，占比近 45%；第 2—6 位的分别是“网络欺凌”“校园欺凌行为”“校园暴力”“中小学”和“欺凌行为”，文献数量依次下降，且只在 114～222 篇之间。在缺失父母直接保护的情况下，校园欺凌是影响留守儿童身心健康的重要因素。

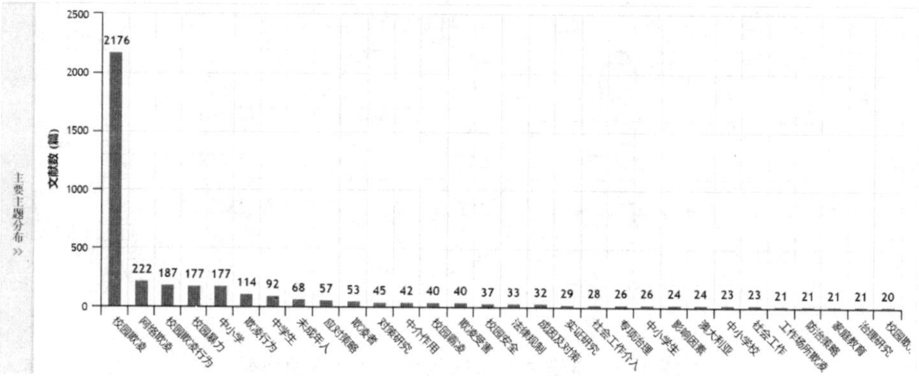

图 2-4　知网“欺凌”主要主题文献数据可视化分析

注：搜索时间是 2021 年 2 月 8 日

资料来源：知网

挪威学者奥维斯（Dan Olweus）自 20 世纪 70 年代率先开始对校园欺凌（bullying at school，也有学者将其翻译为“校园霸凌”）展开系统研究，认为欺凌（bullying）是某人长期且重复地暴露于一个或一群人的负面行动中，并强调欺凌的双方必然存在身体或心理上的不对称（不平衡）的权力关系。① 他将“负面行动”定义为某个人有意图地使另一个人遭受攻击、伤害或不愉快的行为，这些负面行动可通过身体接触、语言或其他多种途径实现。同时，欺凌还可被分为直接欺凌（身体攻击）和间接欺凌（孤立或排挤）两种形式。

此后，许多学者就欺凌、校园欺凌、校园暴力等相关议题展开研究，但存在至少两方面问题：一是这些概念存在混用的情况。例如，许明在研究英国中

---

① OLWEUS D. Bullying at School［M］//HUESMANN L R. Aggressive Behavior. Berlin：Springer，1994：97-130.

小学校园欺凌时指出，有些国家也将校园欺凌界定为校园暴力（school violence）。[①] 而在知网中进行主题搜索可以发现，我国相关研究中，“校园欺凌”一词最早出现在2002年，但“校园暴力”最早出现于1989年，这表明2002年以前的研究是将“校园欺凌”归入“校园暴力”中的。[②] 而国外已有学者指出校园欺凌不同于校园暴力，前者是后者的分支。[③] 二是对“校园欺凌”概念本身的界定尚未形成完全一致的看法：关于校园欺凌的地点，有学者认为是“以校园为背景”[④]，也有学者认为既包含校内又包含校外[⑤]；关于校园欺凌的相关人员，有学者强调欺凌双方应当是未成年人（adolescents）[⑥] 或学生[⑦]，也有学者认为还可能包含教师和社会人员[⑧]。我国国务院教育督导委员会办公室2016年4月发布的《关于开展校园欺凌专项治理的通知》则将校园欺凌确定为是“发生在学生之间”的行为；[⑨] 此外，我国教育部联合中央综治办等八部门于2016年11月发布的《关于防治中小学生欺凌和暴力的指导意见》则将称谓从

---

① 许明．英国中小学校园欺凌现象及其解决对策［J］．青年研究，2008（1）：44-49.

② 任海涛．“校园欺凌”的概念界定及其法律责任［J］．华东师范大学学报（教育科学版），2017，35（2）：43-50，118.

③ BATSCHE G M，KNOFF H M. Bullies and their victims：understanding a pervasive problem in the schools［J］．School psychology review，1994，23（2）：165-174；HAYNIE D L，NANSEL T，EITEL P，et al. Bullies，victims，and bully/victims：distinct groups of at-risk youth［J］．The journal of early adolescence，2001，21（1）：29-49.

④ 孙时进，施泽艺．校园欺凌的心理因素和治理方法：心理学的视角［J］．华东师范大学学报（教育科学版），2017，35（2）：51-56，119.

⑤ 马雷军．让每个学生都安全：校园欺凌相关问题及对策研究［J］．中小学管理，2016（8）：4-8.

⑥ WANG J，RONALD J I，TONJA R N. School bullying among adolescents in the United States：physical，verbal，relational，and cyber［J］．Journal of adolescent health，2009，45（4）：368-375.

⑦ 胡春光．校园欺凌行为：意涵、成因及其防治策略［J］．教育研究与实验，2017（1）：73-79.

⑧ 马雷军．让每个学生都安全：校园欺凌相关问题及对策研究［J］．中小学管理，2016（8）：4-8.

⑨ 国务院教育督导委员会办公室．关于开展校园欺凌专项治理的通知［EB/OL］．（2016-05-09）［2020-11-05］．http：//www.gov.cn/xinwen/2016-05/09/content_5081203.htm.

“校园欺凌”改为了“学生欺凌与暴力”。① 结合现有文献,② 本书将校园欺凌界定为发生在学生之间，通过肢体、语言、网络等多种方式，蓄意或恶意地对一个或多个学生实施欺负、侮辱、伤害的具有普遍性或隐蔽性的倚强凌弱或以众欺寡的行为。

（二）校园欺凌的发生率

学生遭受校园欺凌的比例有多大、程度有多深？相关调查研究通常报告的是校园欺凌的“检出率”“发生率”或“报告率”。③ 但存在以下两个问题：一是不同调查的“检出率”可能并不可比，因为计算基础存在差异，例如，有些调查指的是一年至少一次遭受校园欺凌④，有些则指一月数次遭受校园欺凌⑤。二是不同调查对遭受校园欺凌的严重程度（是偶尔还是经常被欺凌）的界定存

---

① 教育部，中央综治办，最高人民法院，等．教育部等九部门关于防治中小学生欺凌和暴力的指导意见［EB/OL］．（2016-11-02）［2020-11-05］．http：//www. moe. gov. cn/srcsite/A06/s3325/201611/t20161111_ 288490. html.

② 国务院教育督导委员会办公室．关于开展校园欺凌专项治理的通知［EB/OL］．（2016-05-09）［2020-11-05］．http：//www. gov. cn/xinwen/2016-05/09/content_ 5081203. htm; BRADSHAW J, CROUS G, REES G, et al. Comparing children's experiences of schools-based bullying across countries［J］. Children & youth services review, 2017（80）：171-180；邹红军，柳海民，王运豪．概念·成因·治策：我国校园欺凌研究的三维构景——基于相关文献的述评［J］．教育科学研究，2019（7）：40-47.

③ 吴方文，宋映泉，黄晓婷．校园欺凌：让农村寄宿生更“受伤”——基于17841名农村寄宿制学校学生的实证研究［J］．中小学管理，2016（8）：8-11；唐冬纯，蔡伟聪，李丽萍．广州留守与非留守儿童校园受欺凌情况及其影响因素［J］．中国学校卫生，2018，39（7）：1050-1053；常进锋，刘烁梅，虎军．甘肃省某县农村留守儿童校园欺凌行为现状［J］．中国学校卫生，2018，39（9）：1405-1407；于士伟，武春雷，王博，等．安阳市寄宿中学生校园欺凌与焦虑症状的相关性［J］．中国学校卫生，2020，41（10）：1540-1543.

④ 操小兰，文丝莹，柯晓殷，等．深圳市中学生校园欺凌及其与生存质量的相关性［J］．中国学校卫生，2019，40（11）：1679-1681，1685；于士伟，武春雷，王博，等．安阳市寄宿中学生校园欺凌与焦虑症状的相关性［J］．中国学校卫生，2020，41（10）：1540-1543.

⑤ 吴方文，宋映泉，黄晓婷．校园欺凌：让农村寄宿生更“受伤”——基于17841名农村寄宿制学校学生的实证研究［J］．中小学管理，2016（8）：8-11；黄亮，赵德成．中学校园欺凌：现状、后果及其应对策略——基于中国四省（市）与OECD国家数据的研究［J］．现代教育管理，2018（12）：102-106.

在差异，例如，有的研究将一月至少两次遭受欺凌界定为“经常”①；也有研究采取依照频次高低打分的方式，频次越高得分越高，受欺凌程度也越深。② 总的来说，对于校园欺凌的被欺凌程度，现有研究通常采用频次高低来做区分，但并无统一标准。

（三）校园欺凌的成因

欺凌者实施欺凌的原因，以及被欺凌者遭受欺凌的原因，都可被纳入校园欺凌成因问题中。现有文献主要从欺凌者、欺凌围观者及被欺凌者三方面对校园欺凌成因进行了分析。

1. 欺凌者视角

大量学者对欺凌者进行校园欺凌的成因进行了探讨。一些研究者从个人、家庭、学校及社会等角度加以分析，诸如人格特质、不恰当或缺失的家庭教育、家庭结构不完整或失能、同伴的不良影响、有过较多负面生活经历、学校道德教育不足以及社会和网络中的“污染源”等，都被认为是欺凌行为产生的原因或影响因素。③ 另一些学者运用多种理论分析和阐释校园欺凌的成因机制：权力根源理论、社会控制理论、学习理论、马斯洛需求层次理论、挫折—攻击假说、社会认知理论、精神技能理论及越轨行为和社会失范理论等都被运用于欺凌行

---

① 于士伟，武春雷，王博，等．安阳市寄宿中学生校园欺凌与焦虑症状的相关性［J］．中国学校卫生，2020，41（10）：1540-1543.

② 谢家树，魏宇民，ZHU Z. 当代中国青少年校园欺凌受害模式探索：基于潜在剖面分析［J］．心理发展与教育，2019，35（1）：95-102.

③ 刘艳．大学生网络欺凌应对方式与自尊、社会支持的关系［D］．昆明：云南师范大学，2013；解立军．校园欺凌中之学校和教师的法律责任及其规避策略［J］．中小学管理，2016（8）：15-18；吴元发．知识与德行的断裂：校园欺凌者何以知善而不为善——从学生意志薄弱现象看校园欺凌事件［J］．教育发展研究，2018，38（12）：34-41.

为成因的分析中。① 总的来看，为了获得某种拥有权力或控制的感觉，对能够自由地排除异己（a liberty to exclude）的渴望，出于对一些个体的蔑视（contempt），② 因为遭受过欺凌而奋起反击，对外界环境线索的负向解读，③ 出于模仿而习得了欺凌行为，④ 因为生理、安全、归属、爱与尊重这类匮乏性需求得不到满足而激发了攻击性行为等，⑤ 都可能成为个体欺凌他人的原因。

2. 欺凌围观者角度

相关研究成果主要来自国外。20 世纪 90 年代西方学者开始注意到，校园欺凌中的围观群体与欺凌可能存在某些潜在的相互影响关系。⑥ 芬兰学者萨尔米瓦利（Salmivalli）提出了"欺凌参与角色"的概念，并将欺凌围观者分成了局外人（outsider）、助手（assistant）、强化者（reinforcer）以及捍卫者（defender）四个角色。⑦ 一些学者随后发现，这些角色对欺凌有不同的作用：助手和强化者属于"亲欺凌者"，对欺凌起着助推或煽动的作用；⑧ 捍卫者敢于站出来制止欺

① COLOROSO B. The bully, the bullied, and the bystander: from preschool to high school--how parents and teachers can help break the cycle of violence [M]. New York: Harper Resource, 2003; 李旭，豆小红. 社会失范、教养偏差与青少年犯罪关系探讨 [J]. 中国青年研究，2014 (6): 96-101; 杨岭，毕宪顺. 中小学校园欺凌的社会防治策略[J]. 中国教育学刊，2016 (11): 7-12; 魏叶美，范国睿. 社会学理论视域下的校园欺凌现象分析 [J]. 教育科学研究，2016 (2): 20-23, 46; 罗怡，刘长海. 校园欺凌行为动因的匮乏视角及其启示 [J]. 教育科学研究，2016 (2): 29-33; 胡春光. 校园欺凌行为：意涵、成因及其防治策略 [J]. 教育研究与实验，2017 (1): 73-79.

② COLOROSO B. The bully, the bullied, and the bystander: from preschool to high school--how parents and teachers can help break the cycle of violence [M]. New York: Harper Resource, 2003.

③ 胡春光. 校园欺凌行为：意涵、成因及其防治策略 [J]. 教育研究与实验，2017 (1): 73-79.

④ 李旭，豆小红. 社会失范、教养偏差与青少年犯罪关系探讨 [J]. 中国青年研究，2014 (6): 96-101.

⑤ 罗怡，刘长海. 校园欺凌行为动因的匮乏视角及其启示 [J]. 教育科学研究，2016 (2): 29-33.

⑥ SALMIVALLI C. Bullying and the peer group: a review [J]. Aggression and violent behavior, 2010 (2): 112-120.

⑦ SALMIVALLI C, LAGERSPETZ K, BJÖRKQVIST K, et al. Bullying as a group process: participant roles and their relations to social status within the group [J]. Aggressive behavior, 1996, 22 (1): 1-15.

⑧ SUTTON J, SMITH P K. Bullying as a group process: an adaptation of the participant role approach [J]. Aggressive behavior, 1999, 25 (2): 97-111.

凌行为并安慰被欺凌者，有助于缩短欺凌行为的时间、降低欺凌行为的强度；① 局外人往往什么也不做，但这种不作为实际上是对欺凌行为的纵容和鼓励，也给被欺凌者造成心理伤害和间接的事实伤害。②

3. 被欺凌者视角

有关遭受欺凌的原因，目前大致有以下三种观点。一是个人内在因素。许多研究发现，个性孤僻、性格柔弱、容易退缩和回避以及存在其他一些性格弱势的个体更容易遭受校园欺凌。③ 二是家庭、学校及其他社会关系因素。缺乏家庭支持和父母关心④、与同伴交往过少或同伴关系差⑤以及学校归属感低⑥的学生更可能遭受校园欺凌。三是其他因素，例如农村地区、男性、体型偏瘦（或过胖）、寄宿学校的学生，也更可能被欺凌。⑦

---

① HAWKINS D L, PEPLER D J, CRAIG W M. Naturalistic observations of peer interventions in bullying [J]. Social development, 2001, 10 (4): 512-527.

② 刘晓，吴梦雪．“围观群体”在校园欺凌中的角色与行为机制研究［J］．全球教育展望，2018，47（2）：59-68，115.

③ BATSCHE G M, KNOFF H M. Bullies and their victims: understanding a pervasive problem in the schools [J]. School psychology review, 1994, 23 (2): 165-174; BOND L, CARLIN J B, THOMAS L, et al. Does bullying cause emotional problems? A prospective study of young teenagers [J]. Bmj clinical research, 2001, 73 (11): 480-484; 张小华，项宗友．浙江中学生校园欺凌的实证调查及影响因素分析——以生活方式理论和日常活动理论为视角［J］．晋阳学刊，2016，(5)：101-105；孙时进，施泽艺．校园欺凌的心理因素和治理方法：心理学的视角［J］．华东师范大学学报（教育科学版），2017，35（2）：51-56，119.

④ 苏春景，徐淑慧，杨虎民．家庭教育视角下中小学校园欺凌成因及对策分析［J］．中国教育学刊，2016（11）：18-23；吴强．留守青少年校园欺凌现象影响研究［D］．合肥：安徽大学，2017；王健，李春玫，谢飞，等．江西省高中生校园欺凌影响因素分析［J］．中国学校卫生，2018，39（12）：1814-1817.

⑤ OLWEUS D. Family and temperamental determinants of aggressive behavior in adolescent boys: a causal analysis [J]. Developmental psychology, 1980, 16 (6): 644-660; 操小兰，文丝莹，柯晓殷，等．深圳市中学生校园欺凌及其与生存质量的相关性［J］．中国学校卫生，2019，40（11）：1679-1681，1685.

⑥ 杨帆，俞冰，朱永新，等．校园欺凌与学校归属感的相关效应：来自新教育实验的证据［J］．课程·教材·教法，2017，37（5）：113-120.

⑦ 吴方文，宋映泉，黄晓婷．校园欺凌：让农村寄宿生更“受伤”——基于17841名农村寄宿制学校学生的实证研究［J］．中小学管理，2016（8）：8-11；于士伟，武春雷，王博，等．安阳市寄宿中学生校园欺凌与焦虑症状的相关性［J］．中国学校卫生，2020，41（10）：1540-1543.

六、文献评价

笔者基于本书研究目的，对相关概念做了全面的文献梳理，厘清了各分析概念相关研究的脉络与研究现状，为本书做进一步的分析提供了研究基础。同时，上述文献回顾也表明，社会关系与留守儿童的身心健康问题，是国家和学界共同关注的重大现实问题和学术问题。

迄今为止，有关留守儿童、社会关系、身心健康、抗逆力、欺凌的研究固然业已十分丰富，但笔者认为主要存在以下不足：第一，留守儿童的身心健康水平较非留守儿童到底是更差、更好还是差别不显著，现有研究的结论并不统一；第二，许多研究发现，留守儿童的身心健康水平低于非留守儿童，但已有研究主要是从分析留守/非留守与儿童身心健康水平之间的相关关系入手的，即留守身份是否是导致儿童身心健康水平不同于非留守儿童的原因还缺乏因果验证；第三，有关社会关系对留守儿童身心健康的影响机制虽然也有诸多研究，但将抗逆力和校园欺凌的被欺凌度等概念整合，加入以构建解释社会关系对留守儿童身心健康影响机制的研究尚未看到。基于上述研究缺口，笔者拟从留守/非留守状态切入，以对留守儿童身心健康进行多维度划分为基础，围绕儿童直接接触的微观系统（如家庭和学校）环境中的社会关系，研究经由社会关系影响留守儿童身心健康的路径和机制，并考察抗逆力和校园欺凌在其中的作用，最终揭示社会关系对留守儿童身心健康的影响机制。

第二节　理论基础

一、生态系统理论

发展心理学家尤里·布朗芬布伦纳（Urie Bronfenbrenner）研究了人与环境之间的依赖性，关注人类发展的现象，他提出的生态系统理论（ecological systems theory）体现了个体社会化的过程，并强调环境对儿童发展的重要影响。[①] 布朗芬布伦纳在生态系统理论中定义了四个同心系统，根据他的观点，一个人的发

① BRONFENBRENNER U. The ecology of human development：experiments by nature and design [M]. Boston：Harvard university press，1979.

展和社会化受到与之有积极互动关系的环境影响，这包括三个重要的假设：第一，人是一个积极的参与者，并对他/她的环境施加影响；第二，环境迫使人适应其条件和限制；第三，环境被理解为由不同大小的系统组成，包括微观系统（microsystem）、中观系统（mesosystem）、外部系统（exosystem）和宏观系统（macrosystem），这些系统之间也相互影响，如图 2-5 所示。

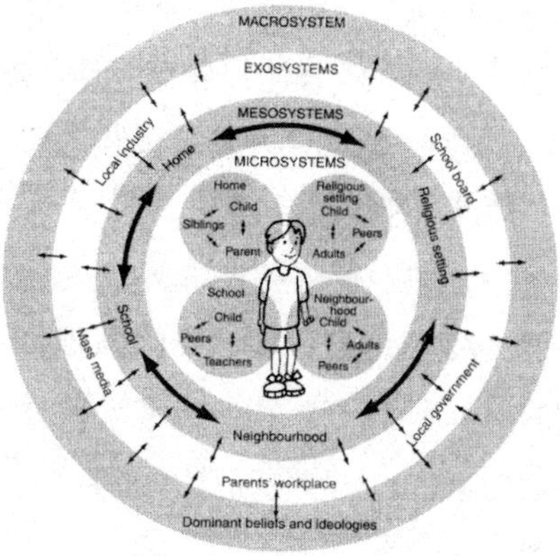

图 2-5　布朗芬布伦纳提出的生态系统层次（假设对儿童发展的影响层次）

资料来源：HÄRKÖNEN U. The Bronfenbrenner ecological systems theory of human development [C]. Scientific articles of v international conference, 2007.

微观系统是指在特定的面对面环境中，个体所经历的活动、角色和人际关系的模式。微观系统是个体日常接触最多的环境，包括个体以及与个体保持直接接触的社会关系和环境结构，如家庭、邻居、学校和宗教等。① 个体与这些社会关系和环境结构之间会产生相互关系。中观系统包括两个或多个微观系统（如家庭与学校、学校与工作场所之间的关系等）之间发生的联系和过程。② 布朗芬布伦纳强调说，单独看各微观系统的做法是片面的，需要分析不同的微观系统是相互支持的还是被个体视为相互冲突的压力，以及不同的微观系统对不

① HÄRKÖNEN U. The Bronfenbrenner ecological systems theory of human development [C]. Scientific articles of v international conference, 2007.

② 谷禹，王玲，秦金亮. 布朗芬布伦纳从襁褓走向成熟的人类发展观 [J]. 心理学探新，2012, 32 (2): 104-109.

同的行为方式是否有不同的期望或义务。① 外部系统定义了一个更大的社会系统，包括父母的工作场所、社区环境、当地政府、大众传媒等。② 这一层次的系统会通过影响中观系统而对儿童产生影响。宏观系统是一个包括微观、中观和外部系统在内的总体模式，具有特定文化、亚文化或其他更广泛的社会背景的特征，特别是指发展中的煽动性信仰系统，资源、危险、生活方式、机会结构、生命历程选择和社会交流模式等，这些都嵌入在这些系统中。③ 宏观系统可以看作是特定文化、亚文化或其他更广泛的社会背景的社会蓝图。④

因此，个体的发展嵌套在一系列系统中，这些系统不仅相互作用、相互影响，也与个体的发展相互作用和相互影响。从生态系统理论的角度来观察留守儿童身心健康的影响因素，有助于理解各层次环境变化对留守儿童身心健康的影响路径，也有利于为解决留守儿童身心健康问题提供更加系统化的建议。结合生态系统理论和本书的研究目的，本书主要考察留守儿童微观系统中的社会关系，即其日常直接接触的家庭、学校等环境中的社会关系。

二、社会支持理论

社会支持（social support）概念在 20 世纪 70 年代由精神病学研究正式引入，之后受到了医学、心理学、社会学、人类学、建筑及环境设计等众多学科学者的广泛关注。⑤ 在当时，社会支持被认为是一种外在的防御体系，即个体的社会关系背景对精神病的防御和治疗有着积极的缓和作用。⑥

有关社会支持的内涵，不同学者从所在学科出发，提出了不同定义。目前

---

① HÄRKÖNEN U. The Bronfenbrenner ecological systems theory of human development [C]. Scientific articles of v international conference, 2007.

② BRONFENBRENNER U. Ecological systems theory [J]. Annals of child development, 1992, (6): 187-249.

③ BRONFENBRENNER U. Ecological systems theory [J]. Annals of child development, 1992, (6): 187-249.

④ HÄRKÖNEN U. The Bronfenbrenner ecological systems theory of human development [C]. Scientific articles of v international conference, 2007.

⑤ COHEN S, SYME S L. Issues in the study and application of social support [M] // COHEN S, SYME S L. Social support and health. New York: Academic Press, 1985: 3-22.

⑥ 周林刚，冯建华. 社会支持理论——一个文献的回顾 [J]. 广西师范学院学报，2005 (3): 11-14, 20.

针对社会支持的内涵依旧未达成共识。从社会学的角度看，社会支持被定义为社会上的弱势群体通过其所在的社会网络获取的援助的总和。①

社会支持的类型也有多种划分方式，具体可分为二分法、三分法和四分法。二分法是维尔（will）提出的情感性支持（emotional support）和工具性支持（instrumental support），以及泰勒（Taylor）等人提出的外显社会支持（explicit social support）和内隐社会支持（implicit social support）。② 其中，情感性支持指个体社会网络中的成员对其提供情感上的帮助（如表示理解和支持），工具性支持则指给予他人具体的帮助（如物质帮助）；外显社会支持是一种主动寻求外部帮助和支持的现象，而内隐社会支持是一种对所处社会关系网络信心的体现：即便尚未主动向外寻求帮助，但相信只要有需要就一定能够获得帮助。四分法主要指豪斯（House）在二分法的基础上，从人际关系的功能角度增加了信息性支持（informational support）和评价性支持（appraisal support）。③ 其中，信息性支持指给予有用的建议和信息来帮助他人解决所面临的困难；评价性支持指为他人提供与自我评价有关的信息。目前国内最常用的是肖水源（1994）提出的三分法：社会支持包括主观支持、客观支持和对支持的利用率。④ 这一分类是从接受社会支持的个体的角度进行划分的，其中，客观支持指他人提供的实质性的支持，与工具性支持的含义类似；主观支持指个体主观感知到的来自他人的支持，如他人给予的关心和照顾等；支持的利用率指个体对他人所提供的支持的利用程度。

社会支持体系，由主体、客体、内容和手段四个要素构成。首先，主体指提供社会支持的个体或组织。社会支持的提供与客体的社会关系网络有着十分

---

① 陈成文，潘泽泉．论社会支持的社会学意义［J］．湖南师范大学社会科学学报，2000（6）：25-31.

② WILLS T A. Social support and interpersonal relationships［M］//CLARK M S. Review of Personality and Social Psychology，Vol. 12. Prosocial behavior. London：Sage Publications，Inc.，1991：265-289；TAYLOR S E，WELCH W T，KIM H S，et al. Cultural differences in the impact of social support on psychological and biological stress responses［J］. Psychological science，2007，18（9）：831-837.

③ HOUSE J S. Work stress and social support［M］. Reading：Addisoon-Wesley，1981.

④ 肖水源．《社会支持评定量表》的理论基础与研究应用［J］．临床精神医学杂志，1994（2）：98-100.

密切的关系，① 提供社会支持的主体往往都是与社会网络中心的客体有着密切关系的人，② 被提供社会支持的客体往往被认为是需要帮助的弱势群体③。但也有另一种观点认为，每个人都是社会支持的客体，社会支持是社会中的一种普遍行为。④ 社会支持不仅是一种单向的关怀和帮助，更是一种相互扶持和社会交换。⑤ 社会支持的内容与手段，与社会支持的类型有着十分密切的关系，决定了连接主体与客体的方式。

对于留守儿童而言，社会关系网络是社会支持的载体，社会支持的程度也体现了留守儿童的社会关系网络的广度和深度。如果把留守儿童的社会关系网络具象化为点和边组成的网络，社会支持便是在各条边上流动的“资源”，体现了留守儿童身边的他人向留守儿童提供的正向或负向的社会支持，进而给留守儿童的身心健康带来影响。

三、安全感与依恋理论

（一）安全感理论

西格蒙德·弗洛伊德（Sigmund Freud）最早提到心理学意义上的安全感问题。⑥ 马斯洛（Maslow）将安全需求视为除了生理需求之外的个人基本需求⑦，指出：心理安全感（psychological security）——相信个人需要能够或将会得到满

---

① 贺寨平．国外社会支持网研究综述［J］．国外社会科学，2001（1）：76-82.

② 张文宏，阮丹青．城乡居民的社会支持网［J］．社会学研究，1999（3）：14-19，22-26.

③ 陈成文．社会弱者论：体制转换时期社会弱者的生活状况与社会支持［M］．北京：时事出版社，1999；周林刚，冯建华．社会支持理论——一个文献的回顾［J］．广西师范学院学报，2005（3）：11-14，20.

④ 贺寨平．国外社会支持网研究综述［J］．国外社会科学，2001（1）：76-82.

⑤ 丘海雄，陈健民，任焰．社会支持结构的转变：从一元到多元［J］．社会学研究，1998（4）：33-39.

⑥ 杨元花．初中生安全感发展的家庭动因研究［D］．长沙：湖南师范大学，2006.

⑦ MASLOW A H. A theory of human motivation［J］. Psychological review，1943，50（4），370-396；MASLOW A H. Motivation and personality［M］. New York：Harper and Row，1954.

足、相信自己能摆脱恐惧和焦虑的自由的感觉①——是个人心理健康的首要标准②。W·布列茨认为，这种安全感是在个人与环境、个人与他人互动过程中形成的。③

（二）依恋理论

儿童精神病学家约翰·鲍比（John Bowlby）和玛丽·爱因斯沃斯（Mary Dinsmore Salter Ainsworth）是依恋理论（attachment theory）的主要贡献者。④ 鲍比自20世纪30年代开始关注母亲与儿童的关系以及这一关系对儿童的影响，⑤ 并实证了早年的母亲剥夺和分离（maternal deprivation and separation）与青少年儿童心理和行为问题的关联⑥。尽管“依恋”一词早在1931年即被弗洛伊德使用，⑦ 但Bowlby在1960年前后首次将其理论化，⑧ 并以此为基础构建了依恋理论⑨。婴儿与母亲（或稳定的主要照顾者）之间的情感联结关系即为“依恋关系”；年幼个体会用哭喊吸引母亲、通过行动接近母亲，这些“导致接近性”的行为都属于“依恋行为”⑩；依恋对象（母亲或主要照顾者）能够为幼儿提供安

① MASLOW A H, HIRSH E, STEIN M, et al. A clinically derived test for measuring psychological security-insecurity [J]. The journal of general psychology, 1945, 33 (1): 21-41.

② 马建青. 心理卫生与心理咨询论丛 [M]. 杭州：浙江大学出版社，2005.

③ 廖传景. 留守儿童安全感研究 [D]. 重庆：西南大学，2015.

④ AINSWORTH M D S, BOWLBY J. An ethological approach to personality development [J]. American psychologist, 1991, 46 (4): 333-341.

⑤ BRETHERTON I. The origins of attachment theory: John Bowlby and Mary Ainsworth [J]. Developmental psychology, 1992, 28 (5): 759-775.

⑥ BOWLBY J. Forty-four juvenile thieves: their characters and home lives [J]. International journal of psycho-analysis, 1944, 25: 107-128.

⑦ BOWLBY J. Attachment and loss: Vol. I. Attachment [M]. New York: Basic Books, 1969.

⑧ BOWLBY J. The nature of the child's tie to his mother [J]. The international journal of psycho-analysis, 1958, 39 (5): 350-373; BOWLBY J. Grief and mourning in infancy and early childhood [J]. The psychoanalytic study of the Child, 1960, 15: 3-39; BOWLBY J. Separation anxiety [J]. International journal of psycho-analysis, 1960, 41: 89-113.

⑨ BOWLBY J. Attachment and loss, Vol. I: Attachment [M]. New York: Basic Books, 1969; BOWLBY J. Attachment and loss: retrospect and prospect [J]. American journal of orthopsychiatry, 1982, 52 (4): 664-680.

⑩ BOWLBY J. Attachment and loss, Vol. I: Attachment [M]. New York: Basic Books, 1969.

全需要得到满足的感觉，即“安全感”①；根据安全感的程度，依恋被分为安全型依恋（secure attachment）、回避型依恋（avoidant attachment）以及不安全依恋（insecure attachment）三种依恋风格，这三类在婴儿与成年人中的占比分别约为70%、20%和10%。② 此外，广义的依恋还可能存在于恋人、朋友等人群之间。③尽管存在多重依恋，儿童与家庭中重要他人的依恋关系（最主要是亲子依恋）通常被认为是最重要的一种。④

鲍比从社会认知模式解释依恋的作用机制，提出“内部工作模型”⑤（inner working model）假设：儿童通过观察父母（或稳定的主要照顾者）与自己的互动状态来评估自己的被接纳程度，进而形成有关自我、父母（或稳定的主要照顾者）及其关系的认知；这种认知反过来对儿童处理其亲子关系及其他社会关系产生影响。这一模型也被用于解释父母（或实际抚养人）的不良反应方式会使婴幼儿形成回避型依恋或不安全依恋，并持续到成年后的现象。⑥

（三）不同安全感与依恋风格对身心健康的影响

由于父母通常是婴幼儿生活中最主要的重要他人，许多研究分析了亲子关

① AINSWORTH M D S. Infancy in Uganda：infant care and the growth of love ［M］. Baltimore：Johns Hopkins University Press，1967；AINSWORTH M D S，WITTIG B A. Attachment and the exploratory behaviour of one-year-olds in a strange situation ［M］// FOSS B M. Determinants of infant behaviourVol. 4. London：Methuen，1969：113-136；RHEINGOLD H L. The effect of a strange environment on the behaviour of infants ［M］//FOSS B M. Determinants of infant behaviour，Vol. 4. London：Methuen，1969.

② 戴维·迈尔斯．社会心理学：第 11 版［M］．侯玉波，乐国安，张智勇，译．北京：人民邮电出版社，2016.

③ 于海琴．亲子依恋对儿童社会性发展影响的研究进展［J］．华中科技大学学报（人文社会科学版），2002（1）：80-83.

④ 邢淑芬，梁熙，岳建宏，等．祖辈共同养育背景下多重依恋关系及对幼儿社会—情绪性发展的影响［J］．心理学报，2016，48（5）：518-528.

⑤ BOWLBY J. Attachment and loss，Vol. Ⅱ：Separation ［M］. New York：Basic Books，1973.

⑥ HAZAN C. Intimate attachment capacity to love and be loved ［M］//PETERSON C，SELIGMAN M E P. The values in action classification of strenghs and virtues. Washington，D. C.：American Psychological Association，2004；SCHMITT D P，ALCALAY L，ALLENSWORTH M，et al. Patterns and universals of adult romantic attachment across 62 cultural regions：are models of self and of other pancultural constructs?［J］. Journal of cross-cultural psychology，2004，35（4）：367-402.

系质量及亲子依恋类型对个体的影响，并证实婴幼儿时期是否拥有良好的亲子关系和安全型亲子依恋，对其个人童年期、青少年期以及成年期的诸多方面（包括成年后的亲密关系建立）均有持续性影响。①

拥有安全型亲子依恋的儿童，在其儿童期以及成年后，通常拥有更高的身心健康水平和社会认知发展水平②、更好的心理适应功能③、更低的攻击性和更好的同伴关系④等。相反，不安全依恋的儿童，更可能具有较差的情绪调节能力和焦虑、孤独及压抑等负面情绪，⑤ 甚至更可能出现攻击行为和反社会人格⑥。

---

① SIMPSON J A. Influence of attachment styles on romantic relationships [J]. Journal of personality & social psychology, 1990, 59 (5): 971-980; MILLER P J E, REMPEL J K. Trust and partner-enhancing attributions in close relationships [J]. Personality and social psychology bulletin, 2004, 30 (6): 695-705.

② KERNS K A, KLEPAC L, COLE A. Peers relationships and preadolecents' perceptions of security in the child-mother relationship [J]. Developmental psychology, 1996, 32 (3): 457-466; RANSON K E, URICHUK L J. The effect of parent-child attachment relationships on child biopsychosocial outcomes: a review [J]. Early child development and care, 2008, 178 (2): 129-152.

③ RAUDINO A, FERGUSSON D M, HORWOOD L J. The quality of parent-child relationships in adolescence is associated with poor adult psychosocial adjustment [J]. Journal of adolescence, 2013, 36 (2): 331-340.

④ LIEBERMAN M, DOYLE A, MARKIEWICZ D. Developmental patterns in security of attachment to mother and father in late childhood and early adolescence associations with peers relations [J]. Child development, 1999, 70 (1): 202-213.

⑤ KERNS K A, KLEPAC L, COLE A. Peers relationships and preadolecents' perceptions of security in the child-mother relationship [J]. Developmental psychology, 1996, 32 (3): 457-466; LIEBERMAN M, DOYLE A, MARKIEWICZ D. Developmental patterns in security of attachment to mother and father in late childhood and early adolescence associations with peers relations [J]. Child development, 1999, 70 (1): 202-213.

⑥ 钱铭怡，武国城，朱荣春，等．艾森克人格问卷简式量表中国版（EPQ-RSC）的修订 [J]．心理学报，2000 (3): 317-323；田疆，张欣，汪培山．儿童孤独症危险因素的研究 [D]．天津：天津医科大学，2006.

还有许多研究分别探讨了母子依恋和父子依恋的差异性影响。① 尽管有学者认为母子依恋在所有依恋关系中起主导作用（“主导性假说”），但最近20年的研究倾向于认为母子依恋和父子依恋所起的作用是各不相同的（“特异性假说”）②：母子依恋的质量和安全性更可能影响儿童的自我认知和评价，而父子依恋则更可能影响其处理外部世界的方式和能力。③

此外，不少学者对亲子依恋关系中断或剥夺进行了研究，发现个体在童年甚至青少年时期被迫经历亲子依恋中断会造成严重的身心伤害，④ 他们的悲伤只会逐渐消退却不会消失⑤。传统上，亲子依恋关系中断或剥夺的主要原因是父母

① VERSCHUEREN K, MARCOEN A. Representation of self and socioemotional competence in kindergartners: differential and combined effects of attachment to mother and to father [J]. Child development, 1999, 70 (1): 183-201; STEELE H, STEELE M. Understanding and resolving emotional conflict: the London parent-child project [M] //Grossmann K E, Grossmann K, Waters E. Attachment from infancy to adulthood: The major longitudinal studies. New York: Guilford Press, 2005: 137-164; BRUMARIU L E, KERNS K A. Parent-child attachment and internalizing symptoms in childhood and adolescence: a review of empirical findings and future directions [J]. Development and psychopathology, 2010, 22 (1): 177-203; KOCHANSKA G, KIM S. Early attachment organization with both parents and future behavior problems: from infancy to middle childhood [J]. Child development, 2013, 84 (1): 283-296; BOLDT L J, KOCHANSKA G, YOON J E, et al. Children's attachment to both parents from toddler age to middle childhood: links to adaptive and maladaptive outcomes [J]. Attachment & human development, 2014, 16 (3): 211-229.

② 邢淑芬，梁熙，岳建宏，等. 祖辈共同养育背景下多重依恋关系及对幼儿社会-情绪性发展的影响 [J]. 心理学报，2016，48 (5)：518-528.

③ STEELE H, STEELE M. Understanding and resolving emotional conflict: the London parent-child project [M] //GROSSMANN K E, GROSSMANN K, WATERS E. Attachment from infancy to adulthood: The major longitudinal studies. New York: Guilford Press, 2005: 137-164; BOLDT L J, KOCHANSKA G, YOON J E, et al. Children's attachment to both parents from toddler age to middle childhood: links to adaptive and maladaptive outcomes [J]. Attachment & human development, 2014, 16 (3): 211-229.

④ AGID O, SHAPIRA B, ZISLIN J, et al. Environment and vulnerability to major psychiatric illness: a case control study of early parental loss in major depression, bipolar disorder and schizophrenia [J]. Molecular psychiatry, 1999, 4 (2), 163-172; BIFULCO A, BERNAZZANI O, MORAN P, et al. Lifetime stressors and recurrent depression: preliminary findings of the Adult Life Phase Interview (ALPHI) [J]. Soc psychiatry psychiatr epidemiol, 2000, 35 (6), 264-275.

⑤ 廖传景. 留守儿童安全感研究 [D]. 重庆：西南大学，2015.

离异或死亡。但随着社会的发展，父母剥夺的形式正日渐多元化，[①] 留守儿童恰恰正面临这种状况：他们的父母外出务工而不能陪伴其身边，导致亲子关系和亲子依恋都面临挑战。已有文献实证发现，相较于非留守儿童及父母单方外出务工的儿童，父母双方均外出务工的农村留守儿童具有更低的亲子依恋安全性。[②]

① 廖传景．留守儿童安全感研究［D］．重庆：西南大学，2015.

② 杜文军，刘馨宇，张建明，等．小学高年级留守儿童亲子依恋与养育状况关系分析［J］．中国学校卫生，2015，36（6）：857-860，863.

第三章

假设推演与理论模型构建

基于前章的文献梳理，本章在对留守儿童、身心健康、社会关系等核心概念进行界定的基础上，以前章述及的生态系统理论为论述的语境，以社会支持和依恋理论为本书理论分析的支撑逻辑，推演变量间关系的假设，构建反映关系假设中自变量、因变量、中介变量及调节变量之间作用路径与影响效应（主效应、中介效应、调节效应）的理论模型。

第一节　本书核心概念

一、留守儿童

经前章文献梳理发现，现有文献对留守儿童概念在年龄、父母外出时长及父母外出数量上尚未统一。本书认同亲子隔离是留守儿童基本处境的观点，即不设置父母外出时间的长度①；并结合其他多位学者在儿童年龄②和父母外出数量③上的看法，将留守儿童定义为：父母双方均外出务工而被滞留在户籍地、未与父母共同生活居住的 18 岁以下的儿童。因而，非留守儿童指代那些 18 岁以下、父母双方至少有一人未外出务工而留在户籍地家中与之共同生活居住的

① 罗国芬．从 1000 万到 1.3 亿：农村留守儿童到底有多少［J］．青年探索，2005（2）：3-6；刘志军．留守儿童的定义检讨与规模估算［J］．广西民族大学学报（哲学社会科学版），2008（3）：49-55.

② 边慧敏，崔佳春，唐代盛．中国欠发达地区农村留守儿童健康水平及其治理思考［J］．社会科学研究，2018（2）：114-124.

③ 段成荣，周福林．我国留守儿童状况研究［J］．人口研究，2005（1）：29-36.

儿童。

二、留守儿童的社会关系

根据前章相关文献回顾，结合本书的研究内容和目的，本书在分析留守儿童的社会关系时，从其社会关系的结构视角进行考察。社会关系结构指留守儿童生活中主要接触的微观系统（如家庭和学校）环境中的各社会关系的关系类别，具体包括亲子关系、监护人关系、同侪关系、师生关系以及姻亲关系。社会关系用社会关系水平表征，社会关系水平指留守儿童与这五种社会关系之间的亲密度。

三、留守儿童的身心健康

如前章所回顾的，尽管“健康”的概念经历了身体健康、身心健康、身心健康加社会适应、身心健康加社会适应加道德健康的不断完善的过程，但目前针对社会适应和道德健康的度量不够成熟，留守儿童相关研究中更少涉及，故本书着重考察留守儿童的身心健康。

留守儿童的身心健康首先包括了身体健康和心理健康两个基本维度，指良好的身体与正常的心理状态，是一种“完全身心健康的状态，而不仅仅是无疾病也不身体虚弱”。① 同时，为获得对留守儿童身心健康更细致的考察，本书以留守儿童身心健康状况是否能被直观观察为依据，将留守儿童身心健康划分为外显维度和内隐维度。其中，外显维度是儿童身体和心理健康程度的真实外在表现或者可以直接观察的变量，主要包括身体患病情况、饮食与精神集中度、日常行为等；内隐维度则是无法被直接观察的维度，主要反应儿童的幸福感、情绪、自我认知等心理活动变量。由此，本书将留守儿童身心健康分为身体健康外显维度、身体健康内隐维度、心理健康外显维度及心理健康内隐维度四个维度。

---

① JAN C, ZHOU X, STAFFORD R S. Improving the health and well-being of children of migrant workers [J]. Bulletin of the World Health Organization, 2017, 95 (12): 850.

四、抗逆力

依据前章文献梳理，抗逆力的概念主要包括了过程说、特质说和结果说三类。本书倾向于从“过程说”来理解和界定抗逆力，即认为抗逆力是一种遭受逆境和困难时仍然能够积极适应情境的动态过程。① 故本书将抗逆力界定为：在个体与环境的互动中，个人能以正向的认知和心态面对逆境，而认知和心态的正向程度的高低反映抗逆力的大小、强弱。对留守儿童的抗逆力，本书从留守儿童在留守情景下对自身生活、学习、未来期望的信念等维度进行观察。

五、被欺凌度

在前章文献综述的基础上，综合多位学者的观点②及我国相关部门的意见③，本书将校园欺凌定义为发生在学生之间的欺凌和暴力行为，包括通过身体接触、语言或其他途径实现的攻击、伤害或令人不愉快的行为。本书进而将校园欺凌的“被欺凌度”定义为学生遭受校园欺凌的程度。

第二节　假设与研究模型

一、留守身份对身心健康的影响

按照生态系统理论，个体是内嵌于社会环境的，留守儿童也不例外。与非

---

① UNGAR M, GHAZINOUR M, RICHTER J. Annual research review: what is resilience within the social ecology of human development? [J]. Journal of child psychology and psychiatry, 2013, 54 (4): 348-366.

② OLWEUS D. Bullying at School [M] //HUESMANN L R. Aggressive Behavior. Boston: Springer, 1994: 97-130; 胡春光. 校园欺凌行为：意涵、成因及其防治策略 [J]. 教育研究与实验, 2017 (1): 73-79.

③ 国务院教育督导委员会办公室. 国务院教育督导委员会办公室关于开展校园欺凌专项治理的通知 [EB/OL]. (2016-05-09) [2020-11-05]. http: //www.gov.cn/xinwen/2016-05/09/content_5081203.htm; 教育部, 中央综治办, 最高人民法院, 等. 教育部等九部门关于防治中小学生欺凌和暴力的指导意见 [EB/OL]. (2016-11-02) [2020-11-05]. http: //www.moe.gov.cn/srcsite/A06/s3325/201611/t20161111_288490.html.

留守儿童相比，留守儿童的微观系统发生了显著变化，主要表现为亲子分离、监护关系发生变化、依恋关系发生变化等，从而导致儿童的日常生活活动、角色和人际关系的模式发生较大的变化，同时，微观系统变化引起的留守儿童期望或义务变化，① 可能会导致儿童对环境产生不同的心理预期。环境变化导致儿童行为、角色的变化以及儿童对环境心理预期的变化可能会传导到儿童的身心健康上，如依恋理论相关研究所指出的：拥有安全型亲子依恋的儿童，在其儿童期以及成年后，通常都有更高的身心健康水平和社会认知发展水平、更好的心理适应功能以及更低的攻击性和更好的同伴关系②；而不安全依恋或遭遇依恋中断，则会对儿童当前和未来的身心健康造成持续负面影响。③

现有文献已对留守儿童（和非留守儿童）与其身心健康之间的关系进行了大量研究。这些研究通过对比留守儿童和非留守儿童身心健康的各指标水平，判断留守身份与身心健康之间的关系，④ 或者直接在留守儿童身心健康水平更低的前提假设下进行分析⑤。一些研究通过分析留守儿童所生活的环境，从而判断出留守儿童的留守身份与其身心健康之间有显著相关关系；⑥ 许多研究也证实，

---

① HÄRKÖNEN U. The Bronfenbrenner ecological systems theory of human development [C]. Scientific articles of v international conference, 2007.

② KERNS K A, KLEPAC L, COLE A. Peers relationships and preadolecents' perceptions of security in the child-mother relationship [J]. Developmental psychology, 1996, 32 (3): 457-466; LIEBERMAN M, DOYLE A, MARKIEWICZ D. Developmental patterns in security of attachment to mother and father in late childhood and early adolescence associations with peers relations [J]. Child development, 1999, 70 (1): 202-213; RAUDINO A, FERGUSSON D M, HORWOOD L J. The quality of parent-child relationships in adolescence is associated with poor adult psychosocial adjustment [J]. Journal of adolescence, 2013, 36 (2): 331-340.

③ AGID O, SHAPIRA B, ZISLIN J, et al. Environment and vulnerability to major psychiatric illness: a case control study of early parental loss in major depression, bipolar disorder and schizophrenia [J]. Molecular psychiatry, 1999, 4 (2), 163-172; MILLER P J E, REMPEL J K. Trust and partner-enhancing attributions in close relationships [J]. Personality and social psychology bulletin, 2004, 30 (6): 695-705.

④ YE M, LV M, LI L, et al. The psychological problems and related influential factors of left-behind adolescents (LBA) in Hunan, China: a cross sectional study [J]. International journal for equity in health, 2017, 16 (1): 163.

⑤ 杜琼. 农村留守初中生社会支持、生活满意度与心理健康的关系研究 [D]. 扬州：扬州大学，2009.

⑥ 宋月萍，张耀光. 农村留守儿童的健康以及卫生服务利用状况的影响因素分析 [J]. 人口研究，2009，33 (6)：57-66.

相较于非留守儿童，留守儿童身心健康水平显著更低。① 在这些研究中，心理健康问题相对更受关注。文献认为，个体的自我认知制约着个体的行为反应模式，② 是影响个体心理健康水平的重要因素③。无论是儿童还是成人，在认识自己时，都容易戴上有色眼镜，进而产生认知偏差：自我认知积极偏向（positive bias of self-perception）会让个体更易产生积极情绪和行为，对于个体适应社会具有积极意义；④ 而负性自我认知则易令个体产生消极情绪和行为。一般而言，随着年龄的增大，其自我认知能力会增强，⑤ 所形成的自我认知偏差也会减小。而对于留守儿童而言，一方面，他（她）们均是未成年人，自我认知能力有限；另一方面，父母陪伴缺乏、家庭结构不完整，致使留守儿童亲子依恋关系改变，从父母处获取的社会支持（特别是心理上、情感上的支持）有限甚至不足。这些都会对留守儿童的情绪和认知造成负面影响，进而危害其身心（尤其是心理）健康。

但也有研究发现，留守儿童与非留守儿童的身心健康水平并无显著区别。⑥ 其原因，一是因为留守儿童身心健康是一个复杂问题；二是不同指标的统计分布存在较强差异，部分文献将具有不同分布的指标进行强行平均（如服从泊松

① 吴倩岚．农村留守与非留守儿童身心健康状况及影响因素分析［D］．武汉：华中科技大学，2009；刘欣．基于结构方程模型的留守儿童心理健康及社会性发展关系研究［D］．西安：陕西师范大学，2010；周遵琴，李森，刘海燕．留守儿童身体健康状况及影响因素分析——以贵州省为例［J］．贵州民族研究，2015，36（6）：29-33.

② 杨丽珠，徐敏．教师期望对幼儿自我认知积极偏向的影响：师生关系的中介效应［J］．心理与行为研究，2015，13（5）：621-626.

③ CONTRADA R J, ASHMORE R D. Self and social identity：key to understanding social and behavioral aspects of physical health and disease?［J］．Rutgers series on self and social identity，1999，2：3-22；周铁民，阴国恩．中国青少年心理健康素质·自我的研究［J］．心理与行为研究，2007（4）：252-258.

④ 杨丽珠，徐敏．教师期望对幼儿自我认知积极偏向的影响：师生关系的中介效应［J］．心理与行为研究，2015，13（5）：621-626.

⑤ 刘方然．农村留守儿童社会互动关系和自我概念发展的关系研究［D］．郑州：河南大学，2017.

⑥ 李庆丰．农村劳动力外出务工对“留守子女”发展的影响——来自湖南、河南、江西三地的调查报告［J］．上海教育科研，2002（9）：25-28；胡心怡，刘霞，申继亮，等．生活压力事件、应对方式对留守儿童心理健康的影响［J］．中国临床心理学杂志，2007（5）：501-503；YE M, LV M, LI L, et al. The psychological problems and related influential factors of left-behind adolescents（LBA）in Hunan, China：a cross sectional study［J］．International journal for equity in health，2017，16（1）：163.

分布的不良行为次数指标与服从正态分布的其他指标），导致了统计结果信度和效度不足。为此，本书将留守儿童的身心健康进一步细化处理，一是将健康分为身体健康与心理健康；二是以儿童以外的人对其健康状况是否能够直接观察为标准，将身心健康分为外显维度与内隐维度。例如，儿童生病（身体健康）及其不良行为（心理健康）等均可以直接进行观察，由此可以归类为身体健康外显维度和心理健康外显维度；而儿童对自身健康的感知（身体健康）及儿童的自我负面认知（心理健康）并不能够直接进行观察，本书将其归结为身体健康内隐维度和心理健康内隐维度，具体参见图 3-1。

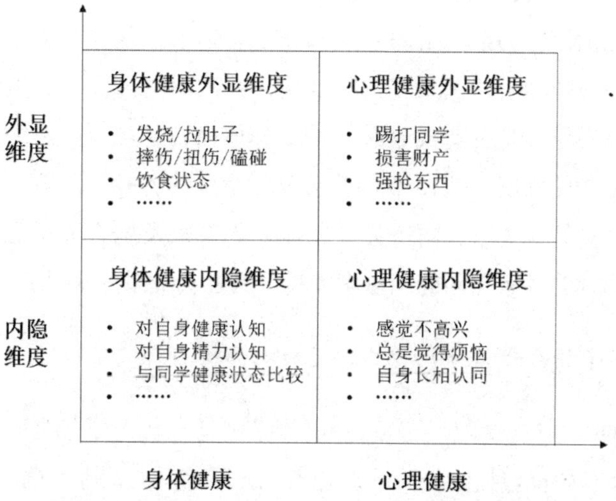

图 3-1　儿童身心健康测度维度划分

注：本书作者自行绘制。

依据生态系统理论、依恋理论和社会支持理论，结合留守儿童身心健康相关文献研究成果，本书认为留守儿童微观生态系统的变化最终会对留守儿童的身心健康产生影响。由此，本书提出如下假设：

H1：留守身份会显著影响儿童的身心健康水平。

H1a：留守儿童在身体健康的外显维度水平比非留守儿童更低；

H1b：留守儿童在身体健康的内隐维度水平比非留守儿童更低；

H1c：留守儿童在心理健康的外显维度水平比非留守儿童更低；

H1d：留守儿童在心理健康的内隐维度水平比非留守儿童更低。

二、社会关系对留守儿童身心健康的影响

相对于普通成人，儿童的社会关系网络较狭窄，父母、其他亲属、同学以及老师是他们最主要的社会关系，进一步地，留守儿童的社会关系网络可能会因为父母外出、家庭结构不完整而更受局限。① 从社会支持理论的视角来看，亲子分离可能会导致留守儿童的社会支持系统出现缺口，从而使留守儿童在“情感性支持”“工具性支持”“信息性支持”或“评价性支持”的某一方面或多个方面所获得的支持度弱于非留守儿童。

对于留守儿童而言，社会关系网络是社会支持的载体，社会支持的程度也体现了留守儿童社会关系网络的广度和深度。本书拟从社会关系结构视角来描述留守儿童获得的社会“关系支持”状况，并试图探讨社会“关系支持”差异对留守儿童身心健康是否造成显著影响。具体而言，社会关系结构指留守儿童生活中主要接触的家庭、学校等微观系统环境中的各社会关系的关系类别，包括亲子关系、监护人关系、同侪关系、师生关系以及姻亲关系五大类。而留守儿童与这五类社会关系之间的亲密度衡量了其社会关系的水平。

（一）亲子关系对留守儿童身心健康的影响

与父母的关系，或称亲子关系，遗传学中指亲代与子代之间的生物血缘关系，② 在社会学中也包括收养关系，是家庭代际关系的核心、纽带、基础和基本内容，③ 也是一个人最早拥有的人际关系，这种关系是其他关系很难替代的。

有关依恋的研究已经发现，亲子关系往往是儿童最初、最重要的社会关系，父母，尤其是母亲，也常是儿童最初、最强烈的依恋对象，④ 亲子依恋关系则对

---

① 孔炜莉．社会网络对留守儿童身心健康的影响［J］．宁夏社会科学，2009（2）：79-83.

② 叶一舵，白丽英．国内外关于亲子关系及其对儿童心理发展影响的研究［J］．福建师范大学学报（哲学社会科学版），2002（2）：130-136.

③ 王跃生．中国家庭代际关系的理论分析［J］．人口研究，2008（4）：13-21.

④ AINSWORTH M D S. Infancy in Uganda：infant care and the growth of love［M］. Baltimore：Johns Hopkins University Press，1967.

儿童当下和未来的身心健康均有深远影响①。如果孩子的依恋需求没有得到满足，孩子可能会认为自己是“不值得被爱”的，从而产生自卑、焦虑和缺乏安全感等情绪。② 对于留守儿童而言，尤其是对那些已经与父母形成依恋关系的留守儿童而言，父母外出务工会导致孩子与父母之间产生分离效应，这种效应导致孩子的依恋需求无法得到满足，从而给孩子的身心健康带来负面影响。研究表明，父母不在身边的孩子感到非常孤独，③ 抑郁和焦虑问题也比非留守儿童更严重④。而如果留守儿童能够与父母保持更加频繁的沟通，将对其学业、生活和幸福感产生积极的作用。⑤

此外，父母外出带来的监督减弱和家庭功能缺失会导致儿童在生活技能习得、健康观念意识培养方面造成缺失。一方面，健康意识不足可能会让留守儿童容易养成不良的生活习惯和饮食习惯，如吸烟、酗酒、少女怀孕、性暴力和

① KERNS K A, KLEPAC L, COLE A. Peers relationships and preadolecents' perceptions of security in the child-mother relationship [J]. Developmental psychology, 1996, 32 (3): 457-466; LIEBERMAN M, DOYLE A, MARKIEWICZ D. Developmental patterns in security of attachment to mother and father in late childhood and early adolescence associations with peers relations [J]. Child development, 1999, 70 (1): 202-213; RANSON K E, URICHUK L J. The effect of parent-child attachment relationships on child biopsychosocial outcomes: a review [J]. Early child development and care, 2008, 178 (2): 129-152.

② SHAVER P R, MIKULINCER M. Adult attachment strategies and the regulation of emotion [M] //GROSS J J. Handbook of emotion regulation. New York: Guilford Press, 2007, 446-465.

③ PINTO-JAYAWARDENA K. Left behind, left out: the impact on children and families of mothers migrating for work abroad: summary report [R]. Colombo: Save the children in Sri Lanka, 2006; WEN M, LIN D. Child development in rural China: children left behind by their migrant parents and children of nonmigrant families [J]. Child development, 2012, 83 (1): 120-136.

④ ZHANG X, LI M, GUO L, et al. Mental health and its influencing factors among left-behind children in South China: a cross-sectional study [J]. BMC public health, 2019, 19 (1): 1725.

⑤ SU S, LI X, LIN D, et al. Psychological adjustment among left-behind children in rural China: the role of parental migration and parent-child communication [J]. Child: care, health and development, 2013, 39 (2): 162-170.

身体暴力等，进而损害身体健康甚至心理健康。① 另一方面，父母出于内疚，可能会对孩子进行物质补偿，从而加剧不良习惯的养成。② 而由于父母的缺位、孩子的健康意识淡薄，当出现健康问题时，孩子可能无法识别，从而导致健康问题的恶化。尽管父母外出务工会提高家庭收入，这种收入效应可以在一定程度上改善儿童的饮食条件和医疗能力，但本书认为收入效应的正向影响可能远低于分离效应所带来的负面影响。相较于留守儿童，非留守儿童与父母的关系更紧密，身心健康状态也更好，而在留守儿童中，与父母关系越好的儿童身心健康状态也越好。在亲子已经处于分离状态的情况下，父母所提供的照顾和支持、高期望等支持性的亲子互动，③ 有利于使亲子之间的关系保持在较高水平。由此，本书提出如下假设：

H2：亲子关系水平正向促进留守儿童的身心健康，即与父母关系越亲密，留守儿童的身心健康越佳。

H2a：亲子关系水平正向促进留守儿童的身体健康（外显和内隐维度）；

H2b：亲子关系水平正向促进留守儿童的心理健康（外显和内隐维度）。

（二）监护人关系对留守儿童身心健康的影响

生态系统理论认为，系统的变迁涉及两方面：第一，内部功能的重置；第二，接受环境的输入品，以实现新的均衡。④ 亲子关系分离导致原生家庭系统被破坏，常见的修复方式是父母将孩子监护权委托给可以信赖的监护人（实现内部功能重置），以期望监护人能够替代父母的功能，围绕孩子建构新的社会生态系统，并实现新的均衡。尽管监护人承担起了照顾者的角色，但有不少研究发

---

① TONG L, YAN Q, KAWACHI I. The factors associated with being left-behind children in China: Multilevel analysis with nationally representative data [J]. PloS one, 2019, 14 (11): e0224205; 吴培材. 父母外出务工对农村留守儿童身心健康的影响研究 [J]. 南方经济, 2020 (1): 95-111.

② 李庆丰. 农村劳动力外出务工对"留守子女"发展的影响——来自湖南、河南、江西三地的调查报告 [J]. 上海教育科研, 2002 (9): 25-28.

③ BENZIES K, MYCHASIUK R. Fostering family resiliency: a review of the key protective factors [J]. Child & family social work, 2009, 14 (1): 103-114.

④ 乔纳森·H·特纳. 社会学理论的结构: 第7版 [M]. 邱泽奇, 张茂元, 译. 北京: 华夏出版社, 2006.

现，留守儿童经常感觉与监护人之间的关系不够密切，情感需求得不到满足，① 即新的均衡较难形成，或者新的均衡难以达到原生系统的功效。对于那些已经被父母照料一段时间后再分离的留守儿童，这一点则体现得更加明显。

对于在中国的留守儿童，其父母所寻求帮助照顾孩子的对象往往是留守儿童的祖父母或外祖父母，监护人与父母之间照料方式的差异、生活方式的差异、文化水平的差异以及交往圈子的差异等都会导致留守儿童难以适应被监护人照顾的生活。② 年龄的差距会导致留守儿童与监护人之间产生较强的代沟，留守儿童与监护人之间的情感交流也比较欠缺。③ 而监护人还可能会宠坏这些宝贝孙子女，又或者会要求孩子承担较为繁重的家务责任。④ 此外，照料者的年长意味着照顾孩子的困难往往会随着时间的推移而增加。⑤ 这些问题都可能导致监护人与留守儿童之间的关系处于不够高的水平，从而难以对留守儿童的身心健康带来更积极的影响，由此可以推断，如果留守儿童与监护人的关系能够保持在良好的水平上，则对留守儿童的身心健康可能存在积极作用。因此，本书提出如下假设：

H3：监护人关系水平正向促进留守儿童的身心健康，即与监护人关系越亲密，留守儿童的身心健康越佳。

H3a：监护人关系水平正向促进留守儿童的身体健康（外显和内隐维度）；

H3b：监护人关系水平正向促进留守儿童的心理健康（外显和内隐维度）。

---

① PINTO-JAYAWARDENA K. Left behind, left out: the impact on children and families of mothers migrating for work abroad: summary report [R]. Colombo: Save the children in Sri Lanka, 2006; DE LA GARZA R. Migration, development and children left behind: a multidimensional perspective [R]. New York: UNICEF, 2010; YE J, PAN L. Differentiated childhoods: impacts of rural labor migration on left-behind children in China [J]. Journal of peasant studies, 2011, 38 (2): 355-377.

② 王良锋，张顺，孙业桓，等. 农村留守儿童孤独感现况研究 [J]. 中国行为医学科学，2006 (7): 639-640.

③ PINTO-JAYAWARDENA K. Left behind, left out: the impact on children and families of mothers migrating for work abroad: summary report [R]. Colombo: Save the children in Sri Lanka, 2006.

④ YE J, PAN L. Differentiated childhoods: impacts of rural labor migration on left-behind children in China [J]. Journal of peasant studies, 2011, 38 (2): 355-377.

⑤ DE LA GARZA R. Migration, development and children left behind: a multidimensional perspective [R]. New York: UNICEF, 2010.

（三）同侪关系对留守儿童身心健康的影响

亲子分离导致留守儿童自我认知与角色认知产生冲突，因为原生的自我认知与角色已被儿童内化并理想化，这种冲突会导致留守儿童“谋求（自身）理想化观念支持的驱动力”。① 而与留守儿童年龄相仿、价值观趋同的同学、朋友和兄弟姐妹成为这种驱动力最直接的来源，这些同侪关系是留守儿童社会支持网络中的重要组成部分。

文献研究也支持上述观点，随着儿童年龄的增加，以同学为核心的同侪关系逐渐成为儿童社会关系网络中最广泛的节点，对留守儿童的影响也越来越大。② 同学关系可被拆分为友谊和同伴接纳两方面，其中友谊代表了两个特定同伴之间特定类型的人际关系，同伴接纳反映了一个群体对目标个体的集体意见是否被同等重视。③

在同学关系对留守儿童身心健康的影响中，研究人员发现了相互矛盾的结果。一方面，朋友往往是在同学关系基础上的延伸，孔炜莉（2009）发现96. 9%的留守儿童有好朋友，其中有69. 1%的好朋友是其同班同学；在朋友的选择上，留守儿童更多选择与自己有相似背景和价值观的同学。④ 类似的背景和价值观能够对留守儿童产生慰藉，让留守儿童以更加积极的态度来面对生活和学业。但另一方面，不良的同学关系是儿童和青少年孤独感的主要来源。⑤ 这种不良的同学关系可能源自两方面：第一，留守儿童与同学之间的友谊程度不足，或未被同伴群体所接纳，会对留守儿童的心理健康带来负面影响。第二，留守儿童往往以自己社会网络中的朋友为参照对象，因此朋友的行为、态度和处事风格等都会直接对留守儿童产生影响。若留守儿童所结交的朋友有消极的态度

---

① 乔纳森·H·特纳．社会学理论的结构：第7版［M］．北京：华夏出版社，2006.

② 孔炜莉．社会网络对留守儿童身心健康的影响［J］．宁夏社会科学，2009（2）：79-83.

③ LING H, FU E, ZHANG J R. Peer relationships of left-behind children in China moderate their loneliness［J］. Social behavior and personality, 2017, 45（6）: 901-913.

④ 孔炜莉．社会网络对留守儿童身心健康的影响［J］．宁夏社会科学，2009（2）：79-83.

⑤ LING H, FU E, ZHANG J R. Peer relationships of left-behind children in China moderate their loneliness［J］. Social behavior and personality, 2017, 45（6）: 901-913.

和行为，则可能会引导留守儿童也产生消极的情绪和发生影响身体健康的行为（如抽烟和酗酒等）。[①] 另外，在父母外出时，委托抚养使留守儿童与堂兄弟姐妹和表兄弟姐妹等产生更多接触，这些社会关系也会对其身心健康形成影响，这方面的研究目前相对较少。本书认为，在亲子关系缺位的背景下，同侪关系是留守儿童重要的社会关系，是他们观察、理解社会的桥梁。基于此，本书提出如下假设：

H4：同侪关系水平正向促进留守儿童的身心健康，即同侪关系越亲密，留守儿童的身心健康越佳。

H4a：同侪关系水平正向促进留守儿童的身体健康（外显和内隐维度）；

H4b：同侪关系水平正向促进留守儿童的心理健康（外显和内隐维度）。

（四）师生关系对留守儿童身心健康的影响

脆弱群体被认为是需要提供社会支持的客体，社会支持（包括情感性支持、工具性支持等）可以有效保护脆弱群体，使其免受压力事件的不良影响，建构更积极的人际交往网络。[②] 留守儿童作为典型的脆弱群体，给予其社会支持从而降低他们亲子分离导致的压力感并使其建构积极的社会关系，显得非常重要。能够感受亲子分离导致的压力感的儿童一般都是进入学龄期的儿童，因而学校、教师带来的社会支持（情绪支持、评价支持）尤其重要。

对于中国的留守儿童而言，良好的师生关系有利于其获取更好的指导和支持，积极的师生关系也是其情绪和行为的保护性因素。[③] 对于那些一周回家一次或更久回家一次的留守儿童来说，他们青少年时期的大部分时间都是与教师保持接触，与教师的情感交流甚至可能超过了与父母的情感交流，教师也成为留守儿童这一时期中的重要他人，甚至有研究认为师生关系可以看作是亲子关系

---

① 孔炜莉．社会网络对留守儿童身心健康的影响［J］．宁夏社会科学，2009（2）：79-83.

② 丘海雄，陈健民，任焰．社会支持结构的转变：从一元到多元［J］．社会学研究，1998（4）：33-39.

③ LIU Y，LI X，CHEN L，et al. Perceived positive teacher-student relationship as a protective factor for Chinese left-behind children's emotional and behavioural adjustment［J］. International journal of psychology，2015，50（5），354-362.

的延伸。① 高质量的师生关系可能有助于高危青少年处理情绪问题。②

在普遍的认知中，学校教育和家庭教育起着互补的作用。但对留守儿童而言，家庭教育已然被削弱甚至缺失，学校教育需要担负起更加重要和全面的教育角色。学校教育的成功源于学生与教师的良好关系，③ 教师对学生强有力的支持可以让学生在学校环境中感到更安全、更有能力以及更有意愿与同龄人建立积极的联系，并有助于取得更好的学业成就。④ 由此，本书提出如下假设：

H5：师生关系水平正向促进留守儿童的身心健康，即师生关系越亲密，留守儿童的身心健康越佳。

H5a：师生关系水平正向促进留守儿童的身体健康（外显和内隐维度）；

H5b：师生关系水平正向促进留守儿童的心理健康（外显和内隐维度）。

（五）姻亲关系对留守儿童身心健康的影响

我国农村地区传统社会文化浓厚，崇尚“伦理本位”和“差序格局”，以姻亲关系建构的社会支持系统对留守儿童的作用尤显突出。外出的父母一般将自己未成年后代委托给自己信任的姻亲关系辅助照看，⑤ 这些姻亲关系成员包括：家族成员（如爷爷奶奶、外公外婆、姑父姑母及叔伯婶婶等）及其信任的朋友。由此，留守儿童与姻亲关系便产生了直接的社会联系。同雪莉（2016）将这种关系细分为亲缘性关系和交往性关系，前者是指通过生育和婚姻形成的（如外

---

① LIU Y, LI X, CHEN L, et al. Perceived positive teacher-student relationship as a protective factor for Chinese left-behind children's emotional and behavioural adjustment [J]. International journal of psychology, 2015, 50 (5), 354-362.

② WANG M T, BRINKWORTH M, ECCLES J. Moderating effects of teacher-student relationship in adolescent trajectories of emotional and behavioral adjustment [J]. Developmental psychology, 2013, 49 (4): 690.

③ LAN X, MOSCARDINO U. Direct and interactive effects of perceived teacher-student relationship and grit on student wellbeing among stay-behind early adolescents in urban China [J]. Learning and individual differences, 2019, 69: 129-137.

④ LIEW J, CHEN Q, HUGHES J N. Child effortful control, teacher-student relationships, and achievement in academically at-risk children: additive and interactive effects [J]. Early childhood research quarterly, 2010, 25 (1): 51-64; OLIVIER E, ARCHAMBAULT I. Hyperactivity, inattention, and student engagement: the protective role of relationships with teachers and peers [J]. Learning and individual differences, 2017, 59: 86-95.

⑤ 为了与实际监护人区别，本处所提及的姻亲关系实施的照看功能是非关键性的。

公外婆），后者是指留守儿童的父母或实际监管人通过社会关系建立的（这个概念弱于社区关系）。[①] 这些关系作为留守儿童的代偿关系，均会对留守儿童的身心健康等福利产生影响；只是相比于非留守儿童，农村留守儿童从家族成员和社区获取的总福利要低。[②] 基于以上分析，本书提出如下假设：

H6：姻亲关系水平正向促进留守儿童的身心健康，即姻亲关系越亲密，留守儿童的身心健康越佳。

H6a：姻亲关系水平正向促进留守儿童的身体健康（外显和内隐维度）；

H6b：姻亲关系水平正向促进留守儿童的心理健康（外显和内隐维度）。

三、抗逆力对社会关系和身心健康的中介效应

留守儿童已经能够进行社会比较（social comparisons）：他们把自己与其他儿童进行比较，并建立富有或贫困、幸福或不幸福、备受关怀或孤立等标准，从而形成更积极或消极的自我概念。社会比较理论认为，人们倾向于向上比较（与比自己生活、身心状态更好的人进行比较）而不是向下比较，从而带来烦恼、痛苦，[③] 进而影响人们的身心健康。留守儿童由于亲子分离、监护关系发生变化，在社会比较中常常处于弱势地位，社会比较的结果也常常是负面的，如安全感缺失、家庭功能和结构不完整等。社会心理学在临床研究中发现，社会比较导致的身心疾病可以通过社会影响进行治疗，如通过重构积极的社会关系增强病人的自信心。[④] 研究显示，在逆境环境下，积极的社会关系可以让人在关系互动过程中产生一个比自信心更积极的心理概念——抗逆力。具有较强抗逆力的个体，即使处于逆境中，其知觉也会进行主动调整（如认知重构、与社会网络中的重要他人互动获取支持以及主动应对等），将逆境转变成保护性环境，

---

① 同雪莉．留守儿童抗逆力生成研究［D］．南京：南京大学，2016.

② 袁书华，邢占军．多元福利范式下农村留守儿童主观幸福感研究［J］．中国特殊教育，2018（12）：62-68.

③ 戴维·迈尔斯．社会心理学：第11版［M］．侯玉波，乐国安，张智勇，译．北京：人民邮电出版社，2016.

④ ERNST J M，HEESACKER M. Application of the elaboration likelihood model of attitude change to assertion training［J］. Journal of counseling psychology，1993，40（1）：37-45.

从而实现对自己身心健康的保护。①

不同的社会关系会导致留守儿童产生利群偏差：外群体（不喜欢的群体、陌生人等）的积极行为，常常会被他（她）们忽略；而内群体的积极行为，则常常会被他（她）们从更好的角度去想象，重塑他们对世界的看法，觉得社会更公平、产生更少的偏见，将逆境转变成保护性的环境。② 因此，良好的社会关系可以有效激活留守儿童抗逆力的重构（激活生命潜能、战胜逆境、健康成长），有助于留守儿童进行失调功能（如酗酒、自杀意图）的修补、丧失性重构（自卑、自我否定等）和平衡性重构（亲子分离后依然能够保持稳定状态）③，从而让儿童即使处于留守状态，身心健康受到的不利影响也会大大降低。因此，本书认为社会关系是通过抗逆力这份保护性因素传导的。基于此，本书提出如下假设：

H7：社会关系影响留守儿童身心健康是通过抗逆力传递的，即抗逆力中介社会关系对留守儿童身心健康的影响。

H7a：抗逆力中介社会关系对留守儿童身体健康外显和内隐维度的影响；

H7b：抗逆力中介社会关系对留守儿童心理健康外显和内隐维度的影响。

四、被欺凌度对抗逆力中介效应的调节效应

校园是儿童日常生活的重要场所之一，校园欺凌在全球许多国家都时有发生：摩德基（Modecki）等人采用元分析方法指出，西方国家校园欺凌的检出率约为36%；经济合作与发展组织（Organisation for Economic Co-operation and Development，OECD）2015年的调查显示，中国（包括北京、上海、江苏和广东四省市）和OECD国家（平均）遭受过校园欺凌的中学生比例分别为22.5%和18.7%，且中国的该数据还要远低于澳大利亚、英国和加拿大等西方国家，只

① KUMPFER K L. Factors and processes contributing to resilience [M] //GLANTZ M D, JOHNSON J L. Resilience and Development. Boston: Springer, 2002: 179-224.

② 戴维·迈尔斯. 社会心理学：第11版 [M]. 侯玉波，乐国安，张智勇，译. 北京：人民邮电出版社，2016.

③ RICHARDSON G E. The metatheory of resilience andresiliency [J]. Journal of clinical-psychology, 2002 (58): 307-321.

有日本、韩国和法国相对较好。① 虽然校园欺凌的“发生率”或“检出率”常被用于反映某地校园欺凌现象的严重程度，但计算标准并未统一（如前章相关文献回顾所述），鉴于此，结合研究目的，本书将“被欺凌度”定义为儿童遭受校园欺凌的程度，并以遭受校园欺凌的次数为基础，将75%、25%分位作为高、低被欺凌度的界限。

由于留守儿童的外出父母难以提供直接保护，实际监护人（多为祖父母等）能提供的支持又常受限于其精力和体力，相较于非留守儿童，留守儿童更可能面临校园欺凌这一重大负面环境。针对我国农村留守儿童遭受校园欺凌状况的调查研究也提供了支持性证据。②

在留守儿童与其所处环境互动的过程中，其个人的“抗逆力”可能成为其应对校园欺凌负面环境，甚至将逆境转变为保护性环境，进而保持自身基于自我认知的心理健康的重要因素。③ 但抗逆力的作用可能存在边界，不同的环境可能会影响抗逆力作用的有效性，而校园欺凌的“被欺凌度”恰能作为校园环境的一个衡量指标。故本书认为，被欺凌度将影响抗逆力的中介作用。由此，本书提出如下假设：

H8：留守儿童被欺凌度调节社会关系对中介变量抗逆力的影响（前端调节）。

H9：留守儿童被欺凌度调节中介变量抗逆力对身心健康的影响（后端调节）。

H9a：留守儿童被欺凌度调节抗逆力对身体健康的影响；

H9b：留守儿童被欺凌度调节抗逆力对心理健康的影响。

五、实证研究模型

基于上述假设，提出本书的实证模型，如图 3-2 所示。依据研究假设与研

---

① MODECKI K L, MINCHIN J, HARBAUGH A G, et al. Bullying prevalence across contexts: a meta-analysis measuring cyber and traditional bullying [J]. The Journal of adolescent health, 2014, 55 (5): 602-611; 黄亮，赵德成. 中学校园欺凌：现状、后果及其应对策略——基于中国四省（市）与 OECD 国家数据的研究 [J]. 现代教育管理，2018 (12): 102-106.

② 唐冬纯，蔡伟聪，李丽萍. 广州留守与非留守儿童校园受欺凌情况及其影响因素 [J]. 中国学校卫生，2018，39 (7): 1050-1053; 常进锋，刘烁梅，虎军. 甘肃省某县农村留守儿童校园欺凌行为现状 [J]. 中国学校卫生，2018，39 (9): 1405-1407.

③ KUMPFER K L. Factors and processes contributing to resilience [M] //GLANTZ M D, JOHNSON J L. Resilience and Development. Boston: Springer, 2002: 179-224.

究模型，本书将主要分析：（1）留守身份与身心健康之间是否存在因果关系；（2）五大类社会关系对留守儿童身心健康的影响；（3）抗逆力的中介效应，即社会关系如何对留守儿童的身心健康产生影响；（4）中介效应的边界，即被欺凌度对中介变量的调节效应。

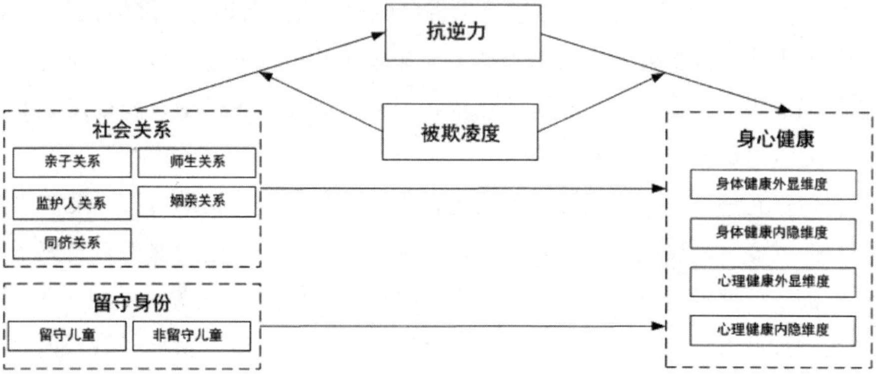

图 3-2　本书的实证分析模型

第四章

数据来源与变量度量

第一节　数据来源

本书所采用的数据来自“2017年四川省J县留守儿童问卷调查”。根据J县《国民经济和社会发展统计公报》以及J县所属C市《统计年鉴》，J县面积1156平方千米，下辖10个镇。2021年，全县实现地区生产总值524.4亿元，较2017年累计增长39.8%；占C市地区生产总值的比重为3.8%，比2017年时的占比增加了1.1个百分点；三次产业结构为13.2∶39∶47.8，其中，第一产业占比较2017年保持稳定，第三产业占比较2017年提升超过7个百分点。2020年第七次全国人口普查常住人口为80万人，常住人口城镇化率52.4%。2021年，J县户籍人口90.4万人；人口自然增长率首次降至负数；迁入人口0.88万人、迁入率9.78%，迁出人口0.96万人、迁出率10.62%，是C市少数几个人口机械变动增长率为负数的区县之一。

J县经历了人口大规模输出到人口逐渐回流的过程，反映了中国城市化过程中人口在城乡之间的迁徙，因此“2017年四川省J县留守儿童问卷调查”具有一定的代表性，有利于留守儿童的相关研究。此外，该数据选取五年级的在校小学生作为调查样本，考虑到了留守儿童的自我认知能力和思考能力，以及父母外出务工可能对其造成的影响，从而更有利于揭示留守儿童存在的问题。

“2017年四川省J县留守儿童问卷调查”基于PPS抽样，从J县的50所小学中抽取6所共15个班级的留守儿童参与问卷调查，样本数据1112个，如表4-1所示。所选取的6所小学规模不等，所处地理位置覆盖范围广，师资力量和基础设施也有较大差异。

表 4-1 调查学校基本情况统计

学校	乡镇	班级数	在校学生数	抽取班级数	抽取学生数
DQ 小学	ZL 镇	7	325	2	51
GC 小学	GC 镇	33	1800	4	182
PQ 学校	PQ 乡	33	1753	5	205
HKSY 小学	HK 镇	14	650	4	171
YH 小学	PQ 乡	18	600	3	84
ZH 小学	ZG 镇	53	2368	9	419

第二节　缺失值处理

本书采用以下三种缺失值处理方法，对调查数据进行处理。

第一，回归法填充。对于变量缺失值，通过寻找与其内容最密切、相关系数最高的变量作为参照变量，采用回归法进行填充。

第二，删除样本。对于存在如下情况，本书采用删除样本进行处理：一是无法判断是否为“留守儿童”；二是整个变量值缺失，且难以从内容上找到参照变量。按照上述标准，共计删除样本 51 个，剩余有效样本 1061 个，有效样本占总样本的 95.41%。

第三，保留缺失值。由于样本儿童的社会关系存在较大差异，有的儿童的部分社会关系由于种种原因存在缺失（如父母离异、死亡等），这部分缺失值将进行保留，并利用相应的统计方法进行分析（如含缺失值的回归分析等）。

第三节　变量度量

一、儿童类型的度量

本书将儿童分为留守儿童和非留守儿童。为了获得更具有代表性的结论，本书将留守儿童指代为“父母双方均外出务工而被滞留在户籍地、未与父母共同生活居住的18岁以下的儿童”；非留守儿童则指代为“18岁以下、父母双方至少有一人未外出务工而留在户籍地家中与之共同生活居住的儿童”。

本书的样本数据来源于“2017年四川省J县留守儿童问卷调查”。基于上述对留守儿童的定义，本书从中筛选出“年纪小于18岁、未与父母双方或单方共同居住的儿童，或者因为死亡或离异只剩下单亲，但单亲未与之共同生活居住的儿童”作为留守儿童的样本源；而将其他与父母一同生活居住或至少与其中一人共同生活居住的18岁以下的儿童归类为非留守儿童。具体而言，本书依据调查问卷中“D7. 你的爸爸是否外出工作”和“D9. 你的妈妈是否外出工作”这两个题项的回答情况进行留守身份的判断。若某个儿童在D7和D9两个题项中均选择了“1. 外出工作”，则该儿童被划分为本书所界定的留守儿童。

二、社会关系的度量

本书基于“2017年四川省J县留守儿童问卷调查”，通过分别测量留守儿童与其重要他人（如父母、监护人、教师及同伴等）的关系水平（关系亲密度）来度量留守儿童的社会关系。具体而言，本书利用因子分析法，共分离出“A1：与监护人社会关系”“A2：与老师社会关系”等5个社会关系维度（参见表4-2）。根据黑尔（Hair）等人、帕伦特（Pallant）的研究，KMO（Kaiser-Meyer-Olkin）值应当大于0.6，Bartlett球形检验结果的P值应小于0.05。① 结果显示，因子分析的KMO值为0.904，Bartlett球形检验值的显著性水平小于0.001，表明样本充足度足够，且变量之间的相关性、偏相关性符合因子分析法要求。在分析过程中发现（参见图4-1），“A1与监护人社会关系”有共计6条语句（包括“g. 家长询问你学校的情况”“m. 家长参加学校召开的家长会”等）因为因子载荷值过低未能进入因子分析；而其余4个因子均保留了问卷的所有语句。根据吴明隆（2010）的观点，在社会科学领域，萃取的共同因素累计解释变异量应达到60%及以上，大于50%也可接受；根据黑尔（Hair）等人的研究，因

① HAIR J F, BLACK W C, BABIN B J, et al. Multivariate data analysis: 7th edition [M]. London: Pearson, 2014; PALLANT J. SPSS survival manual: a step by step guide to data analysis using SPSS: 4th edition [M]. Austrialia: Allen & Unwin, 2011.

子载荷绝对值大于0.5时较有实际意义，大于0.7则较好。① 如表4-2所示，5个因子共解释了变量70.49%的信息，解释水平较高；除了“A54. 和妈妈谈你将来的计划”外，语句在主因子的载荷值均接近或高于0.7，总体上均符合上述标准的要求。

在信度检验方面，根据相关文献，Cronbach's α 系数应大于0.7，大于0.6也可接受（对不太成熟的量表）。② 如表4-2所示，社会关系变量的总α效度系数为0.924，达到0.9的“优秀”标准；单一维度的信度系数均在0.8以上，信度为“优良”。

表4-2 社会关系信效度检验

题项	因子载荷	解释水平（%）	α信度系数
A1 与监护人社会关系		17.11	0.867
A11. 家长鼓励你独立思考问题	0.723		
A12. 家长鼓励你努力去做事情	0.786		
A13. 家长要你做事时，会跟你讲这样做的原因	0.729		
A14. 家长喜欢跟你说话、交谈	0.783		
A15. 当你做得不对时，家长会问清楚原因，并与你讨论该怎样做	0.744		
A16. 家长在跟你说话的时候很和气	0.678		
A2 与老师社会关系		14.78	0.892
A21. 和老师谈你将来的计划	0.837		
A22. 和老师谈你和朋友的交往	0.841		
A23. 和老师谈你自己近来的情况	0.859		
A24. 和老师谈在学校遇到的问题	0.748		

① 吴明隆．问卷统计分析实务——SPSS操作于应用［M］．重庆：重庆大学出版社，2010；HAIR J F，BLACK W C，BABIN B J，et al. Multivariate data analysis：7th edition［M］．London：Pearson，2014.

② HAIR J F，BLACK W C，BABIN B J，et al. Multivariate data analysis：7th edition［M］．London：Pearson，2014.

续表

题项	因子载荷	解释水平（%）	α 信度系数
A3 与父亲社会关系		14.11	0.887
A31. 和爸爸谈你在学校遇到的问题	0.804		
A32. 和爸爸谈你自己近来的情况	0.742		
A33. 和爸爸谈你将来的计划	0.800		
A34. 和爸爸谈你朋友近来的情况	0.831		
A4 与朋友社会关系		13.11	0.881
A41. 和朋友谈你自己近来的情况	0.833		
A42. 和朋友谈你朋友近来如何	0.830		
A43. 和朋友谈你在学校遇到的问题	0.720		
A44. 和朋友谈你将来的计划	0.721		
A5 与母亲社会关系		11.37	0.843
A51. 和妈妈谈你朋友近来的情况	0.789		
A52. 和妈妈谈你自己近来的情况	0.790		
A53. 和妈妈谈你在学校遇到的问题	0.681		
A54. 和妈妈谈你将来的计划	0.564		
总方差解释水平（%）		70.49	
α 信度系数			0.924

注：因子提取方法：主成分分析法；旋转方法：最大方差法。

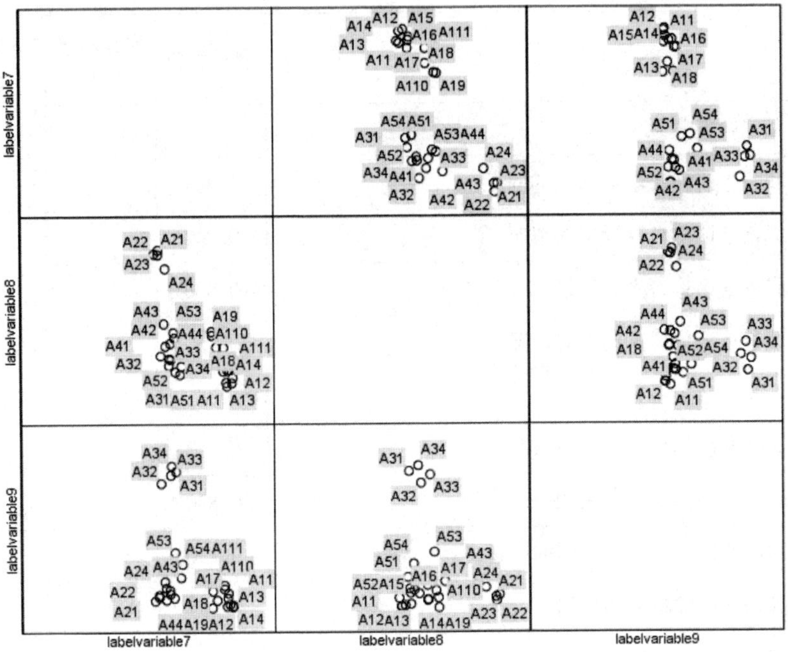

图 4-1　社会关系的因子载荷图

但是上述测量量表并未有效区分留守儿童家长与监护人的关系，同时，该社会关系测量量表对留守儿童比较重要的同学、（堂/表）兄弟姐妹以及父母姻亲等社会关系均未涉及，为此，本书采用“2017 年四川省 J 县留守儿童问卷调查”中“D14. 你觉得你和以下的人有多亲密……”和“C7. 请根据自己的情况，回答以下问题”中关于与监护人的关系以及“C6. 请用 1—5 来告诉我，以下句子有多符合你的情况……”中关于与同学关系等题项所反映的关系亲密度状况，来度量留守儿童的社会关系水平。该测量虽不是量表形式，但测量相对简单，并且标明了不存在的社会关系，因此，本书在实际分析时采用表 4-3 的测量数据代表留守儿童与其主要社会关系的关系水平。

表 4-3　留守儿童社会关系水平测量问卷

	1. 不太亲密	2. 一般	3. 亲密	4. 非常亲密	5. 没有这个人
a. 你妈妈					
b. 你爸爸					

续表

	1. 不太亲密	2. 一般	3. 亲密	4. 非常亲密	5. 没有这个人
c. 你的朋友					
d. 你的兄弟姐妹					
e. 你最喜爱的老师					
f. 校内其他老师					
g. 校外你认识的其他成年人					
	1. 不是	2. 有时是	3. 是		
C7-c. 你觉得你的家长/监护人对你很了解吗（比如，知道你为什么高兴，为什么害怕）					
	5. 非常符合	4. 比较符合	3. 有些符合	2. 不太符合	1. 完全不符合
C6-e. 我很难让别的同学喜欢我（说明：在实际操作中，对该题项做了反向处理）					

三、身心健康的度量

在身心健康的度量上，本书基于“2017 年四川省 J 县留守儿童问卷调查”，将其分为两个维度：外显维度和内隐维度。外显维度是儿童身体和心理健康程度的真实外在表现或者是可以直接观察的变量，主要包括身体患病情况、饮食与精神集中度、日常行为等；而内隐维度则是儿童内隐的、不能直接观察的维度，主要反映儿童的幸福感、情绪、自我认知等心理活动变量。

（一）身体健康水平

“儿童问卷”关于儿童身体健康的外显维度主要由身体健康的“身体病患”

和“饮食与精神”两个因子构成；身体健康的内隐维度主要是由“健康感知”因子构成。其中，身体病患因子问卷中“呼吸困难/气短/哮喘、眼部感染、牙痛、头痛、其他疾病”5类病患对因子的贡献率过低，语句被删除。

如表4-4所示，因子分析的KMO值为0.70，Bartlett球形检验值显著（$P<0.001$），符合因子分析要求。3个因子共同解释了变量59.19%的信息，虽低于60%，但超过50%且非常接近60%，解释程度符合标准，同时，图4-2的因子载荷图显示，变量的结构效度良好。在信度分析过程中发现，儿童对身体健康自我感知的信度水平较低，α信度系数仅为0.40，这说明儿童对自己身体健康进行的评估可信程度较低；“身体病患”变量的信度水平为0.64，“饮食与精神”则只有0.50，“身体健康”的总信度系数为0.60，整体偏低。

表4-4　身体健康水平维度的信效度检验

题项	因子载荷	解释水平（%）	α信度系数
B1外显维度：身体病患		24.94	0.64
B11. 发烧/感冒/咽喉疼痛	0.573		
B12. 拉肚子	0.778		
B13. 肚子痛	0.783		
B14. 摔伤/扭伤/磕碰	0.648		
B2外显维度：饮食与精神		17.62	0.50
B21. 你有过吃不饱的经历吗	0.791		
B22. 你是否曾因饥饿无法集中精力听课	0.787		
B3内隐维度：健康感知		16.63	0.40
B31. 总的来说，你的健康状况如何	0.711		
B32. 和同年龄的孩子相比，你觉得你的体力状况怎么样	0.849		
总方差解释水平（%）		59.19	
α信度系数			0.604

注：因子提取方法：主成分分析法；旋转方法：最大方差法。

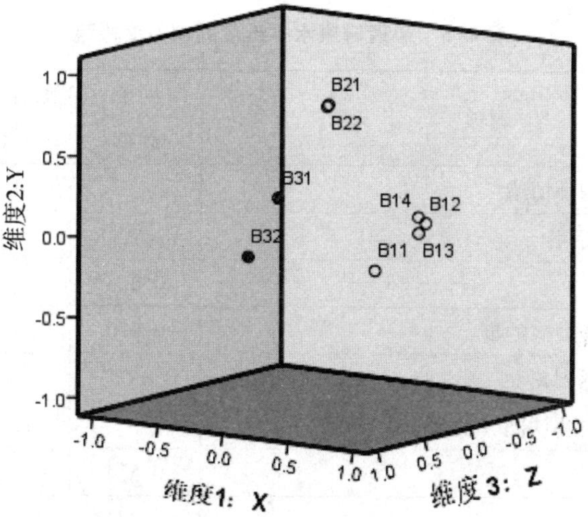

图 4-2 身体健康水平的因子载荷图

（二）心理健康水平

儿童心理健康同样分为内隐维度和外显维度。内隐维度包括“自我认同”和“抑郁情绪”，其中“自我认同”体现了留守儿童的主观幸福感和自信程度，如“我恨我自己”和“我长相还可以”等。“抑郁情绪”包括抑郁、焦虑和挫败感三方面，体现留守儿童的情绪是否健康，如“我每天想哭”和“总是有烦恼的事情”等。而外显维度主要是儿童心理的行为表现，问卷主要测试了儿童的不良行为，包括“打、踢、推、撞过其他同学（不是玩的那种）”和“强迫某些同学做不喜欢的事情”等（参见表 4-5）。

心理健康水平因子分析的 KMO 值为 0.82，Bartlett 球形检验值显著（$P<0.001$），样本充足度较好，相关性与偏相关性较高，适合进行因子分析。3 个因子共解释了变量 50.77%的信息，解释程度偏低；但图 4-3 显示，变量的结构效度良好。在信度分析过程中发现，内隐维度的“抑郁情绪”以及“自我认同”的信度水平较低，α 信度系数分别为 0.58 和 0.60，这说明儿童对自己心理健康评估存在一定偏差；但外显维度“不良行为”变量的信度水平达到了 0.84，说明儿童对行为记忆较为准确；“心理健康”的总信度系数为 0.63，整体相对

偏低。

表 4-5 心理健康水平维度的信效度检验

题项	因子载荷	解释水平（%）	α 信度系数
C1 内隐维度：抑郁情绪		14.03	0.58
C11. 我偶尔不高兴	0.672**		
C12. 每天想哭	0.625		
C13. 总是有使我烦恼的事	0.670		
C14. 我偶尔会感到累	0.657**		
C2 内隐维度：自我认同（负面）		12.05	0.60
C21. 恨我自己	0.554		
C22. 我长相还可以	0.687**		
C23. 我一直没有其他孩子好	0.651		
C24. 没有人真正喜欢我	0.718		
C3 外显维度：不良行为		24.09	0.83
C31. 给某些同学起难听的绰号，骂他们，或嘲笑他们	0.590		
C32. 打、踢、推、撞过其他同学（不是玩的那种）	0.751		
C33. 故意抢或者损坏一些同学的东西	0.798		
C34. 强迫某些同学做不喜欢的事情	0.758		
C35. 散布一些同学的谣言，或背后说他们的坏话，使别的同学不喜欢他们	0.797		
C36. 故意把某些同学排斥在我的朋友之外，或者不让我的朋友和他们交往，好多活动也不让他们加入	0.796		
总方差解释水平（%）		50.77	
α 信度系数			0.63

注：(1) 因子提取方法：主成分分析法；旋转方法：最大方差法。

(2) **：表示反向题项，在分析过程中进行了同一化转换。

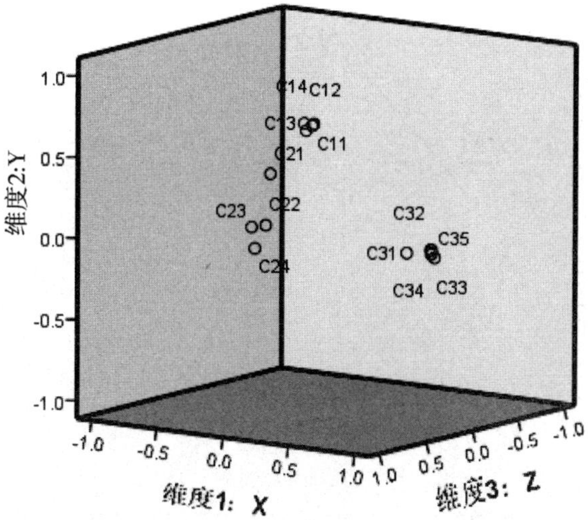

图 4-3 心理健康水平的因子载荷图

通过组内方差分析，本书发现留守儿童在上述 4 个维度的均值上存在显著差异（参见表 4-6 和图 4-4）。偏 Eta 平方值较高的线性与三次幂模型结果均显示留守儿童身心健康的四个维度存在显著的组内差异（线性：F = 59.50，P< 0.01，偏 Eta 平方=0.149，1-β=1.0；三次：F=207.73，P<0.01，偏 Eta 平方=0.380，1-β=1.0）。因此，本书将留守儿童身心健康区分为四个维度是有效的。

表 4-6 留守儿童身心健康不同维度均值比较分析

	身心健康	Ⅲ类平方和	自由度	均方	F 值	显著性	偏 Eta 平方	实测幂[a]
身心健康	线性	80.410	1	80.41	59.50	0.000	0.149	1.000
	二次	14.596	1	14.59	22.14	0.000	0.061	0.997
	三次	60.678	1	60.68	207.73	0.000	0.380	1.000
误差（身心健康）	线性	458.156	339	1.351				
	二次	223.458	339	0.659				
	三次	99.021	339	0.292				

注：[a] 使用 alpha=0.05 计算。

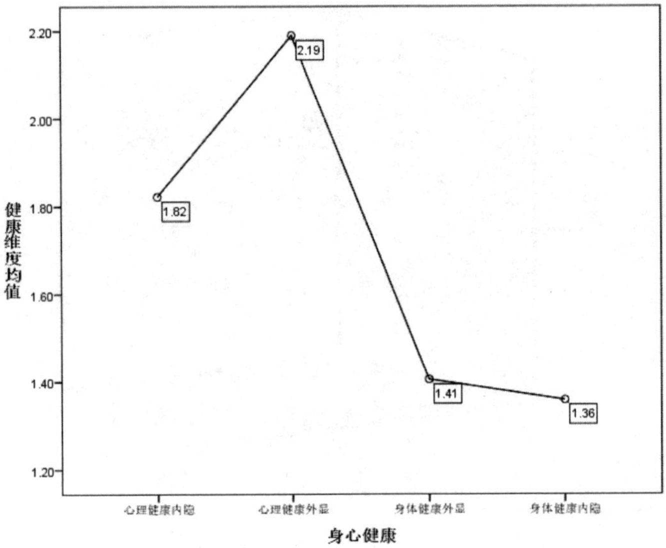

图 4-4　留守儿童心理健康不同维度均值分布图

四、抗逆力的度量

本书参照 Snyder 等人编制的儿童希望量表（the Children's Hope Scale，CHS）① 对留守儿童的抗逆力进行度量，并对该量表的 6 个题项进行本地化调整。结合 "2017 年四川省 J 县留守儿童问卷调查"，最终采用 "D11. 我觉得自己总的来说还挺好" "D12. 我对我目前的情况很满意" 等 5 个题项（如表 4-7 所示）对留守儿童的抗逆力进行度量。因子分析的 KMO 值为 0.86，Bartlett 球形检验值显著（$P<0.001$），符合因子分析要求。五个因子共解释了变量 50.49% 的信息，解释程度一般；α 信度系数为 0.75，达到中等水平。

① SNYDER C R，HOZA B，PELHAM W E，et al. The development and validation of the Children's Hope Scale［J］. Journal of pediatric psychology，1997，22（3）：399-421.

表 4-7 抗逆力信效度检验

题项	因子载荷值
D11. 我觉得自己总的来说还挺好	0.768
D12. 我对我目前的情况很满意	0.693
D13. 我对自己很有信心	0.766
D14. 我觉得自己将来会成为一个有用和有作为的人	0.714
D15. 我对学习新东西非常感兴趣	0.598
总方差解释水平（%）	50.49
α 信度系数	0.75

五、被欺凌度的度量

根据本书对校园欺凌及被欺凌度的定义，本书选择问卷中“D32a. 在即将过去的这个学期，其他学生在学校对你做过以下事情吗”的题项（如表 4-8 所示）反映学生遭受校园欺凌（包括言语、行为等方面的欺凌）的情况。本书针对这 6 个题项进行因子分析，KMO 值为 0.83，Bartlett 球形检验值显著（$P<0.001$），符合因子分析要求。因子共解释了变量 60.99%的信息，解释程度较高；α 信度系数为 0.835，达到良好水平。

表 4-8 被欺凌度信效度检验

题项	因子载荷值
F11. 给我起难听的绰号，骂我，或嘲笑我	0.628
F12. 打、踢、推、撞过我（不是玩的那种）	0.734
F13. 故意抢或者损坏我的东西	0.806
F14. 强迫我做我不喜欢的事情	0.767
F15. 散布关于我的谣言，或背后说我的坏话，使其他同学不喜欢我	0.794
F16. 故意把我排斥在他们的朋友之外，或者不让他们的朋友和我交往，好多活动也不让我加入	0.748
总方差解释水平（%）	60.99
α 信度系数	0.835

第五章

留守身份对儿童身心健康的影响效应

第一节　样本的人口统计学分析

如前文所述，按照从特殊到一般的原则，本书将留守儿童界定为父母双方均外出务工而被滞留在户籍地、未与父母共同生活居住的18岁以下的儿童。按照这个界定，1061个有效样本中符合本书研究界定的留守儿童样本共计343人，占比32.33%；非留守儿童共计718人，占比67.67%，其中父母均在家的儿童共计409人，占比38.55%。

一、样本儿童的性别结构

1061个儿童样本中，男性样本共计529人，占样本总量的49.86%；女性样本532人，占样本总量的50.14%。留守儿童样本共计343人，其中男性174人，占留守儿童样本的50.73%，占总样本的16.40%；女性样本169人，占留守儿童样本的49.27%，占总样本的15.93%。

从性别比率上看（参见表5-1、图5-1），无论是总样本还是留守儿童样本或非留守儿童样本，男女性别比接近1。具体而言，留守儿童在男性样本比重上高于女性，非留守儿童在女性比重上高于男性，但是这种差异不具有统计学意义上的差异（皮尔逊$\chi^2 = 0.1535$，$P = 0.695 > 0.05$）。

表 5-1 样本儿童的性别结构

留守身份	状态说明	统计类型	女性	男性	列合计	列百分比（%）
留守儿童	父母均外出	频数（人）	169	174	343	32.33
		百分比（%）	49.27	50.73	100	——
非留守儿童	父母一人在家	频数（人）	166	143	309	29.12
	父母均在家	频数（人）	197	212	409	38.55
	合计	频数（人）	363	355	718	67.67
		百分比（%）	50.56	49.44	100	——
行合计		频数（人）	532	529	1061	100
		行百分比（%）	50.14	49.86	100	——

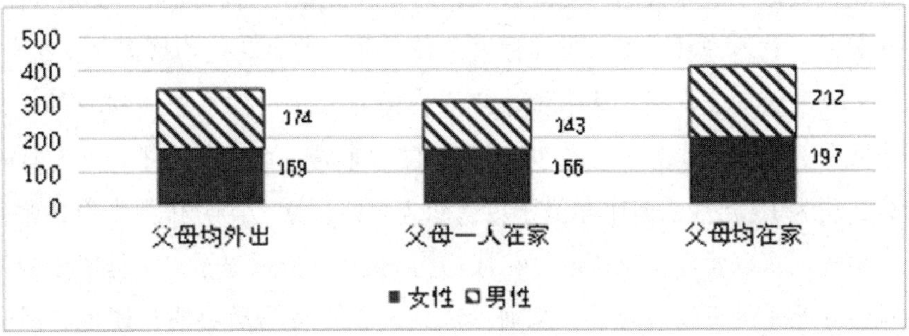

图 5-1 样本儿童的性别结构示意图

二、样本儿童的年龄结构

统计儿童样本中，最小年龄 5 岁，最大 16 岁，其中 11—12 岁样本数最多（在 1061 个样本中占比 95.76%）；众数为 11 岁年龄段的儿童，共计 675 人，占比 63.62%。如表 5-2 所示，留守儿童（父母均外出）共计 343 人（占比 32.33%），非留守儿童 718 人（占比 67.67%）。

从年龄段的分布来看，留守儿童的分布与总样本的分布基本一致。留守儿童样本主要集中在 11—12 岁两个年龄段：共计 330 人，占比 96.21%；众数同样为 11 岁年龄段的儿童，共计 219 人，占留守儿童样本总体的 63.85%。

表 5-2 样本儿童的年龄结构

年龄	留守儿童			非留守儿童			样本总体		
	频数（人）	比重（%）	累计（%）	频数（人）	比重（%）	累计（%）	合计	比重（%）	累计（%）
5-10 岁	6	1.75	1.75	15	2.09	2.09	21	1.98	1.98
11 岁	219	63.85	65.60	456	63.51	65.60	675	63.62	65.60
12 岁	111	32.36	97.96	230	32.03	97.63	341	32.14	97.74
13—16 岁	7	2.04	100.00	17	2.37	100.00	24	2.26	100.00
合计	343	100.00	——	718	100.00	——	1061	100.00	——
比重%	32.33	——	——	67.67					

三、样本儿童的零花钱分布

零花钱类似于成年人的可支配收入，对留守儿童的身心健康具有重要影响。表 5-3 显示，样本总体、留守儿童以及非留守儿童的零花钱均呈现非正态分布，偏态值、峰度值均非常高。从中位数来看，留守儿童、样本总体和非留守儿童的零花钱金额相同，均为 30 元。从下四分位数来看，留守儿童零花钱与样本总体相等，均为 10 元钱，但比非留守儿童低 2 元钱；从上四分位数来看，留守儿童、非留守儿童以及样本总体的零花钱均为 60 元。文献显示，父母出于内疚可能会对留守儿童进行物质补偿，从而形成或加剧不良生活习惯和饮食习惯（如吸烟、酗酒、少女怀孕以及性暴力和身体暴力等）的养成。① 但从本书的数据来看，留守儿童与非留守儿童在零花钱的均值上不存在明显差异。

① 李庆丰．农村劳动力外出务工对“留守子女”发展的影响——来自湖南、河南、江西三地的调查报告［J］．上海教育科研，2002（9）：25-28；TONG L，YAN Q，KAWACHI I. The factors associated with being left-behind children in China：Multilevel analysis with nationally representative data［J］．PloS one，2019，14（11）：e0224205；吴培材．父母外出务工对农村留守儿童身心健康的影响研究［J］．南方经济，2020（1）：95-111.

表 5-3 样本儿童的零花钱分布

百分位	留守儿童		非留守儿童		样本总体	
	百分位值	最小值	百分位值	最小值	百分位值	最小值
1%	0	0	0	0	0	0
5%	0	0	0	0	0	0
10%	1	0	2	0	2	0
25%	10	0	12	0	10	0
50%	30		30		30	
		最大值		最大值		最大值
75%	60	500	60	1000	60	1000
90%	100	500	150	1000	150	1345
95%	162	1000	250	1345	200	2005
99%	500	2005	800	5000	800	5000
样本量	343		718		1061	
均值	57.13		77.04		70.60	
标准差	141.00		224.92		201.79	
偏态	9.23		15.58		15.65	
峰度	114.59		324.41		348.92	

第二节 相关关系视角下留守身份对儿童身心健康的影响

以身心健康的四个维度为因变量，以留守状态（0=留守状态，1=非留守状态）为自变量进行相关关系分析，分析方法采用一般线性回归方法（OLS）。

$$y_{ji} = \alpha x_i + k_{1i} + k_{2i} + k_{3i} + \varepsilon_i \qquad (J=1,\ 2,\ 3,\ 4)$$

其中，y_j 为因变量：

y_1=身体健康外显维度，包含两个子维度，即“B1 外显维度：身体病患”与“B2 外显维度：饮食与精神”。其中，B1 描述儿童在一定时间内的患病次数，B2 描述儿童是否能够吃饱饭以及由此带来的精神问题。B1 和 B2 所有测量指标均可以直接观察，所以称为外显维度。

Y_2=身体健康内隐维度，只包含一个子维度“B3 内隐维度：健康感知”，由儿童自己对自身身体状态进行评估，外人无法直接观察，所以称为内隐维度。

Y_3=心理健康外显维度，由一个子维度“C3 外显维度：不良行为”构成，主要描述儿童与同学相处时表现出的不良行为程度。

Y_4=心理健康内隐维度，由“C1 内隐维度：抑郁情绪”和“C2 内隐维度：自我认同”两个子维度构成。其中，C1 主要描述儿童情绪的抑郁程度，C2 主要描述儿童对自己的负面认知程度。

X 为自变量：留守身份（1=留守儿童，0=非留守儿童）

k 为控制变量（协变量），共计三个控制变量：

K_1=性别；

K_2=年龄；

K_3=每月零花钱。

一、分析变量描述统计分析

首先对变量进行了描述性统计分析（如表 5-4 所示）。总样本中，50.99%为女性，平均年龄 11.33 岁，每月零花钱平均 70.61 元，有 32.33%的儿童处于本书所界定的留守状态。因变量中，身体健康外显维度的均值为 1.6721，标准差为 1.3255；身体健康内隐维度的均值为 2.1597，标准差为 0.7062；心理健康外显维度的均值为 1.3489，标准差为 0.5657；心理健康内隐维度的均值为 0.3687，标准差为 0.3204。

表 5-4　分析变量描述统计值

变量	变量含义	均值/百分比	标准差	说明	最小值	最大值
·因变量						
身体健康						
（1）外显	患病次数	1.6721	1.3255	值越小越健康	0.33	11.67

续表

变量	变量含义	均值/百分比	标准差	说明	最小值	最大值
（2）内隐	对身体不健康程度的自我感知	2. 1597	0. 7062	值越小越健康	0. 50	4. 00
心理健康						
（3）外显	儿童表现出的不良行为	1. 3489	0. 5657	值越小越健康	1. 00	5. 00
（4）内隐	抑郁情绪以及自我（不认可）认知	0. 3687	0. 3204	值越小越健康**	0. 00	1. 50
· 自变量						
留守状态	父母均外出=1 父母至少1人在家=0	32. 33% 67. 67%	——		0	1
· 协变量						
性别	女性=0 男性=1	50. 09% 49. 91%	——		0	1
年龄	单位：岁	11. 33	0. 0224		5	16
零花钱	单位：元/月	70. 61	6. 2237		0	5000

** 注：心理健康内隐维度在原问卷中值越小表示越不健康，比如："C25. 我恨我自己……1，不大喜欢我自己……2，我喜欢我自己……3"，为了保持统一性，对数据进行了转换，统一为值越小越健康。

二、留守身份与身心健康：普通回归模型检验

（一）OLS 回归模型

回归分析结果显示（参见表 5-5），在控制住"性别""年龄"及"零花钱"三个变量的情况下，留守儿童与非留守儿童在身体健康外显维度和心理健康内隐维度这两个维度存在统计学意义上的差异，即留守身份与这两个维度存在统计学意义上的相关关系。但是在身体健康内隐维度和心理健康外显维度这两个维度上，留守儿童与非留守儿童并没有表现出统计学意义上的差异，即留守身份与这两个维度不存在统计学意义上的相关关系。

1. 身体健康外显维度。留守儿童在身体健康外显维度的得分与非留守儿童存在显著差异：回归系数 $\beta_1 = 0.2132$，$t_1 = 2.46$，$P_1 = 0.014 < 0.05$，即相较于非留守儿童，留守儿童在身体病患次数、饥饿以及由饥饿导致的精神状态不佳程度上明显要高。

2. 身体健康内隐维度。留守儿童在身体健康内隐维度上的得分与非留守儿童不存在显著差异：回归系数 $\beta_2 = 0.0327$，$t_2 = 0.70$，$P_2 = 0.481 > 0.05$，即留守儿童与非留守儿童在评估自己的身体健康状况方面并不存在显著差异。

3. 心理健康外显维度。留守儿童在心理健康外显维度上的得分与非留守儿童不存在显著差异：回归系数 $\beta_3 = 0.0095$，$t_3 = 0.34$，$P_3 = 0.731 > 0.05$，即相较于非留守儿童，留守儿童并不会具有更多令其他人感到不愉悦的不良行为，如“给某些同学起难听的绰号，骂他们，或嘲笑他们”。

4. 心理健康内隐维度。留守儿童在心理健康内隐维度上的得分要明显低于非留守儿童：回归系数 $\beta_4 = 0.0607$，$t_4 = 2.89$，$P_4 = 0.004 < 0.05$，这表明留守儿童在负面情绪（如“我每天都不高兴”）以及在对自我的负面认知（如“我恨我自己”）方面要显著高于非留守儿童。

表 5-5　儿童留守身份与身心健康的相关关系分析

	模型（1）	模型（2）	模型（3）	模型（4）
	身体健康外显维度	身体健康内隐维度	心理健康外显维度	心理健康内隐维度
处理变量				
留守身份（留守儿童=1）（非留守儿童=0）	0.2132** (0.0867)	0.0327 (0.0464)	0.0095 (0.0371)	0.0607*** (0.0210)
控制变量				
性别	−0.119 (0.0817)	−0.0974** (0.0436)	0.105*** (0.0348)	−0.0125 (0.0197)
年龄	0.114** (0.0559)	−0.0056 (0.0298)	0.0372 (0.0238)	0.0025 (0.0135)
零花钱（/月）	0.0002 (0.0002)	−8.75E−05 (0.0001)	0.0002** (8.60E−05)	−6.24E−05 (4.87E−05)

续表

	模型（1）	模型（2）	模型（3）	模型（4）
	身体健康外显维度	身体健康内隐维度	心理健康外显维度	心理健康内隐维度
常数项	0.564 （0.637）	2.295*** （0.340）	0.867*** （0.271）	2.575*** （0.153）
观察值	1061	1061	1061	1061
R^2	0.012	0.006	0.017	0.006

注：（1）括号内为标准误差；

（2）*** $P<0.01$，** $P<0.05$，* $P<0.1$。

（二）泊松模型

由于身体健康外显行为（生病次数）和心理健康外显行为（不良行为）的调查问卷（参见表5-6）是以“计数”形式展现的，数据主要分布在0这一侧（图5-2为数据分布直方图，展示了其分布特征），属于“稀有事件”，因此数据服从泊松分布（Poisson distribution），普通的OLS模型进行估计可能存在偏差。

表5-6　健康外显调查问卷展现形式

<table>
<tr><td colspan="6">身体健康外显问卷</td></tr>
<tr><td colspan="6">B1. 在过去的30天中，你出现几次以下症状（没有填0次）？</td></tr>
<tr><td>症状</td><td colspan="5">过去的30天出现的次数</td></tr>
<tr><td>a. 发烧/感冒/咽喉疼痛</td><td colspan="5"></td></tr>
<tr><td>……</td><td colspan="5"></td></tr>
<tr><td colspan="6">心理健康外显问卷</td></tr>
<tr><td colspan="6">D32. 在即将过去的这个学期，你在学校对其他同学做过以下事情吗？</td></tr>
<tr><td>a. 给某些同学起难听的绰号，骂他们，或嘲笑他们</td><td>1. 从来没有</td><td>2. 只有一两次</td><td>3. 一个月两到三次</td><td>4. 一周一次</td><td>5. 一周好几次</td></tr>
<tr><td>……</td><td colspan="5"></td></tr>
</table>

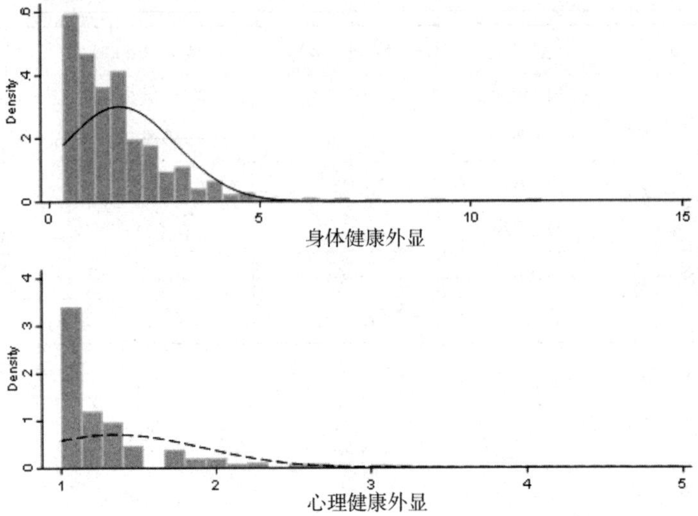

图 5-2 儿童样本身体健康、心理健康直方图

对于某个留守儿童 i，其生病或者产生不良行为的次数为 y_i，假设 $Y_i=y_i$ 的概率由参数 λ_i（λ_i：泊松到达率，表示儿童生病或者产生不良行为的平均次数，其由解释变量 x_i 决定）确定：

$$P(Y_i=y_i \mid x_i)=\frac{e^{-\lambda_i}\lambda_i^{y_i}}{y_i!} \quad (y_i=0,\ 1,\ 2,\ \cdots) \tag{1}$$

泊松分布的方差与期望均等于泊松到达率，且非负，其条件期望函数为：

$$E(Y_i \mid x_i)=Var(Y_i \mid x_i)=\lambda_i=\exp(x'_i\beta) \tag{2}$$

当样本符合独立同分布时，则参数的似然估计值：

$$L(\beta)=\frac{\exp\left(-\sum_{i=1}^{n}\lambda_i\right)\cdot\prod_{i}^{n}\lambda_i^{y_i}}{\prod_{i}^{n}y_i} \tag{3}$$

上述方程获得的似然估计值并不表示边际效用，通过计算 $\frac{\partial\ \ln\lambda_i}{\partial\ x_k}=\beta_k$ 获得回归参数的半弹性系数（semi-elasticity），此系数与上文 OLS 回归系数的意义类似，并可以进行比较。①泊松模型要求期望与方差相等，如表 5-7 和表 5-8 所

① 陈强. 高级计量经济学及 STATA 应用 第二版［M］. 北京：高等教育出版社，2014.

示，因变量“身体健康外显”的样本均值（1.67）与样本方差（1.76）差别不大，但因变量“心理健康外显”的样本均值（1.34）为样本方差（0.32）的4.2倍，不符合泊松模型的条件，因此，应该考虑负二项回归模型。

表 5-7 身体健康外显描述统计值

<table>
<tr><th>百分位</th><th>分位值</th><th>描述统计值</th></tr>
<tr><td>1%</td><td>0.33</td><td rowspan="11">样本数量 1055

平均值 1.67
标准差 1.33
方差 1.76
偏态 2.50
峰度 13.19</td></tr>
<tr><td>5%</td><td>0.33</td></tr>
<tr><td>10%</td><td>0.50</td></tr>
<tr><td>25%</td><td>0.83</td></tr>
<tr><td colspan="2">前 25%</td></tr>
<tr><td>50%</td><td>1.33</td></tr>
<tr><td colspan="2">后 25%</td></tr>
<tr><td>75%</td><td>2.17</td></tr>
<tr><td>90%</td><td>3.33</td></tr>
<tr><td>95%</td><td>4.00</td></tr>
<tr><td>99%</td><td>6.83</td></tr>
</table>

表 5-8 心理健康外显描述统计值

<table>
<tr><th>百分位</th><th>分位值</th><th>描述统计值</th></tr>
<tr><td>1%</td><td>1</td><td rowspan="11">样本数量 1055

平均值 1.34
标准差 0.57
方差 0.32
偏态 2.70
峰度 12.04</td></tr>
<tr><td>5%</td><td>1</td></tr>
<tr><td>10%</td><td>1</td></tr>
<tr><td>25%</td><td>1</td></tr>
<tr><td colspan="2">前 25%</td></tr>
<tr><td>50%</td><td>1.17</td></tr>
<tr><td colspan="2">后 25%</td></tr>
<tr><td>75%</td><td>1.50</td></tr>
<tr><td>90%</td><td>2.00</td></tr>
<tr><td>95%</td><td>2.67</td></tr>
<tr><td>99%</td><td>3.67</td></tr>
</table>

当变量值出现“过度分散”情况，即方差明显大于期望时，需要在期望函数的对数表达式中加入随机变量 ε_i ，表示条件期望函数不可观测的部分：

$$\ln\lambda_i = x'_i\beta + \varepsilon_i \tag{4}$$

则有：
$$\lambda_i = \exp(x'_i\beta) \cdot \exp(\varepsilon_i) \equiv \mu_i\nu_i \tag{5}$$

给定 x_i 与 v_i，则 y_i 依然属于泊松分布：

$$P(Y_i = y_i \mid x_i) = \frac{e^{-u_i\nu_i}(u_i\nu_i)^{y_i}}{y_i!} \quad (y_i=0,\ 1,\ 2,\ \cdots) \tag{6}$$

由于 v_i 不可观测，因此可以通过积分将其去掉，其密度函数一般选择 Gamma 分布。此时，负二项回归模型的条件期望依然为：

$$E(Y_i \mid x_i) = \mu_i = \exp(x'_i\beta) \tag{7}$$

但条件方差则变为：

$$Var(Y_i \mid x_i) = \mu_i + \alpha\mu_i^2 > \mu_i \tag{8}$$

由（8）可知，$\alpha=0$ 时，就是泊松回归模型（2），因此泊松回归是负二项回归模型的特例。

计数模型回归结果如表 5-9 所示，泊松回归（负二项回归）下，留守身份对身体健康外显维度和心理健康外显维度的影响效应显著性和影响方向性均与最小二乘回归（OLS）结果是一致的。回归模型的边际效应（dy/dx）与最小二乘回归（OLS）的系数值基本接近。由此可以确认：留守身份与儿童身体健康外显维度存在统计学意义上的显著关系，但是与心理健康外显维度的相关性则不显著。

表 5-9　儿童留守身份与身心健康的相关关系分析

	身体健康外显维度		心理健康外显维度	
	泊松回归	边际效应	负二项回归	边际效应
处理变量				
留守身份 （留守儿童=1） （非留守儿童=0）	0.1269** (0.0543)	0.2096** (0.0834)	0.0104 (0.0277)	0.0141 (0.0374)
控制变量				
性别	-0.0643 (0.0478)	-0.1174 (0.0796)	0.0804*** (0.0260)	-0.0105 (0.0352)

续表

	身体健康外显维度		心理健康外显维度	
	泊松回归	边际效应	负二项回归	边际效应
年龄	-0.0193** (0.0332)	-0.1393 (0.0607)	-0.0113 (0.0259)	-0.0153 (0.0349)
零花钱（/月）	1.11E-04 (2.02E-04)	1.51E-04 (1.08E-04)	1.21E-04*** (2.71E-05)	1.63E-04*** (3.64E-05)
常数项	0.2784 (0.3780)	—	0.3752 (0.2939)	—
观察值	1061	1061	1061	1061
LR chi2（4）	13.98	—	35.84	—
P>chi2	0.007	—	<0.001	—

注：(1) 括号内为标准误差；

(2) *** $P<0.01$，** $P<0.05$，* $P<0.1$。

第三节　因果关系视角下留守身份对儿童身心健康的影响

上一节“相关关系视角下留守身份对儿童身心健康的影响”中存在一个隐含的前提条件：留守儿童与非留守儿童的样本必须是来自随机分组样本。而本书采用的是“2017年四川省J县留守儿童问卷调查”样本，这些样本显然属于自然观察样本（所谓的社会实验样本）。与随机分组样本相比，自然观察样本有一个致命缺陷，即“选择偏差”（selection bias）问题。比如，郭申阳和马克（2012）就批评在一系列关于贫困对学业成绩的研究中，大多数研究者都采用回归模型来探讨贫困与学业成绩的因果关系（贫困是学业成绩欠佳的前因），然而回归模型只是一种相关关系模型，且由于无法控制内生性偏差（endogeneity bias），回归模型（或协方差控制方法）并不能够证实变量之间的因果关系。① 在此背景下，统计学家和计量经济学家们提出了倾向值分析（propensity score analysis）方法，这是一种针对此类非随机分组样本进行因果关系分析的方法。

① 郭申阳，马克·W. 弗雷泽．倾向值分析：统计方法与应用［M］．郭志刚，巫锡炜，译．重庆：重庆大学出版社，2012.

一、倾向值匹配原理

在社会学研究中，我们常常把参与样本分为实验组（treatment group）与控制组（control group）：实验组是指参与实验的阳性样本，一般赋值为1，如本书研究留守儿童，如果某儿童属于留守儿童，则该儿童就被分配到实验组，否则就被分配到控制组。这种分组导致的不同组别（留守儿童与非留守儿童）差异，被称为“处理效应”（treatment effect）。

但是由于数据为观测数据，成本过高等因素，在社会学中进行随机化实验控制协变量基本是不可行的。同时，由于实验组与控制组成员的基础条件差异较大，赫克曼（Heckman）及其同事对随机化创建实验组和控制组的假定也提出了挑战，他们质疑了经典实验中随机化对选择性偏差的消除效果。① 为此，一种建立在反事实框架（a counterfactual framework）基础上、针对观察数据进行因果效应估计的方法出现了，并称为“倾向值分析”，② 其基本原理如下：③

本书研究的儿童健康的观测数据 Y_i 有两种状态：留守儿童（D_1）的健康值 Y_{1i} 以及非留守儿童（D_0）的健康值 Y_{0i}：

$$Y_i = \begin{cases} Y_{1i} \text{ 留守儿童}(D_1) \\ Y_{0i} \text{非留守儿童}(D_0) \end{cases}$$

所谓反事实，就是某一个事件状态的相反方向，就是对于留守儿童而言，其 D_1 状态健康值为 Y_{1i}，我们假设其“如果没有处于留守状态（D_0），其健康值应该是……”就是他的反事实值，实际上这是一个缺失值，是无法观测到的。

假定每一个儿童均有两种状态下的健康值（Y_{0i}，Y_{1i}），分别对应留守与非留守状态下的潜在健康状态，令 $W_i=1$ 表示留守状态，$W_i=0$ 表示非留守状态，对于留守儿童而言，关键的问题是 $W_i=0$ 时的 Y_{0i} 值无法观测。Newman-Rubin 反事

① HECKMAN J J. Sample selection bias as a specification error [J]. Econometrica, 1979, 47: 153-161; HECKMAN J J. Assessing the case for social experiments [J]. Journal of economic perspectives, 1995, 9 (2): 85-110.

② ROSENBAUM P R, RUBIN D B. The central role of the propensity score in observationl studies for causal effects [J]. Biometrika, 1983, 70 (1): 41-55.

③ 郭申阳，马克·W. 弗雷泽. 倾向值分析：统计方法与应用 [M]. 郭志刚，巫锡炜，译. 重庆：重庆大学出版社，2012；苏毓淞. 倾向值匹配法的概述与应用 [M]. 重庆：重庆大学出版社，2017.

实框架认为可以通过考察总体中留守状态与非留守状态下儿童健康的平均值来估计反事实，即如果对应的实验组、控制组健康值的平均值分别为 $E(Y_1 \mid W=1)$、$E(Y_0 \mid W=0)$，则关于留守对儿童健康的平均期望效应（ATE，average treatment effect）为：

$$ATE = E(Y_1 \mid W=1) - E(Y_0 \mid W=0)$$

ATE 指代任意一个样本的期望处理效应（包括非留守儿童），有的学者批评其定义过于宽泛，于是提出了仅限于实验组的平均处理效应（ATT，average treatment effect on the treated）：

$$ATT = E(Y_1 - Y_0 \mid W=1)$$

显然，对于本书的研究而言，ATT 代表留守儿童的留守状态对健康的效应值。与此相对应，针对控制组（非留守儿童）的平均处理效应（ATU，average treatment effect on the untreated）为：

$$ATU = E(Y_1 - Y_0 \mid W=0)$$

二、匹配变量的平衡检验

如前所述，对于每一个干预状态（1=留守儿童，0=非留守儿童），总存在缺失值，即一个确定的样本，要么是留守儿童要么是非留守儿童。为了填补缺失带来的不利后果，我们需要对变量进行匹配，以使得比较是在“相似”的样本上进行的，对样本进行匹配平衡检验，就是检验匹配后样本是否比没有匹配时显得更“相似”。

如表 5-10 所示，匹配后协变量的标准化偏差均小于 10%，其中零花钱的偏差由匹配前的 10.9%降低到 2.6%。综合表 5-10 与图 5-3 可知，协变量“零花钱”的标准化偏差降低幅度最大，达到 76.5%，“性别”的偏差略有增加，而年龄偏差出现了较大的偏差增长。

表 5-10 匹配前后协变量的偏差变化

变量	Unmatched Matched	平均值		偏差 (%)	|偏差| 减少 (%)	T 检验		V (T) /VI
		处理组	控制组			*t*	sig	
性别	U	0.4951	0.5088	-2.7	-72.9	-0.42	0.677	——
	M	0.4944	0.5181	-4.7		-0.90	0.370	——
零花钱	U	77.299	56.753	10.9	76.5	1.54	0.123	2.53*
	M	70.405	65.583	2.6		0.75	0.451	1.36*
年龄	U	11.329	11.347	-2.6	-181.8	-0.38	0.703	1.77*
	M	11.326	11.275	7.7		1.44	0.149	2.05*

注：*** $p<0.01$，** $p<0.05$，* $p<0.1$。

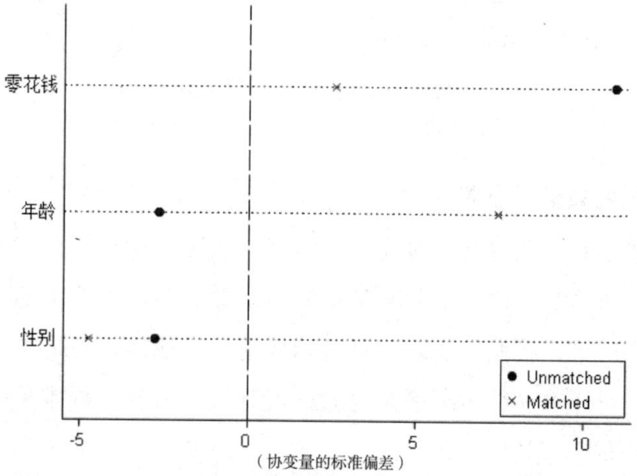

图 5-3 协变量的标准化偏差分布示意图

另外，表 5-11 显示了匹配前后综合偏差的变化情况。结果显示，匹配后的综合偏差显著减少：平均偏差由 4.8%降低到 1.8%，故总体而言，三个协变量进行匹配后变量的平衡性显著变好。

表 5-11 匹配前后协变量的偏差综合变化

样本	伪 R^2	LR χ^2	$P>\chi^2$	平均偏差	中位数偏差	B
未匹配	0.003	3.46	0.326	4.8	2.7	2.49
匹配	0.000	0.84	0.841	1.8	2.4	1.19

由图 5-4 可看出，观测值均在共同取值范围内，所以进行倾向值匹配分析时不用担心损失过多样本。

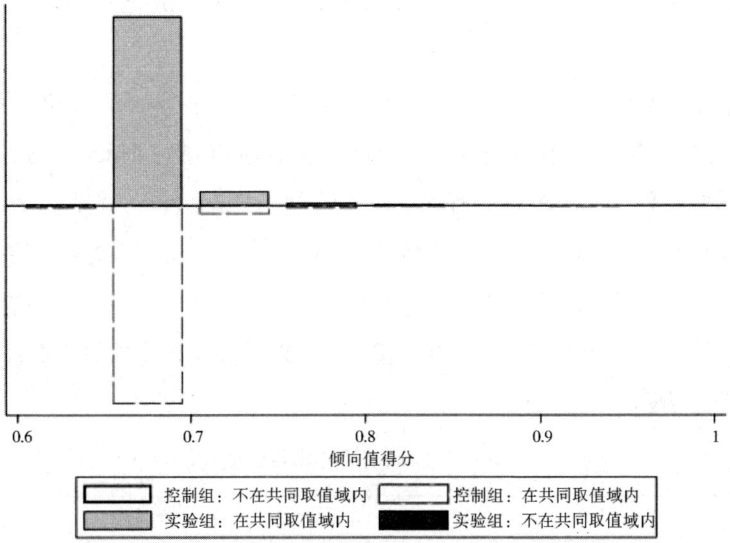

图 5-4 倾向值的共同取值范围

表 5-12 显示了参加与脱离匹配的样本情况，可以看出，只有两个样本脱离了匹配（其中实验组 1 个样本，控制组 1 个样本）。

表 5-12 匹配前后样本量的变化

psmatch2：处理分配	psmatch2：重合样本量		合计
	Off	On	
实验组	1	342	343
控制组	1	717	718
合计	2	1059	1061

三、倾向值匹配检验

为了明晰留守身份与儿童身心健康的关系，本书利用倾向值对二者的因果关系进行分析。首先本书将儿童分为留守组（父母均在外打工，并赋值为 1）与非留守组（父母至少一人在家，并赋值为 0）。

本书采用卡尺范围内的 K 近邻匹配，因为该匹配方法综合了最佳近邻匹配和卡尺匹配，已经变得越来越流行。[①] 依据罗森鲍姆和鲁宾（Rosenbaum & Rubin）的建议，[②] 选取样本估计倾向值标准差的四分之一作为卡尺大小（caliper size）。

通过对比伪 R^2 值等指标，本书确定的近邻匹配值为 K=4。在进行匹配分析之前，首先需要对样本进行随机排序（本书随机排序时确定的种子数为 10101）。本书采用 Stata 软件的程序 psmatch2 进行匹配分析，并默认使用倾向得分 P 进行匹配，倾向得分 P 由协变量“性别”“年龄”及“零花钱”估算得出。

如表 5-13 所示，倾向得分值的标准差为 0.02493，四分之一标准差为 0.00623，因此本书将卡尺范围确定为 0.006，即对倾向得分相差 0.6%的观测值进行一对四匹配。

表 5-13　匹配前后样本量的变化

变量	样本量	平均值	标准差	最小值	最大值
pscore	1061	0.6767	0.02493	0.6496	0.9939

倾向值匹配估计结果值参见表 5-14，Hosmer-Lomeshow 拟合优度检验显示 P 值（0.3225）大于 0.05。表明模型的预测值与实际观测值不存在显著差异，明晰拟合度良好。由估计结果可知：

（1）身体健康外显维度。留守状态使留守儿童在身体健康外显维度上的得分显著高于非留守儿童。经过倾向值评分匹配后，留守身份对儿童身体健康外显维度的平均影响效应（ATT）为 0.2779，且影响效应显著（t=2.49>1.96），因此，可以明确地说，留守状态是留守儿童在身体病患次数、饥饿以及由饥饿导致的精神不佳等外显性身体健康指标要高于非留守儿童的原因。由表 5-14 可知，采用倾向值匹配后留守状态的效应值要明显高于未匹配状态的效应值（0.2089，t=2.41），因此进行匹配分析是必要的。

---

① 郭申阳，马克·W. 弗雷泽．倾向值分析：统计方法与应用［M］．郭志刚，巫锡炜，译．重庆：重庆大学出版社，2012.

② ROSENBAUM P R, RUBIN D B. The central role of the propensity score in observationl studies for causal effects［J］. Biometrika，1983，70（1）：41-55.

（2）身体健康内隐维度。留守状态并未使留守儿童在身体健康内隐维度上的得分显著低于非留守儿童。经过倾向值评分匹配后，留守身份对儿童身体健康内隐维度的平均影响效应（ATT）为0.0591，虽然相较于未匹配状态的影响效应值（0.0332）有所提高，但影响效应并不显著（t=1.07<1.96）。

（3）心理健康外显维度。与身体健康内隐维度相同，留守状态并未使留守儿童在心理健康外显维度上的得分与非留守儿童存在显著差异；经过倾向值评分匹配后，留守身份对儿童身体健康内隐维度的平均影响效应（ATT）为-0.0198，但影响效应不显著（t=-0.46>-1.96）。由表5-14可知，匹配后留守身份在心理健康外显维度的效应值较未匹配时的效应值（0.0104）有所降低。因此可以确认，留守身份并不是儿童心理健康外显维度（发生不良行为）差异（如果有的话）的原因，即有的儿童相较于其他儿童具有更强的不良行为倾向，例如，更喜欢给别的同学起难听的绰号、更倾向于辱骂同学及表现出偷摸行为等，这并不是留守身份造成的，而存在其他原因。

（4）心理健康内隐维度。留守状态使留守儿童在心理健康内隐维度上的得分显著高于非留守儿童。经过倾向值评分匹配后，留守身份对儿童心理健康内隐维度的平均影响效应（ATT）为0.0692，且影响效应显著（t=2.57>1.96）。由表5-14可知，匹配后留守身份在心理健康内隐维度的效应值较未匹配时的效应值（β=0.0596，t=2.85）有显著提升。依据分析结果可以确认，留守身份是留守儿童心理健康内隐维度分值增加的原因，即留守身份使得儿童在抑郁情绪和自我（负面）认知两个维度上的得分更高，使留守儿童产生更不快乐、对自我的否定程度更高等不健康心理状态。

表5-14 倾向值匹配后留守状态对儿童身心健康的影响

	模型（1）	模型（2）	模型（3）	模型（4）
	身体健康 外显维度	身体健康 内隐维度	心理健康 外显维度	心理健康 内隐维度
处理变量				
未匹配状态	0.2090** （0.0868）	0.0332 （0.0464）	0.0104 （0.037）	0.0596** （0.0210）

续表

	模型（1）	模型（2）	模型（3）	模型（4）
	身体健康 外显维度	身体健康 内隐维度	心理健康 外显维度	心理健康 内隐维度
ATT	0.2779** （0.1119）	0.0591 （0.0550）	-0.0198 （0.0428）	0.0692** （0.0249）
ATU	0.2265	0.0507	0.0021	0.0616
ATE	0.2612	0.0564	0.014	0.0667
协变量				
性别	-0.0615 （0.1317）	-0.0615 （0.1317）	-0.0615 （0.1317）	-0.0615 （0.1317）
年龄	-0.0158 （0.1006）	-0.0158 （0.1005）	-0.0158 （0.1005）	-0.0158 （0.1005）
零花钱	8.92E-04 （5.83E-03）	8.93E-04 （8.92E-03）	8.92E-04 （5.83E-03）	8.93E-04 （8.92E-03）
常数项	0.8908 （1.1421）	0.8908 （1.1421）	0.8908 （1.1421）	0.8908 （1.1421）
观察值	1061	1061	1061	1061
LR χ^2	3.49	3.49	3.49	3.49
P>χ^2	0.3225	0.3225	0.3225	0.3225

注：*** $p<0.01$，** $p<0.05$，* $p<0.1$。

因本表统一保留4位小数点，而部分数据过小，故采用科学计数法表示。本书其他有类似情况的地方，做相同处理。

由表5-14显示，留守身份是儿童身体健康外显维度和心理健康内隐维度不如非留守儿童的原因。但“psmatch2”命令没有报告ATU和ATE的标准误差，无法获得ATU和ATE的显著性水平值，本书使用自助法（bootstrap）来获得ATT、ATU和ATE自助标准误差。通过自助抽样1500次进行倾向值匹配估计，ATT、ATU及ATE的自助标准误差和Z值参见表5-15。由表可知，所有的Z值对应的收尾概率均小于0.05，因此留守身份对儿童身体健康外显维度和心理健康内隐维度的影响效应是非常稳健的。

表 5-15 留守状态对身心健康的影响效应：自助法

	效应值	自助法标准误差	Z	P>| Z|	置信区间（95%）	
身体健康外显维度						
ATT	0. 2631	0. 1203	2. 19	0. 029	0. 0273	0. 4988
ATU	0. 2265	0. 2265	2. 16	0. 031	0. 0206	0. 4324
ATE	0. 2512	0. 2512	2. 34	0. 019	0. 0409	0. 4614
心理健康内隐维度						
ATT	0. 0685	0. 0272	2. 52	0. 012	0. 0152	0. 1217
ATU	0. 0688	0. 0232	2. 96	0. 003	0. 0233	0. 1143
ATE	0. 0686	0. 0239	2. 86	0. 004	0. 0217	0. 1155

第四节 留守身份对儿童身心健康的影响小结

利用统计学的最小二乘法和基于“反事实框架”的倾向值匹配分析法，本书对留守身份与儿童身心健康的相关关系和因果关系进行了检验，结果显示（见表 5-16）：①留守儿童在身体健康外显维度和心理健康内隐维度上的健康水平不如非留守儿童，即留守身份会显著影响儿童在这两个维度上的身心健康状况，故假设 H1、H1a 和 H1d 得到支持；②留守儿童在身体健康内隐维度和心理健康外显维度上的健康水平并未显著差于非留守儿童，即在这两个维度上留守身份与儿童身心健康之间不存在统计学意义上的相关关系或“反事实框架”基础上的因果关系，故假设 H1b 和 H1c 没有得到验证。由此可见，留守身份对留守儿童的身心健康的确有影响，但并不是在所有的维度上均有影响，这也是为什么有的文献得出相互矛盾结论的一个原因。①

表 5-16 留守身份与儿童健康水平关系的假设验证情况

假设	验证结果
H1：留守身份会显著影响儿童的身心健康水平	支持
H1a：留守儿童在身体健康的外显维度水平比非留守儿童更低	支持
H1b：留守儿童在身体健康的内隐维度水平比非留守儿童更低	不支持
H1c：留守儿童在心理健康的外显维度水平比非留守儿童更低	不支持
H1d：留守儿童在心理健康的内隐维度水平比非留守儿童更低	支持

① 李庆丰．农村劳动力外出务工对“留守子女”发展的影响——来自湖南、河南、江西三地的调查报告［J］．上海教育科研，2002（9）：25-28；YE M，LV M，LI L，et al. The psychological problems and related influential factors of left-behind adolescents（LBA）in Hunan，China：a cross sectional study［J］．International journal for equity in health，2017，16（1）：163；TAYLOR E J. The new economics of labour migration and the role of remittances in the migration process［J］．International migration，1999，37（1），63-88；文育锋，王金权，刘荣强，等．皖南农村留守儿童健康状况的研究［J］．现代预防医学，2008（4）：690-692.

第六章

社会关系对留守儿童身心健康的影响

第五章利用统计学的最小二乘法和基于“反事实框架”的倾向值匹配分析法，检验了留守身份与儿童身心健康的相关关系和因果关系，检验结果显示，在身心健康的四个维度中，留守身份会显著影响儿童的身体健康外显维度与心理健康内隐维度，且留守身份是留守儿童在这两个维度上显著差于非留守儿童的原因。但留守身份并不影响身心健康的身体健康内隐维度与心理健康外显维度，这在一定程度上解释了以往部分文献的研究结论相互矛盾的情况。接下来，本章将进一步研究留守儿童社会关系对其身心健康四个维度的影响，并对留守儿童与非留守儿童的社会关系差异以及各社会关系对其身心健康的影响差异进行对比分析。

第一节　儿童社会关系描述性统计

本书在研究社会关系对留守儿童的健康影响时，主要研究留守儿童在生活和学习中面临的实际社会关系。如表 6-1 所示，这些社会关系主要包括：亲子关系（儿童与父母的关系）、监护人关系（儿童与实际监护人的关系）、同侪关系（儿童与朋友、同学及兄弟姐妹的关系）、师生关系（儿童与教师的关系）以及姻亲关系（儿童与父母的亲属和朋友等构建的关系）五大类社会关系。

表 6-1　样本儿童社会关系类型

关系类型	不太亲密	一般	亲密	非常亲密	没有这个人
1. 亲子关系					
(1) 你妈妈	1	2	3	4	5

续表

关系类型	不太亲密	一般	亲密	非常亲密	没有这个人
（2）你爸爸	1	2	3	4	5
2. 同侪关系					
（1）你的朋友	1	2	3	4	5
（2）你的同学（**a）	1	2	3	4	5
（3）你的兄弟姐妹	1	2	3	4	5
3. 师生关系					
（1）你最喜爱的老师	1	2	3	4	5
（2）校内其他老师	1	2	3	4	5
4. 姻亲关系					
（1）校外你认识的其他成年人	1	2	3	4	5
5. 监护人关系	不是	有时是	是		
（1）你的家长/监护人（**b）	1	2	3		

注：(1) **a："你的同学"在原问卷中的问法是"我很难让别的同学喜欢我。5. 非常符合；4. 比较符合；3. 有些符合；2. 不太符合；1. 完全不符合"。属于反向题，在后文数据处理时进行了反向处理。

(2) **b："你的家长/监护人"在原问卷中的问题是"你觉得你的家长/监护人对你很了解吗？(比如：知道你为什么高兴，为什么害怕)？1. 不是；2. 有时是；3. 是"。

剔除无法确认社会关系的样本，共计获得儿童样本1055个，其中留守儿童340人，占比32.22%；非留守儿童715人，占比67.78%（如表6-2所示）。部分儿童由于父母离婚或死亡、独生子女无兄弟姐妹等原因，其部分社会关系并不存在，本书将其作为缺失值处理。

表6-2　样本儿童留守身份描述统计

留守身份	频数（人）	比重（%）
留守儿童	340	32.22
非留守儿童	715	67.78
合计	1055	100

表6-3是总样本中实际存在的某种社会关系的样本量、描述统计值以及相关系数。由表可知，缺失值最高的是“与校外成人关系”（姻亲关系），实际样本数为880人；其次是“与兄弟姐妹关系”（同侪关系），实际样本数为994人。除了变量“(9) 与校外成人关系”和“(3) 与监护人关系”、变量“(8) 与普通老师关系”和“(5) 与同学关系”的相关系数在95%的置信水平下不显著外，其余变量之间的两两相关系数均具有统计学意义上的显著相关关系。变量之间相关系数较大的主要包括：变量“(1) 与父亲关系”和“(2) 与母亲关系”的相关系数（ρ=0.552）；变量“(7) 与最喜欢老师关系”和“(8) 与普通老师关系”的相关系数（ρ=0.568）；变量“(6) 与朋友关系”和“(4) 与兄弟姐妹关系”的相关系数（ρ=0.412）。这三组高相关系数的社会关系分别对应“亲子关系”“师生关系”和“同侪关系”。因子分析的结果（如表6-4所示）显示总样本能够较好地辨识和区隔这三类关系。

表6-3 样本总体社会关系描述统计值与相关系数

描述统计值									
变量	样本量	平均值	标准差						
(1) 与父亲关系	1036	3.4440	0.8158						
(2) 与母亲关系	1041	3.2239	0.9105						
(3)与监护人关系	1055	2.2848	0.7664						
(4) 与兄弟姐妹关系	994	3.1853	0.8406						
(5) 与同学关系	1055	4.0334	1.2724						
(6) 与朋友关系	1043	2.8221	0.8727						
(7) 与最喜欢老师关系	1032	2.5920	0.9081						
(8) 与普通老师关系	1055	1.9278	0.8842						
(9) 与校外成人关系	880	1.8097	0.8828						

续表

相关关系									
变量名称	(1)	(2)	(3)	(4)	(5)	(6)	(7)	(8)	(9)
(1) 与父亲关系	1.000								
(2) 与母亲关系	0.522	1.000							
(3) 与监护人关系	0.301	0.249	1.000						
(4) 与兄弟姐妹关系	0.347	0.392	0.109	1.000					
(5) 与同学关系	0.151	0.168	0.151	0.165	1.000				
(6) 与朋友关系	0.216	0.207	0.098	0.412	0.171	1.000			
(7) 与最喜欢老师关系	0.216	0.252	0.139	0.357	0.109	0.375	1.000		
(8) 与普通老师关系	0.174	0.248	0.130	0.269	*0.054*	0.274	0.568	1.000	
(9) 与校外成人关系	0.119	0.109	*0.058*	0.145	0.150	0.260	0.260	0.362	1.000

注：相关系数表中数字下画线+斜体字符表示二者之间的相关系数在95%的置信水平下不显著，如*0.054*。

表6-4 样本总体社会关系描述统计值与相关系数

变量	因子1 亲子关系	因子2 师生关系	因子3 同侪关系	因子4 姻亲关系	因子5 与监护人关系
(1) 与父亲关系	0.6460				
(2) 与母亲关系	0.6890				
(3) 与监护人关系					0.9729
(4) 与兄弟姐妹关系			0.5224		
(5) 与同学关系					
(6) 与朋友关系			0.8272		
(7) 与最喜欢老师关系		0.6863			

续表

变量	因子1 亲子关系	因子2 师生关系	因子3 同侪关系	因子4 姻亲关系	因子5 与监护人关系
（8）与普通老师关系		0.7136			
（9）与校外成人关系				0.9689	

注：空白表格表示载荷值的绝对值小于0.4。

表6-5是留守儿童样本中实际存在的某种社会关系的样本量、描述统计值以及相关系数。在1055个总样本中，留守儿童样本共计340人，占比32.22%。与总样本一致，在留守儿童样本中，由于社会关系不存在而导致的缺失，缺失值最高的是“与校外成人关系”（姻亲关系），实际样本数为278人；其次是“与兄弟姐妹关系”（同侪关系），实际样本数为317人。除了变量“（9）与校外成人关系”和“（1）与父亲关系”、变量“（9）与校外成人关系”和“（2）与母亲关系”、变量“（9）与校外成人关系”和“（3）与监护人关系”、变量“（9）与校外成人关系”和“（4）与兄弟姐妹关系”以及变量“（7）与最喜欢老师关系”和“（3）与监护人关系”的相关系数在95%的置信水平下不显著外，其余变量之间的两两相关系数均具有统计学意义上的显著相关关系。与总样本类似，变量之间相关系数较大的主要包括：变量“（1）与父亲关系”和“（2）与母亲关系”的相关系数（$\rho=0.528$）；变量“（7）与最喜欢老师关系”和“（8）与普通老师关系”的相关系数（$\rho=0.582$）；变量“（6）与朋友关系”和“（4）与兄弟姐妹关系”的相关系数（$\rho=0.418$），说明留守儿童也能够较好地识别“亲子关系”“师生关系”与“同侪关系”之间的区别与联系。

表 6-5 留守儿童社会关系描述统计值与相关系数

描述统计值									
变量名称	样本量	平均值	标准差						
（1）与父亲关系	330	3.3187	0.9088						
（2）与母亲关系	336	3.199	0.9424						
（3）与监护人关系	340	2.1554	0.8220						
（4）与兄弟姐妹关系	317	3.1713	0.8617						
（5）与同学关系	340	4.0279	1.2438						
（6）与朋友关系	334	2.7251	0.9078						
（7）与最喜欢老师关系	332	2.5817	0.8604						
（8）与普通老师关系	340	1.8805	0.9130						
（9）与校外成人关系	278	1.7808	0.8921						
相关关系									
变量名称	（1）	（2）	（3）	（4）	（5）	（6）	（7）	（8）	（9）
（1）与父亲关系	1.000								
（2）与母亲关系	0.528	1.000							
（3）与监护人关系	0.185	0.172	1.000						
（4）与兄弟姐妹关系	0.323	0.367	0.030	1.000					
（5）与同学关系	0.183	0.156	0.109	0.287	1.000				
（6）与朋友关系	0.189	0.172	0.106	0.418	0.237	1.000			
（7）与最喜欢老师关系	0.110	0.143	*0.109*	0.281	0.119	0.343	1.000		
（8）与普通老师关系	0.167	0.232	0.115	0.270	0.102	0.235	0.582	1.000	
（9）与校外成人关系	*0.072*	*0.066*	*0.036*	*0.117*	0.211	0.222	0.276	0.399	1.000

注：相关系数表中数字下画线+斜体字符表示二者之间的相关系数在95%的置信水平下不显著，如*0.072*。

第二节 留守儿童与非留守儿童社会关系水平差异分析

利用独立样本T检验，对留守儿童与非留守儿童社会关系水平的差异进行比较分析。分析前对对比变量进行了齐次性检验，当方差非齐次时，对自由度进行了修正。分析结果如表6-6所示：留守儿童在所有的关系水平上均低于非留守儿童。但是，这种差异只在与“父亲”（$\Delta M_1=-0.2252$，$t_1=-3.80$，$P_1<0.01$）、“监护人”（$\Delta M_3=-0.2201$，$t_3=-4.15$，$P_3<0.01$）、“同学”（$\Delta M_5=-0.1987$，$t_5=-2.28$，$P_5=0.02<0.05$）以及“朋友”（$\Delta M_6=-0.1592$，$t_6=-2.76$，$P_6=0.01$）四个社会关系子类别上存在统计学意义上的显著性；而与“母亲”（$\Delta M_2=-0.0670$，$t_2=-1.11$，$P_2=0.27>0.05$）、“兄弟姐妹”（$\Delta M_4=-0.0671$，$t_4=-1.17$，$P_4=0.24>0.05$）、“最喜欢老师”（$\Delta M_7=-0.0608$，$t_7=-0.99$，$P_7=0.32>0.05$）、“普通老师”（$\Delta M_8=-0.0926$，$t_8=-1.59$，$P_8=0.11>0.05$）以及“校外成人”（$\Delta M_9=-0.0326$，$t_9=-0.50$，$P_9=0.62>0.05$）这五个社会关系子类别上的差异则不具有统计学意义上的显著性。即从统计学意义上说，留守儿童在以下三大类关系维度上的亲密度要显著低于非留守儿童：亲子关系（含“与父亲关系”）、监护人关系（含“与监护人关系”）以及同侪关系（含“与同学关系”和“与朋友关系”）。

表6-6 留守儿童与非留守儿童社会关系水平比较分析

变量	均值		差值（I）－（J）	均值差值置信区间（95%）	T值	自由度（df）	显著性P值	方差齐次检验
	留守儿童（I）	非留守儿童（J）						
亲子关系								
（1）与父亲关系	3.2606	3.4858	-0.2252	（-0.34，-0.114）	-3.80	550.4	<0.01	非齐次
（2）与母亲关系	3.1755	3.2425	-0.0670	（-0.19，0.05）	-1.11	1039	0.27	齐次
监护人关系								
（3）与监护人关系	2.1029	2.3231	-0.2201	（-0.32，-0.12）	-4.15	604.3	<0.01	非齐次

续表

变量	均值		差值（I）-（J）	均值差值置信区间（95%）	T值	自由度（df）	显著性P值	方差齐次检验
	留守儿童（I）	非留守儿童（J）						
同侪关系								
（4）与兄弟姐妹关系	3.1293	3.1965	-0.0671	（-0.18，0.05）	-1.17	992	0.24	齐次
（5）与同学关系	3.8264	4.0252	-0.1987	（-0.37，-0.03）	-2.28	1053	0.02	齐次
（6）与朋友关系	2.7096	2.8688	-0.1592	（-0.27，-0.05）	-2.76	1041	0.01	齐次
师生关系								
（7）与最喜欢老师关系	2.5662	2.6271	-0.0608	（-0.18，0.06）	-0.99	1030	0.32	齐次
（8）与普通老师关系	1.8235	1.9161	-0.0926	（-0.21，0.02）	-1.59	1053	0.11	齐次
姻亲关系								
（9）与校外成人关系	1.7914	1.8239	-0.0326	（-0.16，0.09）	0.50	878	0.62	齐次

在众多关系中，亲子关系是最重要的关系。留守儿童与父亲关系的亲密度要显著低于非留守儿童，但其与母亲关系的亲密度却与非留守儿童不存在显著差异，其中一个重要原因是母亲对儿童的探视频率明显高于父亲。如表6-7和图6-1所示，留守儿童的父亲“见面/探望”次数的众数是“从不”，占比达到34.02%，其与“平均一个月不到一次”的累积频率达到63.90%；“一周两次及以上”的比重仅为4.15%。而母亲“见面/探望”次数的众数则为“一周两次及以上”，比重达到50%。

表 6-7 留守儿童父母"见面/探望"情况

	父亲探视情况				母亲探视情况			
	频数	频率	累计频率（%）		频数	频率	累计频率（%）	
	次	%	向上	向下	次	%	向上	向下
1. 从不	82	34.02	34.02	100.00	32	11.11	11.11	100.00
2. 平均一个月不到一次	72	29.88	63.90	65.98	33	11.46	22.57	88.89
3. 一个月一到三次	59	24.48	88.38	36.10	39	13.54	36.11	77.43
4. 一周一次	18	7.47	95.85	11.62	40	13.89	50.00	63.89
5. 一周两次及以上	10	4.15	100.00	4.15	144	50.00	100.00	50.00
合 计	241	100.00	—	—	288	100.00	—	—

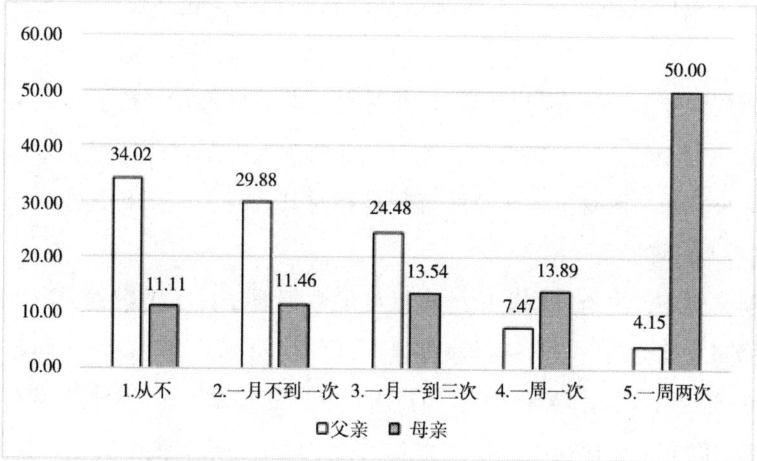

图 6-1 父母探视留守儿童频率（%）对比图

第三节 社会关系对留守儿童身心健康的影响

一、社会关系与儿童身心健康的关系

（一）社会关系与儿童身体健康的关系

对于非留守儿童而言，“与监护人关系”和“与父母关系”存在同义，进行统计学分析时，易出现共线性关系。因此，在研究社会关系对儿童身心健康的影响时，本书从留守儿童视角将儿童的社会关系分为两大类。

（1）非接触类社会关系环境。指与留守儿童不发生直接接触，仅基于心理联系而存在，且对留守儿童心理和生理产生实质影响的社会关系。本书非接触类社会关系环境主要指留守儿童面临的亲子关系（与父亲关系、与母亲关系）。

（2）接触类社会关系环境。指留守儿童在实际生活和学习中能够接触和感知到，并对其心理和生理产生实质影响的社会关系，包括监护人关系和师生关系。

在研究全样本（留守与非留守）儿童时，本书只研究“接触类社会关系环境”对儿童身心健康的影响效应。此时，与监护人关系对非留守儿童而言仍主要指与父母关系，而对留守儿童而言则是指对其人身、财产和其他一切合法权益负有监护职责的人。

如前文所述，由于身体健康外显维度的数据属于计数类数据，所以本书采用泊松回归对社会关系与身体健康外显维度的影响关系进行研究。回归分析结果如表 6-8 所示（样本 $N=817$），可以看出，对于样本儿童的身体健康外显维度而言，影响因素主要包括“监护人关系”和“师生关系”两个大类。具体而言，“与监护人关系”和“与普通老师关系”两个社会关系子类别在 95%的显著性水平上对儿童的身体健康外显维度存在影响，即“与监护人关系”（$\beta_{13}=-0.1219$，$Z_{13}=-3.65$，$P_{13}<0.01$；边际效应值 $dy_{13}/dx_{13}=-0.2052$）和“与普通老师关系”（$\beta_{18}=-0.0860$，$Z_{18}=-2.14$，$P_{18}<0.05$；边际效应值 $dy_{18}/dx_{18}=-0.1450$）的关系值越高（越亲密），儿童病患次数、饥饿次数等会显著降低。

本书利用普通线性回归对社会关系与身体健康内隐维度的影响关系进行研究，为了保证回归结果的稳健性，还采用了稳健回归对其回归标准差进行修正。如表 6-8 所示，回归分析结果（样本 $N=817$）的 R^2 值虽然较低，但对儿童身体健康因素影响显著的自变量较多。由结果可知，影响儿童身体健康内隐维度的因素主要包括“监护人关系”“同侪关系”及“师生关系”三大类社会关系。具体而言，“与监护人关系”（$\beta_{23}=-0.0993$，$t_{23}=-3.02$，$P_{23}<0.01$）、“与兄弟姐妹关系”（$\beta_{24}=-0.0707$，$t_{24}=-2.17$，$P_{24}=0.03<0.05$）、“与同学关系”（$\beta_{25}=-0.0454$，$t_{25}=-2.28$，$P_{25}=0.02<0.05$）以及“与普通老师关系”（$\beta_{28}=-0.1147$，$t_{28}=-3.39$，$P_{28}=0.001<0.01$）四个社会关系子类别的关系值越高（越亲密），儿童对自身身体健康的健康状态感知度越好（“极好”或“高于一般水平”）。

表 6-8 社会关系对儿童身体健康的影响

变量	身体健康外显维度		身体健康内隐维度	
	泊松回归	边际效应	普通 OLS	稳健回归
自变量				
（3）与监护人关系	-0.1219*** (0.0334)	-0.2052*** (0.0573)	-0.0993*** (0.0311)	-0.0993*** (0.0328)
（4）与兄弟姐妹关系	-0.0552 (0.0353)	-0.0929 (0.0595)	-0.0707** (0.0314)	-0.0707** (0.0326)
（5）与同学关系	-0.0377* (0.0213)	-0.0636* (0.0360)	-0.0454** (0.0189)	-0.0454** (0.0199)
（6）与朋友关系	0.0327 (0.0357)	0.5503 (0.0601)	-0.0109 (0.0314)	-0.0109 (0.0312)
（7）与最喜欢老师关系	0.0411 0.0378	0.0692 (0.0636)	-0.0082 (0.0335)	-0.0082 (0.0347)
（8）与普通老师关系	-0.0860** (0.0403)	-0.1450** (0.0681)	-0.1147*** (0.0337)	-0.1147*** (0.0341)
（9）与校外成人关系	0.0628* (0.0349)	0.0937* (0.0567)	-0.0452 (0.0295)	-0.0452 (0.0301)

续表

变量	身体健康外显维度		身体健康内隐维度	
	泊松回归	边际效应	普通 OLS	稳健回归
控制变量				
性别	-0.0666 0.0549	-0.1121 (0.0925)	-0.1001** (0.0476)	-0.1001** (0.0476)
年龄	0.0133 0.0373	0.0223 0.0628	7.81E-04 (0.0321)	7.81E-04 (0.0324)
零花钱	7.76E-05 (1.06E-04)	1.31E-04 (1.78E-04)	-3.86E-06 (0.0001)	-3.86E-06 (7.57E-05)
常数项	0.7197 (0.4528)	—	3.067*** (0.390)	3.067*** (0.380)
样本量	817		817	
LR χ^2 ($P>\chi^2$)	31.41*** (<0.001)		—	
R^2	—		0.09	

注：(1) * P<0.1, ** P<0.05, *** P<0.01；

(2) 回归系数下面括号内的数据为回归标准误差值。

（二）社会关系与儿童心理健康的关系

同样，由于心理健康外显维度属于计数类数据，且不符合方差与均值相等的条件，所以采用负二项回归分析社会关系对心理健康外显维度的影响关系，分析结果参见表 6-9（样本 $N=817$）。分析结果显示，只有“与同学关系”这一社会关系子类别在 95%的显著性水平上对儿童心理健康外显维度存在影响（$\beta_{35}=-0.0512$，$Z_{35}=-4.14$，$P_{35}<0.01$；边际效应值 $dy_{35}/dx_{35}=-0.0686$）。即与同学的关系越好（越亲密），儿童针对同学的不良行为就越少。从“心理健康外显维度”的测度指标来看，指标主要包括了全样本儿童与同学之间的关系行为，包括“C31. 给某些同学起难听的绰号，骂他们，或嘲笑他们”和“C32. 打、踢、推、撞过其他同学（不是玩的那种）”等。分析结果揭示研究样本针对同

学的不良行为不受其他关系行为（包括父母和监护人的家庭教育、学校教师的学校教育等）的影响，而是受行为实施对象与被实施对象的关系决定——心理健康外显维度与其他三个研究维度不同，是一个完全受儿童自主决定的社会关系影响的健康维度。

为了保证回归结果的稳定性，同样采用了稳健回归对社会关系与心理健康内隐维度的关系显著性水平进行修正。分析结果显示（如表 6-9 所示，样本 $N=817$；$R^2=0.19$），影响儿童心理健康内隐维度的因素要明显多于心理健康外显维度：从社会关系大类来看，包括“监护人关系”和“同侪关系”两大类关系在 95%显著性水平上对儿童心理健康内隐维度存在影响。从具体变量上看，包括“与监护人关系”（$\beta_{43}=-0.0760$，$t_{43}=-5.22$，$P_{43}<0.01$）、“与兄弟姐妹关系”（$\beta_{44}=-0.0519$，$t_{44}=-3.73$，$P_{44}=0.01$）以及“与同学关系”（$\beta_{45}=-0.0677$，$t_{45}=-2.28$，$P_{45}=0.02<0.05$），即与监护人、兄弟姐妹及同学的关系值越高（越亲密），儿童出现的“不高兴”“烦恼”及“累”等抑郁情绪越不强烈，对自己的自我认同程度也越高。

表 6-9　社会关系对儿童心理健康的影响

变量	心理健康外显维度		心理健康内隐维度	
	负二项回归	边际效应	普通 OLS	稳健回归
自变量				
（3）与监护人关系	−0.0297 （0.0188）	−0.0398 （0.0253）	−0.0760*** （0.0129）	−0.0760*** （0.0146）
（4）与兄弟姐妹关系	−0.0055 （0.0180）	−0.0074 （0.0241）	−0.0519*** （0.0129）	−0.0519*** （0.0139）
（5）与同学关系	−0.0512*** （0.0124）	−0.0686*** （0.0168）	−0.0677*** （0.0078）	−0.0677*** （0.0088）
（6）与朋友关系	0.0198 （0.0176）	0.0266 （0.0237）	0.0046 （0.0128）	0.0046 （0.0129）
（7）与最喜欢老师关系	0.0056 （0.0217）	0.0075 （0.0291）	−0.0030 （0.0137）	−0.0030 （0.0141）
（8）与普通老师关系	−0.0330 （0.0207）	−0.0442 （0.0278）	−0.0237* （0.0138）	−0.0237* （0.0142）

续表

变量	心理健康外显维度		心理健康内隐维度	
	负二项回归	边际效应	普通 OLS	稳健回归
(9) 与校外成人关系	0.0103 (0.0163)	0.0139 (0.0218)	-0.0012 (0.0121)	-0.0012 (0.0123)
控制变量				
性别	0.0752*** (0.0276)	0.1009 (0.0372)	-0.0137 (0.0195)	-0.0137 (0.0193)
年龄	-0.0071 (0.0219)	0.0095 (0.0294)	-0.0115 (0.0132)	-0.0115 (0.0113)
零花钱	1.22E-04*** (2.62E-05)	2.00E-04*** (3.50E-05)	4.61E-05 (4.34E-05)	4.61E-05 (2.83E-05)
常数项	0.5880** (0.2660)	—	2.1257*** (0.1615)	2.1257*** (0.1423)
样本量	817	817	817	817
Wald χ^2 ($P>\chi^2$)	70.66 (<0.01)		—	
R^2	—		0.19	

注：(1) * P<0.1, ** P<0.05, *** P<0.01；

(2) 回归系数下面括号内的数据为回归标准误差值。

表6-10是表6-8和表6-9中社会关系对儿童（全样本）身心健康影响关系的总结，其中画“√”表示该社会关系子类别对相应的身心健康某维度在95%的置信水平上具有显著正向改善影响，画“×”表示具有显著负向影响，空白则表示影响没有达到95%的显著性水平。

由表6-10可知，没有任何一类社会关系会显著影响儿童身心健康的所有四个维度。对儿童身心健康影响涉及维度最多的是“与监护人关系”和“与同学关系”两个社会关系子类别，影响维度达到三个，其中“与监护人关系”显著影响身体健康的外显和内隐维度以及心理健康内隐维度，“与同学关系”显著影响身体健康内隐维度以及心理健康的外显和内隐维度。而“与兄弟姐妹关系”

和“与普通老师关系”对儿童身心健康的影响涉及两个维度，其中“与兄弟姐妹关系”显著影响身体健康内隐维度及心理健康内隐维度，“与普通老师关系”显著影响身体健康的外显和内隐维度。

表 6-10 社会关系对儿童身心健康的影响

社会关系子类别	身体健康		心理健康	
	外显维度	内隐维度	外显维度	内隐维度
（3）与监护人关系	√	√		√
（4）与兄弟姐妹关系		√		√
（5）与同学关系		√	√	√
（6）与朋友关系				
（7）与最喜欢老师关系				
（8）与普通老师关系	√	√		
（9）与校外成人关系				

注：“√”表示在95%的置信水平上，该社会关系对身心健康相对应的维度具有显著正向改善影响；画“×”表示具有显著负向不利影响；空白则表示尚未达到显著影响水平。

二、社会关系对留守儿童身心健康的影响及比较分析

（一）社会关系对留守儿童身体健康外显维度影响

如前所述，身体健康外显维度数据属于计数数据，本书采用泊松回归分析社会关系与留守儿童身体健康外显维度的关系。分析结果如表 6-11 所示，社会关系对留守儿童与非留守儿童的影响存在显著差异，具体而言，在 95%置信水平上显著影响留守儿童身体健康外显维度的社会关系子类别包括以下三个：“（3）与监护人关系”（$\beta_{113}=-0.1412$，$Z_{113}=2.54$，$P_{113}=0.011<0.05$）、“（8）与普通老师关系”（$\beta_{118}=-0.1506$，$Z_{118}=2.07$，$P_{118}=0.038<0.05$）和“（9）与校外成人关系”（$\beta_{119}=-0.1818$，$Z_{119}=2.86$，$P_{119}<0.01$）；而影响非留守儿童身体健康外显维度的社会关系子类别只包括“（3）与监护人关系”（$\beta_{123}=-0.1091$，$Z_{123}=2.82$，$P_{123}=0.005<0.01$），即对非留守儿童而言，父母即为其监护人，对儿童身体健康外显维度（疾病、饥饿等）的主导性较强，其他社会关系对非留守儿童的干预性较弱；与父母的关系越亲密（具体表现为照顾得越

仔细），非留守儿童在该维度上表现越佳。而留守儿童的实际监护人并不是父母，父母的主导作用不强，留守儿童需要获得来自其他社会关系的补偿以弥补父母关系缺失导致的影响。具体而言，留守儿童样本通过寻求与教师（普通老师）和校外成人（姑母、伯母、姑父、外公、外婆等）的社会关系来弥补父母关系缺失的影响。

有两点值得注意：一是师生关系中“最喜欢的老师”与留守儿童和非留守儿童的身体健康外显维度均不存在统计学意义上的显著关系，相反，与普通老师的关系越亲密，留守儿童身体健康外显维度（疾病、饥饿减少等）表现越佳。其原因可能在于留守儿童最喜欢的老师多为教学型教师，普通老师则包括生活教师等。二是“与校外成人关系”越好，留守儿童身体健康外显维度（疾病、饥饿减少等）表现越糟糕。通过梳理留守儿童校外成人关系，发现其主要包括外公外婆、姑父姑母、舅舅舅母、伯父伯母及叔叔婶婶等，儿童与其关系越好，越容易受到这些亲属的溺爱，儿童可能会出现偏好零食、不认真吃主食等情况。在农村食品安全监管体制不健全的情况下，留守儿童摄入过多不符合安全标准的零食，会显著影响其身体健康。

表 6-11　社会关系对留守儿童身体健康外显维度的影响

变量	身体健康外显维度			
	留守儿童		非留守儿童	
	泊松回归	边际效应	泊松回归	边际效应
自变量				
（3）与监护人关系	−0.1412** (0.0557)	−0.2520** (0.1025)	−0.1091*** (0.0387)	−0.1788*** (0.0638)
（4）与兄弟姐妹关系	−0.1305* (0.0741)	−0.2330* (0.1332)	0.0064 (0.0381)	0.0105 (0.0624)
（5）与同学关系	−0.0521 (0.0379)	−0.0929 (0.0675)	−0.0235 (0.0256)	−0.0385 (0.0421)
（6）与朋友关系	0.0413 (0.0643)	0.0738 (0.1152)	0.0443 (0.0397)	0.0726 (0.0653)
（7）与最喜欢老师关系	0.0910 (0.0882)	0.1624 (0.1581)	0.0115 (0.0454)	0.0189 (0.0745)

续表

变量	身体健康外显维度			
	留守儿童		非留守儿童	
	泊松回归	边际效应	泊松回归	边际效应
（8）与普通老师关系	-0.1506** (0.0728)	-0.2688** (0.1315)	-0.0457 (0.0467)	-0.0750 (0.0768)
（9）与校外成人关系	0.1818*** (0.0635)	0.3245*** (0.1190)	-0.0025 (0.0345)	-0.0041 (0.0565)
控制变量				
性别	-0.1370 (0.1120)	-0.2442 (0.2035)	-0.0418 (0.0621)	-0.0685 0.1019
年龄	-0.103** (0.0432)	-0.1847 (0.0804)	0.0874 (0.0572)	0.1432 0.0947
零花钱	-1.14E-04 (3.67E-04)	-2.04E-04 (6.55E-04)	1.18E-04 (4.58E-04)	1.94E-04 (7.48E-04)
常数项	2.3314*** (0.5440)	—	-0.2281 (0.6774)	
样本量	259		561	
LR χ^2 ($P>\chi^2$)	32.40 (<0.01)		21.00 (0.02)	

注：(1) * P<0.1, ** P<0.05, *** P<0.01;

(2) 回归系数下面括号内的数据为回归标准误差值。

本书进一步对留守儿童亲子关系对其身体健康外显维度的影响进行分析。在1055个儿童样本中（剔除了无法确认社会关系的样本），留守儿童样本为340人，其中15人因为父母离异或死亡等原因不存在父母关系，因此，实际进入“亲子关系”统计分析的留守儿童样本共计325人。分析结果显示（参见表6-12），由于留守儿童的父母不在身边，其对孩子的身体健康外显维度（疾病、饥饿等）并不具有统计学意义上的显著影响。而对于非留守儿童，由于农村地区有“男主外，女主内”的传统，其身体健康外显维度主要受母亲的影响。这说明，当夫妻二人只能留一个人在老家照看孩子时，若是母亲留在家陪伴孩子，则儿童的身体外显维度的健康（如少生病等）更能得到保障。

表 6-12 亲子关系对留守儿童身体健康外显维度的影响

变量	身体健康外显维度			
	留守儿童		非留守儿童	
	泊松回归	边际效应	泊松回归	边际效应
自变量				
（1）与父亲关系	-0.0771 (0.0812)	-0.1402 (0.1472)	0.0114 (0.0441)	0.0184 (0.0717)
（2）与母亲关系	-0.0500 (0.0881)	-0.0910 (0.1605)	-0.0776** (0.0390)	-0.1254** (0.0633)
控制变量				
性别	-0.1146 (0.0914)	-0.2086 (0.1680)	-0.0131 (0.0568)	-0.0213 (0.0918)
年龄	-0.1266*** (0.0448)	-0.2304 (0.0856)	0.0699 (.0473)	0.1130 (0.0768)
零花钱	2.05E-04 (3.04E-04)	3.74E-04 (5.56E-04)	8.09E-05* (4.57E-05)	1.31E-04 (7.36E-05)
常数项	2.4799 (0.5332)	—	-0.1038 (0.5355)	—
样本量	325		694	
LR χ^2 ($P>\chi^2$)	19.47 (0.016)		10.46 (0.06)	

注：(1) * P<0.1, ** P<0.05, *** P<0.01;

(2) 回归系数下面括号内的数据为回归标准误差值。

（二）社会关系对留守儿童身体健康内隐维度影响

如果采用普通 OLS 回归，社会关系对留守儿童与非留守儿童身体健康内隐维度的影响基本一致（如表 6-13 所示）：在 95%置信水平上具有显著性影响的社会关系包括“监护人关系”和“师生关系”两大类。具体则包括“（3）与监护人关系”和“（8）与普通老师关系”两个变量。其中，对留守儿童而言，与监护人［“（3）与监护人关系”（$\beta_{213}=-0.1389$，$t_{213}=-2.53$，$P_{213}=0.021<0.05$）］和学校普通教师［“（8）与普通老师关系”（$\beta_{218}=-0.1767$，$t_{218}=-2.75$，$P_{218}=0.006<0.01$）］的关系越亲密，留守儿童对自我健康的认知表现越良好；对非留守而言，上述影响关系同样存在，与监护人［“（3）与监护人关系”（$\beta_{223}=-0.0802$，$t_{223}=-2.06$，$P_{223}=0.04<0.05$）］和学校普通教师［“（8）与普通老师关系”（$\beta_{228}=-0.0898$，$t_{228}=-2.25$，$P_{228}=0.025<0.05$）］的关系越亲密，非留守儿童对自我健康的认知表现也越良好。

当采用稳健回归后，在95%置信水平下，变量“（3）与监护人关系”（$\beta_{223'}=-0.0802$，$t_{223'}=-1.92$，$P_{223'}=0.06>0.05$）对非留守儿童身体健康内隐维度的影响不再显著，但变量“（8）与普通老师关系”（$\beta_{228'}=-0.0898$，$t_{228'}=-2.28$，$P_{228'}=0.023<0.05$）对其影响依然显著；对于留守儿童而言，稳健回归与普通 *OLS* 回归的结论则表现一致：与监护人［“（3）与监护人关系”（$\beta_{213'}=-0.1389$，$t_{213'}=-2.50$，$P_{213'}=0.013<0.05$）］和学校普通教师［“（8）与普通老师关系”（$\beta_{218'}=-0.1767$，$t_{218'}=-2.65$，$P_{218'}=0.009<0.01$）］的关系越亲密，留守儿童对自我健康的认知表现越良好。

表 6-13　社会关系对留守儿童身体健康内隐维度的影响

变量	身体健康内隐维度			
	留守儿童		非留守儿童	
	普通 OLS	稳健回归	普通 OLS	稳健回归
自变量				
（3）与监护人关系	−0.1389** （0.0549）	−0.1389** （0.0555）	−0.0802** （0.0389）	−0.0802* （0.0419）
（4）与兄弟姐妹关系	−0.0868 （0.0589）	−0.0868 （0.0629）	−0.0579 （0.0379）	−0.0579 （0.0385）
（5）与同学关系	−0.0485 （0.0370）	−0.0485 （0.0396）	−0.0427* （0.0222）	−0.0427 （0.0227）
（6）与朋友关系	−0.0298 （0.0575）	−0.0298 （0.0605）	−0.0016 （0.0375）	−0.0016 （0.0365）

续表

变量	身体健康内隐维度			
	留守儿童		非留守儿童	
	普通 OLS	稳健回归	普通 OLS	稳健回归
（7）与最喜欢老师关系	0.0382 （0.0668）	0.0382 （0.0698）	-0.0279 （0.0388）	-0.0279 （0.0389）
（8）与普通老师关系	-0.1767*** （0.0642）	-0.1767*** （0.0666）	-0.0898** （0.0399）	-0.0898** （0.0394）
（9）与校外成人关系	-0.0091 （0.0568）	-0.0091 （0.0625）	-0.0601* （0.0347）	-0.0601 （0.0343）
控制变量				
性别	-0.0289 （0.0916）	-0.0289 （0.0902）	-0.1361*** （0.0561）	-0.1361 （0.0558）
年龄	-0.0032 （0.0621）	-0.0032 （0.0654）	4.61E-04 （0.0375）	4.61E-04 （0.0372）
零花钱	1.50E-04*** （3.08E-04）	1.50E-04*** （2.88E-04）	6.09E-06 （1.11E-04）	6.09E-06 （7.49E-05）
常数项	3.3133*** （0.7434）	3.3133*** （0.7351）	3.1153 （0.4659）	3.115 （0.4536）
F 值	3.33***	3.91***	4.99***	5.08***
R^2	0.12		0.08	
样本量	256		561	

注：（1）* P<0.1，** P<0.05，*** P<0.01；

（2）回归系数下面括号内的数据为回归标准误差值。

本书进一步对留守儿童亲子关系对其身体健康内隐维度的影响进行分析。尽管留守儿童与父亲和母亲的关系对其身体健康外显维度（疾病、饥饿等）不具有统计学意义上的显著影响，但在身体健康内隐维度上（如表 6-14 所示），“与母亲关系”（$\beta_{212}=-0.1188$，OLS 回归：$t_{212}=-2.33$，$P_{212}=0.020<0.05$；稳健回归：$t_{212'}=-2.36$，$P_{212'}=0.019<0.05$）越亲密，留守儿童越会显著改善对

自身健康的内隐认知；而“与父亲关系”对留守儿童身体健康内隐维度的影响效果依然不具有统计学意义（$\beta_{211}=-0.0356$，OLS 回归：$t_{211}=-0.68$，$P_{211}=0.50>0.05$；稳健回归：$t_{211'}=-0.65$，$P_{211'}=0.51>0.05$）。对非留守儿童而言，同样是与母亲关系（$\beta_{222}=-0.0773$，OLS 回归：$t_{222}=-2.26$，$P_{222}=0.024<0.05$；稳健回归：$t_{222'}=-2.15$，$Pt_{222'}=0.032<0.05$）越亲密，儿童对自己身体健康的内隐认知越好；而与父亲的关系亲密度则对非留守儿童的身体健康内隐维度影响不显著（$\beta_{221}=-0.0340$，OLS 回归：$t_{221}=-0.86$，$P_{221}=0.39>0.05$；稳健回归：$t_{221'}=-0.81$，$P_{221'}=0.42>0.05$）。

综合对身体健康外显维度与内隐维度的影响结果可知，在亲子关系中，母亲对非留守儿童身体健康外显和内隐两个维度都具有显著影响，但对留守儿童身体健康的影响则主要是在内隐维度。

表 6-14 亲子关系对留守儿童身体健康内隐维度的影响

变量	身体健康内隐维度			
	留守儿童		非留守儿童	
	普通 OLS	稳健回归	普通 OLS	稳健回归
自变量				
（1）与父亲关系	-0.0356 （0.0521）	-0.0356 （0.0545）	-0.0340 （0.0397）	-0.0340 （0.0419）
（2）与母亲关系	-0.1188^{**} （0.0510）	-0.1188^{**} （0.0503）	-0.0773^{***} （0.0342）	-0.0773^{***} （0.0360）
控制变量				
性别	0.0539 （0.0824）	0.0539 （0.0808）	-0.1559^{***} （0.0516）	-0.1559^{***} （0.0518）
年龄	-0.0614 （0.0622）	-0.0614 （0.0588）	0.0108 （0.0346）	0.0108 （0.0365）
零花钱	-2.74E-04 （2.87E-04）	-2.74E-04 （2.72E-04）	-7.62E-05 （1.13E-05）	-7.62E-05 （1.12E-05）
常数项	3.3561^{***} （0.7238）	3.3561^{***} （0.6759）	2.4755 （0.4271）	2.4755 （0.4490）

续表

变量	身体健康内隐维度			
	留守儿童		非留守儿童	
	普通 OLS	稳健回归	普通 OLS	稳健回归
F 值	2.53**	2.80**	4.21**	3.87
R^2	0.04		0.03	
样本量	325		694	

注：(1) * P<0.1, ** P<0.05, *** P<0.01;

(2) 回归系数下面括号内的数据为回归标准误差值。

(三) 社会关系对留守儿童心理健康外显维度影响

由于心理健康外显维度（不良行为的次数）数据属于计数类数据，且该维度变量的期望与方差差异巨大，故应采用负二项回归方法分析社会关系对留守儿童心理健康外显维度的影响情况。回归结果如表 6-15 所示，影响留守儿童心理健康外显维度的主要是同侪关系中的“（5）与同学关系”（$\beta_{315}=-0.0776$，$Z_{315}=-3.51$，$P_{315}<0.01$；边际效应 $dy_{315}/dx_{315}=-0.1038$），即留守儿童在学校是否表现出“给某些同学起难听的绰号，骂他们，或嘲笑他们，故意把某些同学排斥在我的朋友之外，或者不让我的朋友和他们交往，好多活动也不让他们加入……”不良行为，主要取决于他们与同学建构的同学关系。而师生关系［“（7）与最喜欢老师关系”（$\beta_{317}=-0.0180$，$Z_{317}=0.51$，$P_{317}=0.61>0.05$），“（8）与普通老师关系”（$\beta_{318}=-0.0479$，$Z_{318}=-1.46$，$P_{318}=0.15>0.05$）］对儿童不良行为并不构成显著影响，说明学校教师对儿童不良行为纠正可能存在重视度不足等问题。

而与留守儿童不同，影响非留守儿童心理健康外显维度的不仅包括“（5）与同学关系”（$\beta_{325}=-0.0379$，$Z_{325}=-2.47$，$P_{325}=0.014<0.05$；边际效应 $dy_{325}/dx_{325}=-0.0509$），还包括“（3）与监护人关系”（$\beta_{323}=-0.0542$，$Z_{323}=-2.07$，$P_{323}=0.04<0.05$；边际效应 $dy_{323}/dx_{323}=-0.0727$）。由于非留守儿童的实际监护人往往就是父母，该结果说明父母对儿童的陪伴和教育可以显著纠正儿童在学校的不良行为，同时也说明留守儿童的实际监护人可能对此存在认识盲区，正

如本书作者在对一留守儿童的实际监护人（爷爷）的访谈中，该实际监护人提及："我们管他吃饱穿暖没有问题，但是其他我们就没办法了，年纪大了，很多我们其实都管不了……小孩打架？这个估计我们管不了，学校有老师管。"

表 6-15 社会关系对留守儿童心理健康外显维度的影响

变量	心理健康外显维度			
	留守儿童		非留守儿童	
	负二项回归	边际效应	负二项回归	边际效应
自变量				
（3）与监护人关系	0.0056 (0.0271)	0.0075 (0.0363)	-0.0542** (0.0262)	-0.0727** (0.0354)
（4）与兄弟姐妹关系	-0.0016 (0.0304)	-0.0021 (0.0407)	7.09E-05 (0.0235)	9.52E-05 (0.0315)
（5）与同学关系	-0.0776*** (0.0216)	-0.1038*** (0.0295)	-0.0379*** (0.0154)	-0.0509*** (0.0208)
（6）与朋友关系	0.0271 (0.0282)	0.0362 (0.0379)	0.0125 (0.0231)	0.0168 (0.0310)
（7）与最喜欢老师关系	0.0180 (0.0350)	0.0241 (0.0468)	0.0013 (0.0268)	0.0017 (0.0359)
（8）与普通老师关系	-0.0479 (0.0329)	-0.0640 (0.0441)	-0.0253 (0.0267)	-0.0340 (0.0358)
（9）与校外成人关系	0.0255 (0.0276)	0.0341 (0.0368)	0.0055 (0.0198)	0.0073 (0.0267)
控制变量				
性别	0.0871* (0.0464)	0.1164* (0.0625)	0.0694** (0.0335)	0.0933** (0.0451)
年龄	-0.0216 (0.0370)	-0.0288 (0.0494)	-8.78E-04 (0.0252)	-0.0011 (0.0338)
零花钱	8.25E-05 (7.12E-05)	1.10E-04 (9.47E-05)	1.31E-04*** (2.62E-05)	1.76E-04*** (3.50E-05)

续表

变量	心理健康外显维度			
	留守儿童		非留守儿童	
	负二项回归	边际效应	负二项回归	边际效应
常数项	0.7031* (0.4252)	—	0.5368* (0.3182)	—
LR χ^2 ($P>\chi^2$)	26.44 (<0.01)		21.00 (0.02)	
样本量	256		561	

注：(1) * P<0.1, ** P<0.05, *** P<0.01；

(2) 回归系数下面括号内的数据为回归标准误差值。

由表 6-15 显示，由于农村留守儿童的监护人多为爷爷奶奶和外公外婆等老年人，其对留守儿童心理健康外显维度所表现出的不良行为并不能进行有效干预。表 6-16 则显示，在 95%置信水平下，由于父母不在身边，“亲子关系”对留守儿童心理健康外显维度的干预效应同样不明显；而在 90%置信水平下，“与父亲关系”能够对留守儿童心理健康外显维度有显著的干预作用（$\beta_{311}=-0.0458$，$Z_{311}=-1.69$，$P=0.09<0.1$；边际效应 $dy_{311}/dx_{311}=-0.0617$）。而“亲子关系”对非留守儿童则有显著的干预作用，这种干预主要体现在“（1）与父亲关系”（$\beta_{321}=-0.0565$，$Z_{321}=-2.04$，$P_{321}=0.04<0.05$；边际效应 $dy_{321}/dx_{321}=-0.0764$）上，而母亲并没有表现出此项职能。即家庭生活中父亲如果能够较好地履行自己的角色，儿童就能够在心理健康外显维度上表现得更好。这与上文分析的儿童身体健康外显维度（见表 6-12）刚好相反，在该维度上，儿童主要受母亲的影响。这可能说明，在农村中，父母对儿童的养育角色较为分明：母亲主要负责儿童的衣食住行，父亲主要负责儿童的行为规范教育。如果儿童在心理健康外显维度上表现不佳，在父母必须外出一人的情况下，父亲留守会更有利于儿童成长。

表 6-16 亲子关系对留守儿童心理健康外显维度的影响

变量	心理健康外显维度			
	留守儿童		非留守儿童	
	负二项回归	边际效应	负二项回归	边际效应
自变量				
（1）与父亲关系	−0.0458* (0.0271)	−0.0617* (0.0367)	−0.0565** (0.0277)	−0.0764** (0.0378)
（2）与母亲关系	−0.0101 (0.0205)	−0.0136 (0.0276)	0.0115 (0.0260)	0.0156 (0.0352)
控制变量				
性别	0.0971*** (0.0321)	0.1310 (0.0435)	0.0209 (0.0482)	0.0282 (0.0650)
年龄	−0.0217 (0.0307)	−0.0292 (0.0414)	0.0135 (0.0542)	0.0182 (0.0733)
零花钱	1.09E−04*** (3.20E−05)	1.46E−04*** (4.30E−05)	1.61E−04** (7.85E−05)	2.18E−04** (1.01E−04)
常数项	0.6775* (0.3714)	—	0.2745 (0.6333)	—
LR χ^2 ($P>\chi^2$)	29.45 (P<0.01)		9.77 (0.08)	
样本量	325		694	

注：（1）* P<0.1，** P<0.05，*** P<0.01；

（2）回归系数下面括号内的数据为回归标准误差值。

（四）社会关系对留守儿童心理健康内隐维度影响

研究社会关系对留守儿童心理健康内隐维度的影响，本书仍同时采用普通OLS回归和稳健回归两种方法。回归结果如表6-17所示，对留守儿童和非留守儿童心理健康内隐维度存在显著影响的社会关系均为“监护人关系”和“同侪关系”两个大类，且具体的社会关系子类别也相同，均为“（3）与监护人关系”“（4）与兄弟姐妹关系”以及“（5）与同学关系”。具体而言，在95%置信水平下，留守儿童“与监护人关系”（$\beta_{413}=-0.0496$，普通OLS：$t_{413}=-2.25$，$P_{413}=0.026<0.05$；稳健回归：$t_{413'}=-2.07$，$P_{413'}=0.04<0.01$）、“与兄弟姐妹关系”（$\beta_{414}=-0.0675$，普通OLS：$t_{414}=-2.85$，$P_{414}<0.01$；稳健回归：$t_{414'}=-2.96$，$P_{414'}<0.01$）以及“与同学关系”（$\beta_{415}=-0.0763$，普通OLS：$t_{415}=-5.12$，$P_{415}<0.01$；稳健回归：$t_{415'}=-4.52$，$P_{415'}<0.01$）越亲密，留守儿童呈现负面情绪和负面自我认知的倾向就越低；对于非留守儿童而言，上述三类关系对其心理健康内隐维度的影响与留守儿童类似，非留守儿童与监护人关系（$\beta_{423}=-0.0915$，普通OLS：$t_{423}=-5.70$，$P_{423}<0.01$；稳健回归：$t_{423'}=-4.91$，$P_{423'}<0.01$）、与兄弟姐妹关系（$\beta_{424}=-0.0397$，普通OLS：$t_{424}=-2.54$，$P_{424}=0.11<0.05$；稳健回归：$t_{424'}=-2.23$，$P_{424'}=0.026<0.05$）以及与同学关系（$\beta_{425}=-0.0609$，普通OLS：$t_{425}=-6.65$，$P_{425}=0<0.01$；稳健回归：$t_{425'}=0=-5.71$，$P_{425'}<0.01$）越亲密，就表现出更低的负面情绪与负面自我认知。这说明，若能强化监护人与留守儿童的沟通交流，多让留守儿童与同侪接触互动并强化相互之间的关系，可以有效预防留守儿童的心理疾病。

此外，在90%置信水平下，与普通老师的关系越好，留守儿童（$\beta_{418}=-0.0460$；普通OLS：$t_{418}=-1.78$，$P_{418}=0.076<0.1$；稳健回归：$t_{418'}=-1.80$，$P_{418'}=0.073<0.1$）在心理健康内隐维度表现越佳。但是非留守儿童与普通老师的关系对其心理健康内隐维度的影响则不具有统计学意义（$\beta_{428}=-0.0117$，普通OLS：$t_{428}=-0.71$，$P_{428}=0.48>0.1$；稳健回归：$t_{428'}=-0.67$，$P_{428'}=0.50>0.1$）。这说明留守儿童在亲子分离的情况下，更倾向于从其他社会关系中寻求关系补偿来弥补心灵的空缺。

表6-17　社会关系对留守儿童心理健康内隐维度的影响

变量	心理健康内隐维度			
	留守儿童		非留守儿童	
	普通OLS	稳健回归	普通OLS	稳健回归
自变量				
（3）与监护人关系	−0.0496**	−0.0496**	−0.0915***	−0.0915***
	(0.0221)	(0.0239)	(0.0161)	(0.0187)

续表

变量	心理健康内隐维度			
	留守儿童		非留守儿童	
	普通 OLS	稳健回归	普通 OLS	稳健回归
(4) 与兄弟姐妹关系	-0.0675*** (0.0237)	-0.0675*** (0.0228)	-0.0397** (0.0156)	-0.0397** (0.0178)
(5) 与同学关系	-0.0763*** (0.0149)	-0.0763*** (0.0169)	-0.0609*** (0.0092)	-0.0609*** (0.0101)
(6) 与朋友关系	-0.0038 (0.0232)	-0.0038 (0.0232)	0.0093 (0.0155)	0.0093 (0.0156)
(7) 与最喜欢老师关系	-0.0093 (0.0269)	-0.0093 (0.0267)	-0.0043 (0.0160)	-0.0043 (0.0169)
(8) 与普通老师关系	-0.0460* (0.0258)	-0.0460* (0.0255)	-0.0117 (0.0165)	-0.0117 (0.0174)
(9) 与校外成人关系	0.0163 (0.0229)	0.0163 (0.0221)	-0.0086 (0.0143)	-0.0086 (0.0150)
控制变量				
性别	0.0216 (0.0369)	0.0216 (0.0359)	-0.0288 (0.0231)	-0.0288 (0.0226)
年龄	-0.0199 (0.0250)	-0.0199 (0.0231)	-0.0067 (0.0155)	-0.0067 (0.0134)
零花钱	9.94E-06 (1.24E-04)	9.94E-06 (1.10E-04)	6.09E-06 (4.60E-05)	6.09E-06 (2.40E-05)
常数项	2.2952*** (0.2994)	2.2952*** (0.2864)	2.0209*** (0.1923)	2.0209*** (0.1686)
F 值	7.50***	7.01***	12.98***	12.14***
R^2	0.23		0.18	
样本量	256		561	

注：(1) * P<0.1, ** P<0.05, *** P<0.01;

(2) 回归系数下面括号内的数据为回归标准误差值。

在95%置信水平下，“亲子关系”对留守儿童与非留守儿童均存在显著影响，但二者又存在差异：与母亲关系对留守儿童存在显著影响，但是对非留守儿童的影响并不显著。具体而言（如表6-18所示），留守儿童“与父亲关系”（$\beta_{411}=-0.0547$，普通OLS：$t_{411}=-2.41$，$P_{411}=0.016<0.05$；稳健回归：$t_{411'}=-2.26$，$P_{411'}=0.024<0.05$）、“与母亲关系”（$\beta_{412}=-0.0869$，普通OLS：$t_{412}=-3.91$，$P_{412}<0.01$；稳健回归：$t_{412'}=-3.40$，$P_{412'}=0.001<0.01$）越亲密，则留守儿童在负面情绪与负面自我认知方面的表现就越少。非留守儿童“与母亲的关系”（$\beta_{422}=-0.0249$，稳健回归：$t_{422}=-1.58$，$P_{422}=0.115>0.05$）对其心理健康内隐维度不存在统计学意义上的显著影响关系，但是父亲的影响则是显著的［“与父亲关系”（$\beta_{421}=-0.0760$；普通OLS：$t_{421}=-4.34$，$P_{421}<0.01$；稳健回归：$t_{421'}=-4.04$，$P_{421'}<0.01$）］，即与父亲关系越好，非留守儿童就会显著降低其负面情绪与负面自我认知。分析结果显示，对留守儿童的父母而言，即使自己不在孩子身边，若能够通过现代交流方式与孩子多沟通、建构良好的亲子关系，儿童在心理健康内隐维度的不良表现会显著降低。另外，对非留守儿童而言，如果孩子出现心理问题，父亲在家陪伴的效果更好。

表6-18 亲子关系对留守儿童心理健康内隐维度的影响

变量	心理健康内隐维度			
	留守儿童		非留守儿童	
	普通OLS	稳健回归	普通OLS	稳健回归
自变量				
（1）与父亲关系	-0.0547** （0.0227）	-0.0547** （0.2417）	-0.0760*** （0.0175）	-0.0760*** （0.0188）
（2）与母亲关系	-0.0869*** （0.0222）	-0.0869*** （0.0256）	-0.0249 （0.0151）	-0.0249 （0.0158）
控制变量				
性别	0.0574 （0.0359）	0.0574 （0.0358）	-0.0143 （0.0228）	-0.0143 （0.0227
年龄	-0.0420 （0.0271）	-0.0420 （0.0280）	-0.0061 （0.0153）	-0.0061 （0.0126）

续表

变量	心理健康内隐维度			
	留守儿童		非留守儿童	
	普通 OLS	稳健回归	普通 OLS	稳健回归
零花钱	7.35E-05 (1.24E-04)	7.35E-05 (1.33E-04)	4.95E-05 (5.00E-05)	4.95E-05 (3.280)
常数项	2.2961*** (0.3156)	2.2961*** (0.3273)	1.7612*** (0.1888)	1.7612*** (0.1606)
F 值	9.72***	9.07***	8.52***	7.99***
R^2	0.13		0.06	
样本量	325		694	

注：(1) * P<0.1, ** P<0.05, *** P<0.01；

(2) 回归系数下面括号内的数据为回归标准误差值。

第四节 社会关系对留守儿童身心健康的影响小结

一、社会关系对留守儿童身心健康的影响结论

表6-19总结了在95%置信水平下，社会关系对留守儿童身心健康的影响情况。除了“同侪关系”中的“（6）与朋友关系”以及“师生关系”中的“（7）与最喜欢老师关系”对留守儿童身心健康的四个维度均不存在统计学意义上的影响外，其余社会关系均对留守儿童身心健康的某个或多个维度存在显著影响，但没有一类社会关系对身心健康的四个维度均有显著影响。

其中，对留守儿童身心健康影响维度达到三个的社会关系子类别只有“（3）与监护人关系”，其分别影响留守儿童的身体健康外显和内隐维度、心理健康内隐维度。对留守儿童身心健康影响维度为两个的分别是“（2）与母亲关系”（分别影响身体健康内隐维度和心理健康内隐维度）、“（5）与同学关系”（分别影响心理健康外显和内隐维度）和“（7）与普通老师关系”（分别影响

身体健康外显和内隐维度）。对留守儿童身心健康影响仅有一个维度的包括“（1）与父亲关系”（影响心理健康内隐维度）、“（4）与兄弟姐妹关系”（影响心理健康内隐维度）以及“（9）与校外成人关系”（影响身体健康外显维度）。这说明，对于留守儿童而言，监护人的角色非常重要。但在前文（参见表6-6留守儿童与非留守儿童社会关系比较分析）分析中发现，留守儿童在“（3）与监护人关系”水平上要显著低于非留守儿童。因此如果父母迫于无奈需要儿童在家留守，则需要对监护人进行甄别，尽量寻找一个善于与儿童沟通交流的人作为留守儿童的监护人。

从影响的正负面来看，在具有显著影响的社会关系子类别中，除了“（9）与校外成人关系”对留守儿童身体健康外显维度存在负向不利影响外，其余社会关系均会随着关系亲密度的提高而对儿童身心健康形成显著正面改善影响。因此，以留守儿童为中心建构更为积极、多元、紧密的社会关系，有助于提升留守儿童的身心健康。

采用“或”运算对关系影响进行归并，比如亲子关系中包含“（1）与父亲关系”以及“（2）与母亲关系”，二者中只要“（1）与父亲关系”或“（2）与母亲关系”对留守儿童的身心健康某维度A有影响，则认为亲子关系对该维度A具有影响。由此可得（在95%置信水平上）：“亲子关系”对留守儿童身体健康内隐维度、心理健康内隐维度有显著影响，但是对其身体健康外显维度、心理健康外显维度无显著影响；“监护人关系”除了对留守儿童心理健康外显维度无显著影响外，对其身体健康外显和内隐维度、心理健康内隐维度均有显著影响；“同侪关系”对留守儿童身体健康外显和内隐维度均无显著影响，但是对其心理健康外显和内隐维度均有显著影响；“师生关系”对留守儿童身体健康外显和内隐维度均有显著影响，但是对其心理健康外显和内隐维度影响不显著；“姻亲关系”对留守儿童身体健康外显维度有显著但是负向的影响，而对其他维度的影响则均不显著。由此可以看出五类社会关系对留守儿童身心健康的影响有如下特点：

第一，所有五大类社会关系均对留守儿童的身心健康有影响，但没有一类社会关系对身心健康的四个维度均有显著影响。

第二，“监护人关系”对留守儿童身心健康的影响维度最多，达到三个，说明这类关系是对留守儿童而言最重要的关系。

第三，除了“姻亲关系”对留守儿童身体健康外显维度影响是负向的，其余社会关系均表现为正向影响。

表 6-19　社会关系对留守儿童身心健康的影响（置信水平 95%）

社会关系类别	身体健康		心理健康	
	外显维度	内隐维度	外显维度	内隐维度
1. 亲子关系				
亲子关系影响	无影响	影响	无影响	影响
（1）与父亲关系				√
（2）与母亲关系		√		√
2. 监护人关系				
监护人关系影响	影响	影响	无影响	影响
（3）与监护人关系	√	√		√
3. 同侪关系				
同侪关系影响	无影响	无影响	影响	影响
（4）与兄弟姐妹关系				√
（5）与同学关系			√	√
（6）与朋友关系				
4. 师生关系				
师生关系影响	影响	影响	无影响	无影响
（7）与最喜欢老师关系				
（8）与普通老师关系	√	√		
5. 姻亲关系				
姻亲关系影响	影响	无影响	无影响	无影响
（9）与校外成人关系	×			

注：“√”表示在95%的置信水平上，该社会关系对身心健康相对应的维度具有显著正向改善影响；“×”表示具有显著负向不利影响；空白则表示影响尚未达到95%的置信水平。

在90%置信水平下（如表6-20所示），“同侪关系”中的“（6）与朋友关系”以及“师生关系”中的“（7）与最喜欢老师关系”对留守儿童身心健康的四个维度依然不存在统计学意义上的影响。但是新增了“（1）与父亲关系”对心理健康外显维度的影响、"（4）与兄弟姐妹关系"对身体健康外显维度的影响以及"（8）与普通老师关系"对心理健康内隐维度的影响"，"（8）与普通老师关系"与"（3）与监护人关系"显得同等重要，分别都对留守儿童身心健康的三个维度发挥显著的正向改善作用。

表 6-20　社会关系对留守儿童身心健康的影响（置信水平 90%）

社会关系类别	身体健康		心理健康	
	外显维度	内隐维度	外显维度	内隐维度
1. 亲子关系				
（1）与父亲关系			⊙	√
（2）与母亲关系		√		√
2. 监护人关系				
（3）与监护人关系	√	√		√
3. 同侪关系				
（4）与兄弟姐妹关系	⊙			√
（5）与同学关系			√	√
（6）与朋友关系				
4. 师生关系				
（7）与最喜欢老师关系				
（8）与普通老师关系	√	√		⊙
5. 姻亲关系				
（9）与校外成人关系	×			

注："√"表示在 95%的置信水平上，该社会关系对身心健康相对应的维度具有显著正向改善影响；"×"表示具有显著负向不利影响；⊙表示在 90%置信水平上，该社会关系对身心健康相对应的维度具有显著正向改善影响；空白则表示影响尚未达到 90%置信水平。

二、社会关系对不同类型儿童身心健康影响比较分析结论

通过比较分析（如表 6-21 所示）可知，在 95%置信水平上，显著影响留守儿童身心健康的社会关系类型（累计 12 个子类别）要远多于非留守儿童（累计 8 个子类别）。这说明留守儿童在父母关系缺失时，可能不得不寻求关系补偿来

进行自我保护，以保障自身的健康。

另外，有两类子社会关系对留守儿童与非留守儿童的身心健康均不存在实质性影响：一是“与朋友关系”，可能此时留守儿童尚未形成稳定的朋友意识，或者同学关系取代了朋友关系。二是“与最喜欢老师关系”，由于调查样本均为在校学生，因此师生关系是样本儿童发生频次最多、最重要的关系之一，“与最喜欢老师关系”对留守儿童与非留守儿童均不构成实质性影响，一种原因可能是这种关系是单向的，即儿童喜欢老师，但老师并没有对等喜欢儿童；第二种原因可能是儿童与普通老师的关系更紧张、更敏感，因此儿童将师生关系主要放到“与最普通老师关系”方面。

亲子关系是所有关系中最重要的关系，但由于父母不在身边，“与父亲关系”和“与母亲关系”对留守儿童身心健康的影响不如非留守儿童。在身体健康方面，虽然留守儿童与非留守儿童的“与父亲关系”均没有扮演任何角色，但是非留守儿童“与母亲关系”却在身体健康外显和内隐维度均发挥了显著正向改善影响，而留守儿童“与母亲关系”只改善了其身体健康“内隐维度”水平。在心理健康方面，非留守儿童主要是由父亲扮演纠偏角色，“与父亲关系”越亲密，非留守儿童在心理健康内隐和外显维度的健康水平越能得到有效改善；而“与母亲关系”则在心理健康维度上是缺位的，说明在农村儿童抚育中，父母可能存在一个明确的分工。对于留守儿童而言，父母教育的缺位使亲子关系在不良行为方面（心理健康外显维度）不能发挥正向改善的影响作用，但是现代通信工具（如电话、微信和 QQ 等）却使得留守儿童与父母在语言上得到更多的交流，从而能够较好地舒缓他们的内心紧张和焦虑等负面情绪（心理健康内隐维度）。

对非留守儿童而言，“与监护人关系”等同于“与父亲关系+与母亲关系”，其在身心健康的四个维度上均显著发挥作用。对于留守儿童而言，由于父母监管教育的缺位，以及实际监护人的监护力度不足，致使监护人在留守儿童心理健康外显维度（主要表现为不良行为）上未能发挥有效作用。

表 6-21　社会关系对留守儿童身心健康影响比较分析（置信水平 95%）

社会关系类别	身体健康			
	留守儿童		非留守儿童	
	外显维度	内隐维度	外显维度	内隐维度
1. 亲子关系				
亲子关系影响	无影响	影响	影响	影响
（1）与父亲关系				
（2）与母亲关系		√	△	△
2. 监护人关系				
与监护人关系影响	影响	影响	影响	影响
（3）与监护人关系	√	√	△	△
3. 同侪关系				
同侪关系影响	无影响	无影响	无影响	无影响
（4）与兄弟姐妹关系				
（5）与同学关系				
（6）与朋友关系				
4. 师生关系				
师生关系影响	影响	影响	无影响	影响
（7）与最喜欢老师关系				
（8）与普通老师关系	√	√		△
5. 姻亲关系				
姻亲关系影响	影响	无影响	无影响	无影响
（9）与校外成人关系	×			
关系数量合计（1）	3	3	1(a)	2(a)
社会关系类别	心理健康			
	留守儿童		非留守儿童	
	外显维度	内隐维度	外显维度	内隐维度
1. 亲子关系				
亲子关系影响	无影响	影响	影响	影响
（1）与父亲关系		√	△	△
（2）与母亲关系		√		
2. 监护人关系				

续表

社会关系类别	心理健康			
	留守儿童		非留守儿童	
	外显维度	内隐维度	外显维度	内隐维度
与监护人关系影响	无影响	影响	影响	影响
（3）与监护人关系		√	△	△
3. 同侪关系				
同侪关系影响	影响	影响	影响	影响
（4）与兄弟姐妹关系		√		△
（5）与同学关系	√	√	△	△
（6）与朋友关系				
4. 师生关系				
师生关系影响	无影响	无影响	无影响	无影响
（7）与最喜欢老师关系				
（8）与普通老师关系				
5. 姻亲关系				
姻亲关系影响	无影响	无影响	无影响	无影响
（9）与校外成人关系				
关系数量合计（2）	1	5	2[a]	3[a]
关系数量总计（3）	4	8	3	5
“（1）+（2）”	12		8	

注：（1）标注了[a]的地方，因为非留守儿童的监护人关系实质为父母关系，因此将其合并到父母关系中。

（2）表格底色较深的部分表示该社会关系对留守/非留守儿童的身心健康均不存在显著影响。

三、假设检验结论小结

由于有的社会关系具有多重子维度，如“同侪关系”包含“与同学关系”“与朋友关系”以及“与兄弟姐妹关系”。在计算影响时，本书对其进行“或”计算，即只要“同侪关系”中的“与同学关系”“与朋友关系”以及“与兄弟姐妹关系”3个子类别中任意一种关系对身心健康的某维度A产生显著影响，即认为“同侪关系”对身心健康的维度A影响显著。

基于这一计算假设，参照“表6-19 社会关系对留守儿童身心健康的影响（置信水平95%）”的研究结论，并只保留置信度达到95%置信水平的影响关系，由此得到的假设检验结果如表6-22所示，由表可知：除了姻亲关系假设“H6：姻亲关系水平正向促进留守儿童的身心健康”没有获得支持外，其余假设均得到完全支持或部分支持，这充分说明留守儿童的身心健康是镶嵌于社会关系的。具体而言：

（1）假设H2。亲子关系虽然对留守儿童身体健康外显维度和心理健康外显维度的影响不显著，但是对其身体健康内隐维度和心理健康内隐维度的影响在95%置信水平上显著。即亲子关系越亲密，对留守儿童身体健康、心理健康正向促进越强。因此，假设“H2：亲子关系水平正向促进留守儿童身心健康”获得支持。

对于假设H2的子假设，由于亲子关系对留守儿童身体健康外显维度影响不显著，因此，假设H2a只是得到部分支持；同理，亲子关系对留守儿童心理健康外显维度影响不显著，因此，假设H2b也只得到部分支持。

（2）假设H3。监护人关系虽然对留守儿童心理健康外显维度的影响不显著，但是对其身体健康外显和内隐维度、心理健康内隐维度的影响均显著，即与监护人的亲密关系对留守儿童身体健康和心理健康均有显著正向促进作用，由此，假设“H3：监护人关系水平正向促进留守儿童的身心健康”获得支持。

对于假设H3的子假设，由于与监护人关系对留守儿童身体健康外显和内隐维度均有显著影响，因此，假设H3a获得支持；而与监护人关系对留守儿童心理健康外显维度影响并不显著，故假设H3b只是得到部分支持。

（3）假设H4。同侪关系虽然对留守儿童心理健康内隐和外显维度的影响均达到显著水平，但是对其身体健康外显和内隐维度的影响均不显著，因此，假设“H4：同侪关系水平正向促进留守儿童的身心健康”只获得部分支持。

对于假设H4的子假设，由于同侪关系对留守儿童身体健康外显和内隐维度均无显著影响，因此，假设H4a不能获得支持；而同侪关系对心理健康外显和内隐维度影响均达到显著，即良好的同侪关系能够正向显著促进留守儿童的心理健康，因此，假设H4b获得支持。

（4）假设H5。良好的师生关系对留守儿童身体健康外显和内隐维度均有显著的正向促进作用，但是对心理健康内隐和外显维度的影响不显著，因此，假设“H5：师生关系水平正向促进留守儿童的身心健康”只获得部分支持。

对于假设 H5 的子假设，由于良好的师生关系对留守儿童身体健康外显和内隐维度均存在正向显著促进影响，因此，假设 H5a 获得支持；但对其心理健康外显和内隐维度影响均不显著，因此，假设 H5b 未能获得支持。

（5）假设 H6。姻亲关系对留守儿童身体健康外显维度虽然影响显著，但是属于负向影响；而姻亲关系对身体健康内隐维度、心理健康外显和内隐维度影响均不显著，因此，假设“H6：姻亲关系水平正向促进留守儿童的身心健康”以及子假设 H6a 和 H6b 均未能获得支持。

表 6-22 社会关系影响留守儿童身心健康相关假设检验

假设	身体健康		心理健康		假设检验
	外显维度	内隐维度	外显维度	内隐维度	
1. 亲子关系假设					
H2：亲子关系水平正向促进留守儿童的身心健康	×	√	×	√	支持
H2a：亲子关系水平正向促进留守儿童的身体健康（外显/内隐维度）	×	√			部分支持
H2b：亲子关系水平正向促进留守儿童的心理健康（外显/内隐维度）			×	√	部分支持
2. 监护人关系假设					
H3：监护人关系水平正向促进留守儿童的身心健康	√	√	×	√	支持
H3a：监护人关系水平正向促进留守儿童的身体健康（外显/内隐维度）	√	√			支持
H3b：监护人关系水平正向促进留守儿童的心理健康（外显/内隐维度）			×	√	部分支持
3. 同侪关系假设					
H4：同侪关系水平正向促进留守儿童的身心健康	×	×	√	√	部分支持
H4a：同侪关系水平正向促进留守儿童的身体健康（外显/内隐维度）	×	×			不支持

续表

假设	身体健康		心理健康		假设检验
	外显维度	内隐维度	外显维度	内隐维度	
H4b：同侪关系水平正向促进留守儿童的心理健康（外显/内隐维度）			√	√	支持
4. 师生关系假设					
H5：师生关系水平正向促进留守儿童的身心健康	√	√	×	×	部分支持
H5a：师生关系水平正向促进留守儿童的身体健康（外显/内隐维度）	√	√			支持
H5b：师生关系水平正向促进留守儿童的心理健康（外显/内隐维度）			×	×	不支持
5. 姻亲关系假设					
H6：姻亲关系水平正向促进留守儿童的身心健康	×	×	×	×	不支持
H6a：姻亲关系水平正向促进留守儿童的身体健康（外显/内隐维度）	×	×			不支持
H6b：姻亲关系水平正向促进留守儿童的心理健康（外显/内隐维度）			×	×	不支持

注：（1）"√"表示在95%的置信水平上，该社会关系对身心健康相对应的维度具有显著正向改善影响；

（2）"×"表示影响具有显著没有达到显著水平，或者影响为负向影响。

第七章

社会关系影响留守儿童身心健康的中介效应与调节效应

第六章证实了支持性社会关系（由亲子关系、同侪关系、监护人关系等带来的喜欢、肯定以及鼓励等）越亲密，留守儿童的身心健康表现越佳。留守儿童缺少父母的直接呵护，使得留守儿童的成长、发展环境远不如非留守儿童，即可以认为，留守身份导致儿童处于人生的一种逆境。与逆境相关联的一个重要心理概念是“抗逆力”，文献认为抗逆力是引导留守儿童在逆境中处理不利环境的一种资产或能力。因此，本章将从抗逆力的视角解释社会关系为什么会影响留守儿童的身心健康，并通过设置一个检验环境（校园欺凌度）来检验留守儿童在不同的校园环境中（校园欺凌度高/低）社会关系亲密度对抗逆力的影响，以及抗逆力对身心健康的影响是否存在差异。

第一节　留守儿童社会关系与抗逆力的关系

一、样本儿童抗逆力描述统计

本书共计选用了5条语句度量样本儿童抗逆力水平，具体参见“第四章第四节抗逆力的度量”部分。其中，D11~D14为5点量尺测度，“D15. 我对学习新东西非常感兴趣”则为6点量尺测度。由表7-1测度指标表可知，分值越高的儿童，其抗逆力能力越强。

表 7-1 抗逆力的测度指标构成

	1. 完全不符合	2. 不太符合	3. 有些符合	4. 比较符合	5. 非常符合	
D11. 我觉得自己总的来说还挺好						
D12. 我对我目前的情况很满意						
……						
	1. 非常不同意	2. 不同意	3. 有些不同意	4. 有些同意	5. 同意	6. 非常同意
D15. 我对学习新东西非常感兴趣						

受第六章剔除无法确认社会关系样本影响，本章最后获得抗逆力样本数据1055人，其中留守儿童样本340人（占比32.23%）。如表7-2所示，样本总体抗逆力平均值M=4.0771（标准差为0.8517）；其中留守儿童抗逆力平均值M_1=4.0152（标准差为0.8784），低于非留守儿童的平均值M_2=4.1064（标准差为0.8377），但差距并不具有统计学意义（ΔM=0.0911，t=1.63<1.96）。

表 7-2 样本类型及对应的抗逆力值描述统计

样本类型	样本量	平均值	标准差	最小值	最大值
样本总体	1055	4.0771	0.8517	1	5.2
留守儿童	340	4.0152	0.8784	1	5.2
非留守儿童	715	4.1064	0.8377	1	5.2

二、社会关系与抗逆力的相关关系

巴伦和肯尼（Baron & Kenny）认为，分析中介作用有两个前提条件：一是自变量影响因变量；二是自变量影响中介变量。① 按照这一建议，依据“表 6-19 社会关系对留守儿童身心健康的影响（置信水平 95%）”的分析结论，并考虑模型简洁性，本章在讨论社会关系影响留守儿童身心健康的影响机制时，将只分析对因变量（留守儿童身心健康）有实质影响的社会关系，即忽略无实质影响的“（6）与朋友关系”及“（7）与最喜欢老师关系”。因此，在进一步分析中介影响机制之前，需要先检验中介效应的第二个条件：“自变量需要影响中介变量”。

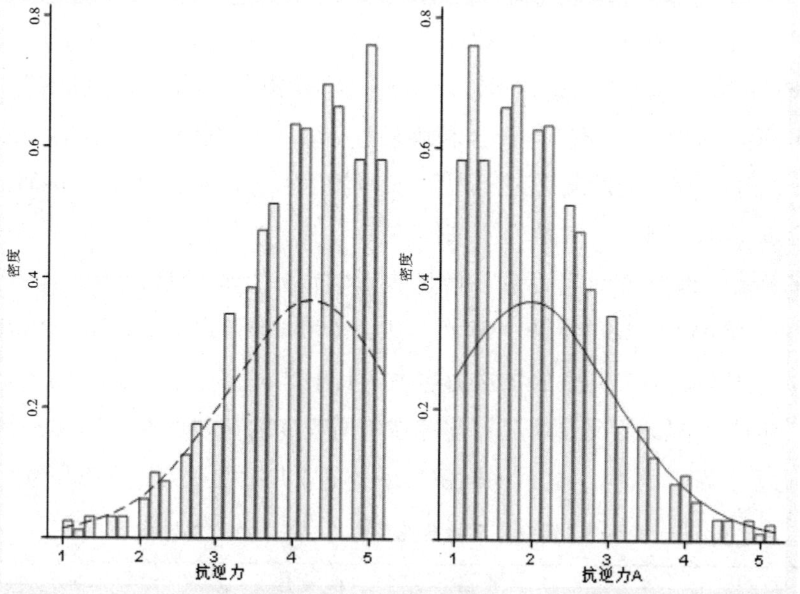

图 7-1 “抗逆力”及“抗逆力 A”分布示意图

通过对抗逆力的分布进行检验，发现其不符合正态分布（Doornik-Hansen 检验：$\chi^2=59.676$，$P>\chi^2<0.01$），其分布参见图 7-1，因此不适合采用一般的 OLS 回归。对抗逆力进行反向转换得到“抗逆力 A”（“抗逆力 A”的值越小，代表该儿童的抗逆力越强），其分布图形符合伽马分布（Gamma distribution）形

① BARON R M, KENNY D A. The moderator-mediator variable distinction in social psychological research: conceptual, strategic, and statistical considerations [J]. Journal of personality and social psychology, 1986, 51 (6): 1173-1182.

状，因此，适宜采用广义线性模型（GLM）分析社会关系与“抗逆力 A”之间的关系。分析结果如表 7-3 所示，广义线性模型（GLM）的结果与普通最小二乘（OLS）分析（均采用稳健回归）的结果在包含所有变量时具有一定差异，比如“（6）与朋友关系”在 GLM 模型上在 95%置信水平上显著，但是在 OLS 模型上只是在 90%置信水平上显著；删除模型Ⅰ、模型Ⅲ中不显著的自变量后，模型Ⅱ、模型Ⅳ的结果总体相似。由分析结果可知，通过广义线性模型（GLM）回归后，在 95%置信水平上对“抗逆力 A”具有显著影响的社会关系子类别包括 5 个：（1）与父亲关系（$\beta_{41}=-0.0815$，$Z_{41}=-3.58$，$P_{41}<0.01$）、（3）与监护人关系（$\beta_{43}=-0.0846$，$Z_{43}=-3.27$，$P_{43}<0.01$）、（4）与兄弟姐妹关系（$\beta_{44}=-0.0694$，$Z_{44}=-2.69$，$P_{44}<0.01$）、（6）与同学关系（$\beta_{45}=-0.0440$，$Z_{45}=-2.70$，$P_{45}<0.01$）、（8）与普通老师关系（$\beta_{48}=-0.0745$，$Z_{48}=-3.20$，$P_{48}<0.01$）；而“（6）与朋友关系”则只在 90%置信水平上显著（$\beta_{46}=0.0454$，$Z_{46}=-1.79$，$P_{46}=0.07<0.1$）。即除了“姻亲关系”外，“亲子关系”“监护人关系”“同侪关系”以及“师生关系”均显著影响留守儿童的抗逆力，具体而言：与父亲、监护人、兄弟姐妹、同学、朋友（90%置信水平上显著）以及普通老师关系越好，留守儿童的抗逆力越强。其中“同侪关系”包含的 3 个关系类别（同学、兄弟姐妹及朋友）均存在不同程度的显著影响（朋友是在 90%置信水平上影响显著），这说明同侪关系是留守儿童抗逆力的重要来源。

表 7-3 留守儿童社会关系对“抗逆力 A”的影响

	抗逆力 A			
	普通 OLS（稳健）		广义线性模型（稳健）	
	模型Ⅰ	模型Ⅱ	模型Ⅲ	模型Ⅳ
自变量				
（1）与父亲关系	-0.1277^{**} （0.0614）	-0.1893^{***} （0.0518）	-0.0599^{**} （0.0281）	-0.0815^{***} （0.0228）
（2）与母亲关系	−0.0919 （0.0601）	—	−0.0313 （0.0286）	—
（3）与监护人关系	-0.1323^{**} （0.0579）	-0.1726^{***} （0.0533）	-0.0723^{***} （0.0279）	-0.0846^{***} （0.0258）

续表

	抗逆力 A			
	普通 OLS（稳健）		广义线性模型（稳健）	
	模型 I	模型 II	模型 III	模型 IV
（4）与兄弟姐妹关系	-0.1151* (0.0657)	-0.1702*** (0.0582)	-0.0463 (0.0290)	-0.0694*** (0.0258)
（5）与同学关系	-0.0989** (0.0397)	-0.0922*** (0.0346)	-0.0512*** (0.0191)	-0.0440*** (0.0163)
（6）与朋友关系	-0.1063* (0.0595)	-0.0964* (0.0565)	-0.0523** (0.0264)	-0.0454* (0.0253)
（7）与最喜欢老师关系	-0.0425 (0.0671)	—	-0.0390 (0.0298)	—
（8）与普通老师关系	-0.1503** (0.0688)	-0.1422*** (0.0534)	-0.0731*** (0.0281)	-0.0745*** (0.0233)
（9）与校外成人关系	0.0262 (0.0584)	—	0.0210 (0.0254)	—
控制变量				
性别	0.0828 (0.0955)	0.0083 (0.0878)	0.0196 (0.0400)	0.0116 (0.0404)
年龄	-0.1867*** (0.0699)	-0.1618** (0.0657)	-0.0757** (0.0314)	-0.0708 (0.0311)
零花钱	9.90E-04*** (3.14E-04)	0.0010*** (2.98E-04)	3.79E-04*** (6.69E-05)	3.12E-04 (7.03E-05)
常数项	0.1860 (0.8167)	0.0189 (0.7687)	0.0189 (0.7618)	2.6822 (0.3675)
F 值	9.39***	14.43***	13.51***	—
R^2	0.32	0.31	—	
(1/df) Deviance	—	—	0.1104	0.1152
(1/df) Pearson	—	—	0.1095	0.1139
AIC	—	—	3.56	3.56
样本量	249	296	249	296

注：(1) * P<0.1, ** P<0.05, *** P<0.01；

(2) 回归系数下面括号内的数据为回归标准误差值。

按照前述文献提出的中介机制发生的条件,① 综合“表 6-19 社会关系对留守儿童身心健康的影响”及“表 7-3 留守儿童社会关系对‘抗逆力 A’的影响”的分析结论，适合进行中介回归分析的社会关系变量如表 7-4 所示，在对留守儿童身心健康有显著影响（95%置信水平）的社会关系（参见表 6-19，已排除“与朋友关系”和“与最喜欢老师关系”）中，抗逆力不能解释“与校外成人关系”对身体健康外显维度、“与母亲关系”对身体健康内隐维度和心理健康内隐维度的影响关系，故进一步排除“与校外成人关系”和“与母亲关系”。最终保留的社会关系类别，共计有 4 个大类及 5 个子类别（如表 7-4 所示）。

表 7-4　分析影响机制时实际取用的社会关系

社会关系类别	身体健康		心理健康	
	外显维度	内隐维度	外显维度	内隐维度
1. 亲子关系				
（1）与父亲关系				√
2. 监护人关系				
（3）与监护人关系	√	√		√
3. 同侪关系				
（4）与兄弟姐妹关系				√
（5）与同学关系			√	√
4. 师生关系				
（8）与普通老师关系	√	√		

注：“√”表示在 95%的置信水平上，该社会关系对身心健康相对应的维度具有显著正向改善影响。

① BARON R M, KENNY D A. The moderator-mediator variable distinction in social psychological research: conceptual, strategic, and statistical considerations [J]. Journal of personality and social psychology, 1986, 51 (6): 1173-1182.

第二节 抗逆力的中介效应

如前文所述，抗逆力 A 服从伽马分布（见图 7-1），身体健康外显维度服从泊松分布，心理健康外显维度服从负二项分布；同时，留守儿童的社会关系存在大量缺失值（这种缺失表达了关系不存在，而非一般的数据缺失，因此，无法通过缺失值处理办法对其进行填补）。若运用普通的路径分析模型［如含缺失值的似然估计（ML）、对数据正态性要求不高的一般化最小平方法（GLS）等］来检验抗逆力的中介效应，模型无法恰当拟合（即使因变量身体健康内隐维度和心理健康内隐维度基本服从正态分布，也无法采用普通的路径分析模型获得较好的拟合效果），因此，本书将采用广义结构方程模型（Generalized Structural Equation Model，GSEM）对抗逆力的中介效应进行分析。

广义结构方程模型（GSEM）是结构方程模型的扩展性应用，与普通结构方程模型相比，GSEM 适用范围更广，适用于各种形式变量的分析，包括类别变量、次序变量、离散型变量等。① GSEM 提供了普通 SEM 没有提供的三项特征：一是拟合包含广义线性响应变量的结构方程模型的能力，二是拟合多层结构方程模型的能力以及拟合带有分类潜变量模型的能力，三是具有对缺失值不敏感等优点，但不能提供跨组比较结果。②

对于普通线性模型：$y = h(x) = \varpi^T x$，通过对 x 进行线性加权得到 y 的期望值，但一般要求变量服从高斯分布。

而广义结构方程模型，主要由两个要素界定：③

（1）响应的期望值与线性估计之间的函数关系：

$$\mu_i = g^{-1}(v_i)$$

或者 $g(\mu_i) = v_i$。

① 梁玉成，鞠牛．社会网络对健康的影响模式的探索性研究——基于网络资源和个体特征的异质性［J］．山东社会科学，2019（5）：57-64.

② 这是 Stata16.0 提供的关于 GSEM 说明。

③ 安德斯·斯科隆多，索菲亚·拉贝-赫斯基思．广义潜变量模型——多层次、纵贯性以及结构方程模型［M］．陈华珊，叶鹏飞，李洋，等，译．重庆：重庆大学出版社，2011.

其中，$g(\cdot)$ 是一个链接函数（link function），本书的链接函数（link）主要为对数链接（logarithm），为了获得更好的回归系数解释，常常对其标准化，依据标准似然函数有：

$$E\left(\frac{\partial\ l}{\partial\ \theta_i}\right) = 0$$

服从：$\mu_i = b'(\theta_i)$ 。

将 θ_i 写成 μ_i 的函数便得到标准链接函数：$g(\mu_i) = \theta_i\mu_i$ ，标准链接函数具有非常便利的统计特性，同时也更有利于回归参数的解释。

（2）响应的条件概率分布，是期望值为 μ_i 并且可能具有一个公共尺度参数 φ 的指数族的一部分：

$$f(y_i \mid \theta_i,\ \varphi) = \exp\left\{\frac{y_i\theta_i - b(\theta_i)}{\varphi} + c(y_i,\ \varphi)\right.$$

其中：

θ_i ——标准参数；

φ ——尺度参数。

$b(\cdot)$ 、$c(\cdot)$ 是取决于指数族中（family）某种分布的函数。本书涉及的主要为伽马分布与泊松分布。对于伽马分布，其标准链接为 $-1/u$ ，累积函数 $b(\theta) =- \ln(-\theta)$ ，期望值为 $-1/\theta$ ，方差为 $\mu^2\alpha^{-1}$ ；对于泊松分布，其标准链接为 $\ln(u)$ ，累积函数 $b(\theta) = \exp(\theta)$ ，期望值为 $\exp(\theta)$ ，方差为 μ 。

一、中介效应1：社会关系与身体健康外显维度

建立以抗逆力A为中介变量、身体健康外显维度为因变量的路径分析模型。身体健康外显维度的分布函数选取泊松分布，连接函数选取log；抗逆力A的分布函数选取伽马分布，连接函数选取log。采用广义结构方程对模型进行拟合，积分采用Stata软件默认的“均值与方差自适应Gauss-Hermite正交”，由于Stata软件并不提供广义结构方程的间接效应值，因此，本章采用Sobel方法来计算。因为Sobel方法要求采用大样本，① 所以本章在进行方程拟合时采用Bootstrap方法，进行2500次的重复抽样（种子数：10101），以获得更精确的标准误差。

① ZHAO X, LYNCH J G, CHEN Q. Reconsidering Baron and Kenny: myths and truths about mediation analysis [J]. Journal of consumer research, 2010, 37 (2): 197-206.

同时，Sobel 方法计算中介效应可以有效修正巴伦和肯尼（Baron & Kenny，1986）方法①的不足，② 其具体步骤是：

设自变量与中介变量的回归系数为 a，中介变量与因变量的回归系数为 b。

（1）提出原假设 H0：a×b=0。

（2）利用泰勒展开式计算联合标准差（其中 S_a 为 a 的标准回归误差，S_b 为 b 的标准回归误差）；由于误差项的乘积较小，很多时候也可以略去。③

$$S_ab = \sqrt{a^2S_b^2 + b^2S_a^2 + S_a^2S_b^2}$$

（3）计算 t 值：

$$t = (a \times b)/S_{ab}$$

（4）求取相应的 P 值，检验 t 值的显著性。依据（3）计算的 t 值与自由度（df）查询对应的显著性水平值；在一定的显著性水平下，如果 P 值显示该 t 值显著，则中介效应显著。

依据“表 7-4 分析影响机制时实际取用的社会关系”得出的结论，在分析抗逆力 A 在社会关系→抗逆力 A→身体健康外显维度关系中的中介效应时，社会关系包含“（3）与监护人关系”和“（8）与普通老师关系”两个关系变量；含中介效应的模型分析结果参见表 7-5，模型拟合示意图参见图 7-2。在加入中介效应后，“（8）与普通老师关系”与身体健康外显维度的直接效应不再显著（$\beta_{181}=-0.0524$，$Z_{181}=-0.97$，$P_{181}=0.330>0.05$），而“（3）与监护人关系”与身体健康外显维度的直接效应则依然显著（$\beta_{131}=-0.1233$，$Z_{131}=-2.24$，$P_{131}=0.025<0.05$）。

① BARON R M, KENNY D A. The moderator-mediator variable distinction in social psychological research: conceptual, strategic, and statistical considerations [J]. Journal of personality and social psychology, 1986, 51 (6): 1173-1182.

② ZHAO X, LYNCH J G, CHEN Q. Reconsidering Baron and Kenny: myths and truths about mediation analysis [J]. Journal of consumer research, 2010, 37 (2): 197-206.

③ PREACHER K J, RUCKER D D, HAYES A F. Addressing moderated mediation hypotheses: theory, methods, and prescriptions [J]. Multivariate behavioral research, 2007, 42 (1): 185-227.

表 7-5 抗逆力对社会关系与身体健康外显维度的中介效应分析

	回归系数	标准误	Z 值	边际效应 dy/dx
身体健康外显				
抗逆力 A	0. 1019**	0. 0446	2. 30	0. 1855**
(3) 与监护人关系	−0. 1233**	0. 0550	−2. 24	−0. 2244**
(8) 与普通老师关系	−0. 0524	0. 0537	−0. 97	−0. 0953
控制变量				
性别	−0. 1267	0. 0816	−1. 55	
年龄	−0. 0940	0. 0576	−1. 63	
零花钱	0. 0001	0. 0003	0. 50	
常数项	1. 8367***	0. 6993	2. 63	
抗逆力 A				
(3) 与监护人关系	−0. 1267***	0. 0265	−4. 78	−0. 2766***
(8) 与普通老师关系	−0. 0778***	0. 0237	−3. 28	−0. 1698***
控制变量				
性别	0. 0224	0. 0399	0. 56	
年龄	−0. 0489*	0. 2645	−1. 85	
零花钱	3. 83E−04***	1. 43E−04	2. 67	
常数项	1. 7017***	0. 3092	5. 50	
/抗逆力 A				
logs	−1. 0129	0. 0377	—	
样本量	337（重复抽样次数：2500）			
Family				
身体健康外显	Poisson			
抗逆力 A	Gamma			
Link				
心理健康外显	log			
抗逆力 A	log			

注：* P<0. 1，** P<0. 05，*** P<0. 01。

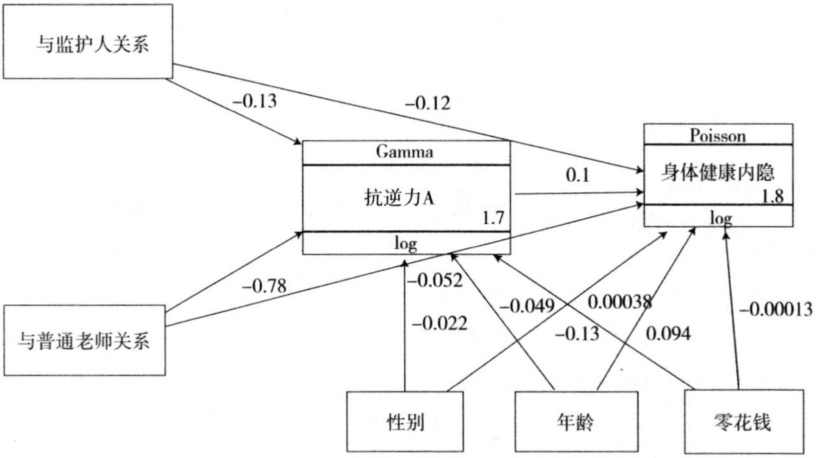

图 7-2　抗逆力中介社会关系与身体健康外显维度模型示意图

依据表 7-5 分析结果，利用 Sobel 方法计算抗逆力对社会关系与身体健康外显维度的中介效应。分析结果如表 7-6 所示，在 95%置信水平下，抗逆力的中介效应成立，即抗逆力 A 能够有效解释“（3）与监护人关系”对身体健康外显维度的影响原因；依据表 7-7 可知，中介效应值为-0.0129，占总解释效应的 9.48%，说明抗逆力 A 在“（3）与监护人关系”与身体健康外显维度之间充当部分中介的角色。而抗逆力 A 对“（8）与普通老师关系”与身体健康外显维度的中介效应只是在 90%的置信水平下成立，中介效应值为-0.0079，占总解释效应的 13.14%（如表 7-7 所示），因此，抗逆力 A 在“（8）与普通老师关系”与身体健康外显维度之间依然为部分中介。

表 7-6　抗逆力的中介效应计算 1

	抗逆力A①	身体健康外显维度②	①×②	联合标准误	t 值	显著性概率 P	中介效应（置信水平）	
							90%	95%
抗逆力 A	—	0.1019 （0.446）	—	—	—	—	—	—
（3）与监护人关系	-0.1267 （0.0265）	—	-0.01291	0.00637	-2.026**	0.044	√	√

续表

	抗逆力 A①	身体健康外显维度②	①×②	联合标准误	t 值	显著性概率 P	中介效应（置信水平）	
							90%	95%
(8)与普通老师关系	−0.0778 (0.0237)	—	−0.00793	0.00436	−1.819*	0.070	√	

注：(1) * P<0.1, ** P<0.05, *** P<0.01；

(2) 回归系数下面括号内的数据为回归标准误差值；

(3) "√" 表示中介效应成立。

表 7-7　抗逆力中介效应占总效用的比重 1

变量	直接效应	间接效应	总效用	间接效应占比（%）
（3）与监护人关系	−0.1233	−0.0129	−0.1362	9.48
（8）与普通老师关系	−0.0524	−0.0079	−0.0603	13.14

二、中介效应 2：社会关系与身体健康内隐维度

依据"表 7-4 分析影响机制时实际取用的社会关系"的结论，在分析抗逆力 A 在社会关系→抗逆力 A→身体健康内隐维度关系中的中介效应时，社会关系包含"（3）与监护人关系"和"（8）与普通老师关系"两个关系变量。分析结果参见表 7-8，模型拟合示意图参见图 7-3。在加入中介效应后，"（3）与监护人关系"（$\beta_{132}=-0.1116$，$Z_{132}=-2.24$，$P_{132}=0.025<0.05$）和"（8）与普通老师关系"（$\beta_{182}=-0.1531$，$Z_{182}=-3.71$，$P_{182}<0.01$）与身体健康外显维度的直接效应均依然显著。

表 7-8 抗逆力对社会关系与身体健康内隐维度的中介效应分析

	回归系数	标准误	Z 值	边际效应 dy/dx
身体健康内隐				
抗逆力 A	0.1822***	0.0486	3.74	0.1822***
(3) 与监护人关系	-0.1116**	0.0498	-2.24	-0.1116**
(8) 与普通老师关系	-0.1531***	0.0412	-3.71	-0.1531***
控制变量	0.0259***	0.0755	-3.32	
性别	0.0343	0.0595	0.58	
年龄	3.80E-04**	1.95E-04	1.96	
零花钱	1.9186***	0.7268	2.64	
常数项				
抗逆力 A				
(3) 与监护人关系	-0.1266***	0.0260	-4.86	-0.2766***
(8) 与普通老师关系	-0.0778***	0.0234	-3.32	-0.1698***
控制变量				
性别	0.0224	0.0409	0.55	
年龄	-0.0489	0.3124	-1.57	
零花钱	3.83E-04**	1.95E-04	1.96	
常数项	1.7017***	0.3636	5.50	
/抗逆力 A logs	-1.0129	0.0303	—	—
var (e. 身体健康内隐)	0.47887	0.0333	—	—
样本量	337 (重复抽样次数: 2500)			

续表

	回归系数	标准误	Z 值	边际效应 dy/dx
Family				
身体健康内隐	Gaussian			
抗逆力 A	Gamma			
Link				
身体健康外显	identity			
抗逆力 A	log			

注：* P<0.1, ** P<0.05, *** P<0.01。

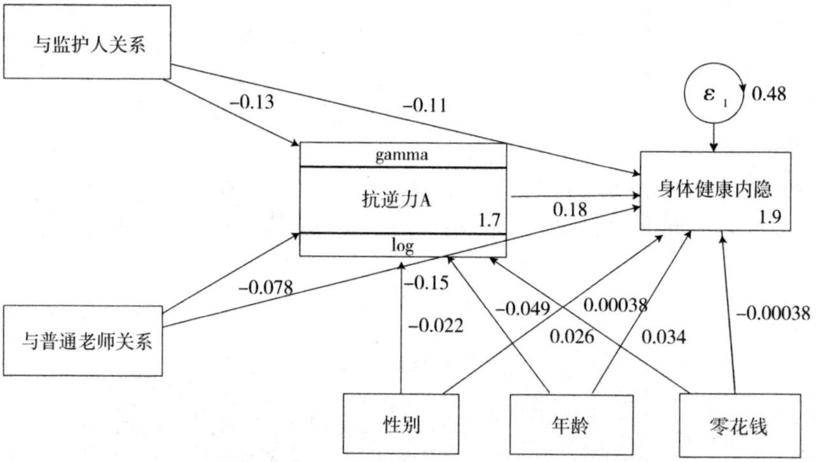

图 7-3　抗逆力中介社会关系与身体健康内隐维度模型示意图

依据表 7-8 的分析结果，利用 Sobel 方法计算抗逆力在社会关系与身体健康内隐维度之间的中介效应。分析结果如表 7-9 所示，在 95%置信水平下，抗逆力的中介效应在“（3）与监护人关系”→抗逆力 A→身体健康内隐维度和“（8）与普通老师关系”→抗逆力 A→身体健康内隐维度的关系中均成立。其中（如表 7-10 所示），抗逆力 A 对“（3）与监护人关系”与身体健康内隐维度的中介效应值为-0.0231，占总解释效应的 17.14%，即抗逆力 A 是“（3）与监护人关系”与身体健康内隐维度的部分中介；抗逆力 A 对“（8）与普通教师关系”与身体健康内隐维度的中介效应值为-0.0142，占总解释效应的 8.47%，同样扮演部分中介角色。

表 7-9 抗逆力的中介效应计算 2

	抗逆力 A ③	身体健康内隐维度 ④	③×④	联合标准误	t 值	显著性概率 P	中介效应（置信水平）	
							90%	95%
抗逆力 A	—	0.1822 (0.0486)	—	—	—	—	—	—
(3)与监护人关系	−0.1267 (0.0260)	—	−0.02308	0.00787	−2.933**	0.004	√	√
(8)与普通老师关系	−0.0778 (0.0413)	—	−0.01418	0.00581	−2.439**	0.015	√	√

注：(1) * P<0.1, ** P<0.05, *** P<0.01；

(2) 回归系数下面括号内的数据为回归标准误差值；

(3) “√” 表示在该置信水平下中介效应成立。

表 7-10 抗逆力中介效应占总效应的比重 2

变量	直接效应	间接效应	总效用	间接效应占比（%）
(3) 与监护人关系	−0.1116	−0.0231	−0.1347	17.14
(8) 与普通老师关系	−0.1531	−0.0142	−0.1673	8.47

三、中介效应 3：社会关系与心理健康外显维度

依据“表 7-4 分析影响机制时实际取用的社会关系”得出的结论，在分析抗逆力 A 在社会关系→抗逆力 A→心理健康外显维度关系中的中介效应时，社会关系只包括“(5) 与同学关系”一个关系变量，路径模型分析结果参见表 7-11，模型拟合示意图参见图 7-4。依据分析拟合结果可知，加入中介效应后，“(5) 与同学关系”（$\beta_{153}=-0.0654$，$Z_{153}=-3.18$，$P_{153}=0.001<0.01$）与心理健康外显维度的直接效应均依然显著。

表 7-11 抗逆力对社会关系与心理健康外显维度的中介效应分析

	回归系数	标准误	Z 值	边际效应 dy/dx
心理健康外显				
抗逆力 A	0. 0611**	0. 0251	2. 44	
（5）与同学关系	-0. 0654***	0. 0206	-3. 18	
控制变量				0. 08285**
性别	0. 2588	0. 0462	0. 56	-0. 0887**
年龄	-0. 0022	0. 0403	-0. 06	
零花钱	1. 34E-04	1. 57E-04	0. 86	
常数项	0. 4197	0. 4529	0. 93	
抗逆力 A				
（5）与同学关系	-0. 0671***	0. 0166	-4. 04	-0. 1464***
控制变量				
性别	-0. 0022	0. 0416	0. 56	
年龄	-0. 0478	0. 0298	-1. 61	
零花钱	3. 75E-04**	1. 69E-04	2. 21	
常数项	1. 5539***	0. 3547	4. 38	
/抗逆力 A				
logs	-0. 9813	0. 0313	—	—
样本量	337（重复抽样次数：2500）			
Family				
心理健康外显	Poisson			
抗逆力 A	Gamma			
Link				
身体健康外显	log			
抗逆力 A	log			

注：* P<0. 1，** P<0. 05，*** P<0. 01。

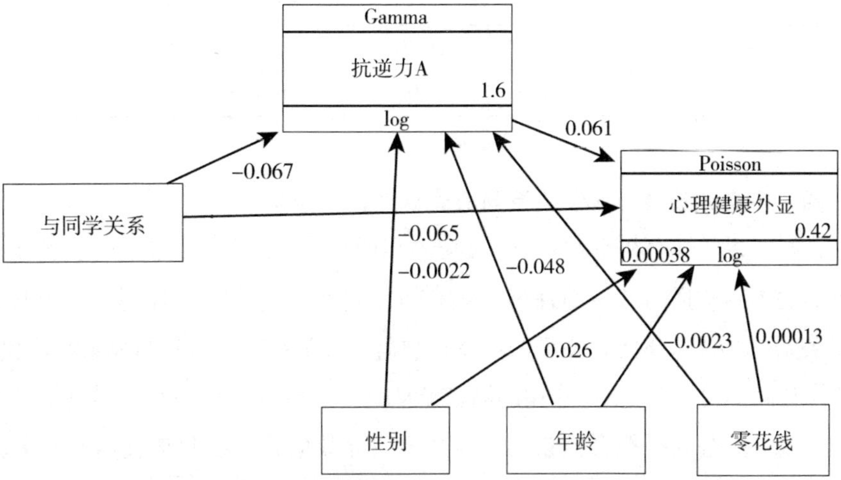

图 7-4　抗逆力中介社会关系与心理健康外显维度模型示意图

通过 Sobel 法计算抗逆力对社会关系与心理健康外显维度的中介效应，结果如表 7-12 所示，在 95%置信水平下，抗逆力 A 在“（5）与同学关系”→抗逆力 A→心理健康外显维度的关系中中介效应成立。具体而言（如表 7-13 所示），抗逆力 A 对“（5）与同学关系”与身体健康外显维度的中介效应值为-0.0041，占总解释效应的 5.90%，即抗逆力 A 在“（5）与同学关系”与心理健康外显维度之间依然为部分中介。

表 7-12　抗逆力的中介效应计算 3

	抗逆力 A ⑤	身体健康内隐维度 ⑥	⑤×⑥	联合标准误	t 值	显著性概率 P	中介效应（置信水平）	
							90%	95%
抗逆力 A	—	0.0611 (0.0251)	—	—	—	—	—	—
(5) 与同学人关系	-0.0671 (0.0166)	—	-0.00410	0.00201	2.042**	0.042	√	√

注：(1) * P<0.1, ** P<0.05, *** P<0.01;

(2) 回归系数下面括号内的数据为回归标准误差值;

(3) “√”表示在该置信水平下中介效应成立。

表 7-13　抗逆力中介效应占总效应的比重 3

变量	直接效应	间接效应	总效用	间接效应占比（%）
（5）与同学关系	−0.0654	−0.0041	−0.0695	5.90

四、中介效应 4：社会关系与心理健康内隐维度

依据“表 7-4 分析影响机制时实际取用的社会关系”的结论，分析抗逆力 A 在社会关系→抗逆力 A→心理健康内隐维度关系中的中介效应时，需要包含 4 类子关系：“（1）与父亲关系”“（2）与监护人关系”“（4）与兄弟姐妹关系”“（5）与同学关系”。由此建构的路径模型分析结果参见表 7-14，模型示意图参见图 7-5。依据分析拟合结果可知，加入中介效应后，在 95%置信水平下，只有“（5）与同学关系”（$\beta_{154}=-0.0462$，$Z_{154}=-2.69$，$P_{154}=0.001<0.01$）与心理健康内隐维度的直接效应均依然显著；在 90%置信水平下，“（2）与监护人关系”（$\beta_{124}=-0.0357$，$Z_{124}=-1.67$，$P_{124}=0.095<0.1$）、“（4）与兄弟姐妹关系”（$\beta_{144}=-0.0353$，$Z_{144}=-1.90$，$P_{144}=0.06<0.1$）与心理健康内隐维度的直接效应具有统计学意义；而“（1）与父亲关系”（$\beta_{114}=-0.0261$，$Z_{114}=-1.23$，$P_{114}=0.217>0.1$）对心理健康内隐维度的直接效应不再显著。

表 7-14　抗逆力对社会关系与心理健康内隐维度的中介效应分析

	回归系数	标准误	Z 值	边际效应 dy/dx
心理健康内隐				
抗逆力 A	0.1644***	0.0235	7.00	0.1644***
（1）与父亲关系	−0.0261	0.0211	−1.23	−0.0260**
（2）与监护人关系	−0.0357*	0.0214	−1.67	−0.0357*
（4）与兄弟姐妹关系	−0.0353*	0.0186	−1.90	−0.0353*
（5）与同学关系	−0.0462***	0.0172	−2.69	−0.0529***
控制变量				
性别	0.0065	0.0399	0.16	
年龄	−0.0046	0.0267	−0.17	
零花钱	6.23E−05	1.82E−04	0.73	
常数项	1.5588***	0.3509	4.44	

续表

	回归系数	标准误	Z 值	边际效应 dy/dx
抗逆力 A				
（1）与父亲关系	-0.0786***	0.0231	-3.40	-0.1713***
（2）与监护人关系	-0.0948***	0.0263	-3.60	-0.2067***
（4）与兄弟姐妹关系	-0.1085***	0.0247	-4.39	-0.2366***
（5）与同学关系	-0.0462***	0.0172	-2.69	-0.1006***
控制变量				
性别	0.0065	0.0399	0.16	
年龄	-0.0699**	0.0316	-2.22	
零花钱	3.34E-04***	1.29E-04	2.57	
常数项	2.5102***	0.3703	6.78	
/抗逆力 A				
Logs	-1.0850	0.0337	—	—
var（e. 心理健康内隐）	0.0691	0.0066	—	—
样本量	307（重复抽样次数：2500）			
Family				
心理健康内隐	Gaussian			
抗逆力 A	Gamma			
Link				
心理健康外显	identity			
抗逆力 A	log			

注：* P<0.1，** P<0.05，*** P<0.01。

依据上述分析结果，利用 Sobel 方法对抗逆力在社会关系与心理健康内隐维度的中介效应进行测算。分析结果如表 7-15 所示，在 95%置信水平下，抗逆力的中介效应在如下关系中均成立："（1）与父亲关系"→抗逆力 A→心理健康内隐维度、"（3）与监护人关系"→抗逆力 A→心理健康内隐维度 、"（4）与兄弟

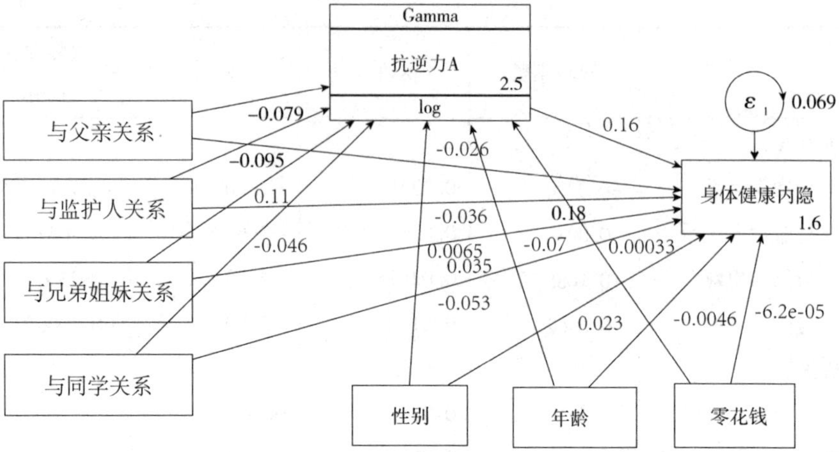

图 7-5 抗逆力中介社会关系与心理健康内隐维度模型示意图

姐妹关系”→抗逆力 A→心理健康内隐维度及“（5）与同学关系”→抗逆力 A→心理健康内隐维度的关系中均成立。

其中（如表 7-16 所示），抗逆力 A 在“（1）与父亲关系”→抗逆力 A→心理健康内隐维度路径中的中介效应值为-0.0129，占总解释效应的 33.11%；在“（3）与监护人关系”→抗逆力 A→心理健康内隐维度路径中的中介效应值为-0.0156，占总解释效应的 30.39%；在“（4）与兄弟姐妹关系”→抗逆力 A→心理健康内隐维度路径中的中介效应值为-0.0178，占总解释效应的 33.57%；在“（5）与同学关系”→抗逆力 A→心理健康内隐维度路径中的中介效应值为-0.0076，占总解释效应的 14.12%。上述结果表明，抗逆力在社会关系与心理健康内隐维度中的中介效应非常明显，且中介效应占总效用的比重远高于“中介效应 1”“中介效应 2”和“中介效应 3”，但与前三个中介效应相同的是，直接效应依然比重较大，由此抗逆力依然在此类关系中只扮演了部分中介角色。

表 7-15 抗逆力的中介效应计算 4

	抗逆力 A ⑦	身体健康内隐维度 ⑧	⑦×⑧	联合标准误	t 值	显著性概率 P	中介效应（置信水平） 90%	中介效应（置信水平） 95%
抗逆力 A	—	0.1644 (0.0235)	—	—	—	—	—	—
(1) 与父亲关系	-0.0786 (0.0231)		-0.01292	0.00426	-3.035***	0.003	√	√
(3) 与监护人关系	-0.0948 (0.0263)		-0.01559	0.00490	-3.179***	0.002	√	√
(4) 与兄弟姐妹关系	-0.1085 (0.0247)		-0.01784	0.00483	-3.694***	0.000	√	√
(5) 与同学关系	-0.0462 (0.0172)		-0.00760	0.00306	-2.486**	0.013	√	√

注：(1) * P<0.1, ** P<0.05, *** P<0.01;

(2) 回归系数下面括号内的数据为回归标准误差值;

(3) "√" 表示在该置信水平下中介效应成立。

表 7-16 抗逆力中介效应占总效应的比重 4

变量	直接效应	间接效应	总效用	间接效应占比（%）
(1) 与父亲关系	-0.0261	-0.0129	-0.0390	33.11
(3) 与监护人关系	-0.0357	-0.0156	-0.0513	30.39
(4) 与兄弟姐妹关系	-0.0353	-0.0178	-0.0531	33.57
(5) 与同学关系	-0.0462	-0.0076	-0.0538	14.12

第三节 被欺凌度对中介效应的调节效应

一、被欺凌度的描述统计值

问卷中调查了儿童遭受校园欺凌的频次（如表 7-17 所示），平均值越低，表示儿童在校园受到的欺凌程度越低。

表 7-17 儿童被欺凌情况调查问卷

	1. 从来没有	2. 只有一两次	3. 一个月两到三次	4. 一周一次	5. 一周好几次
a. 给我起难听的绰号，骂我，或嘲笑我					
b. 打、踢、推、撞过我（不是玩的那种）					
c. ……					

调节变量通常采用均值加减一个标准差作为临界值来分析调节效应。但由于被欺凌度不服从正态分布，大量的值集中在平均值以下（如表 7-18、图 7-6 所示）。由此，本章采用上、下四分位数值作为调节变量临界值。由表 7-18 可知，下四分位值为 1.167，代表低欺凌水平；上四分位值为 2.0，代表高欺凌水平。

表 7-18 儿童被欺凌情况调查问卷

<table>
<tr><td>百分比</td><td>百分位数值</td><td>最小值</td><td rowspan="12">样本值：1055
均值：1.6849
标准差：0.8204
方差：0.673
偏态：1.7736
峰度：6.0711</td></tr>
<tr><td>1%</td><td>1</td><td>1</td></tr>
<tr><td>5%</td><td>1</td><td>1</td></tr>
<tr><td>10%</td><td>1</td><td>1</td></tr>
<tr><td>25%</td><td>1.167</td><td>1</td></tr>
<tr><td>50%</td><td colspan="2">1.333</td></tr>
<tr><td></td><td></td><td>最大值</td></tr>
<tr><td>75%</td><td>2</td><td>5</td></tr>
<tr><td>90%</td><td>2.833</td><td>5</td></tr>
<tr><td>95%</td><td>3.5</td><td>5</td></tr>
<tr><td>99%</td><td>4.67</td><td>5</td></tr>
</table>

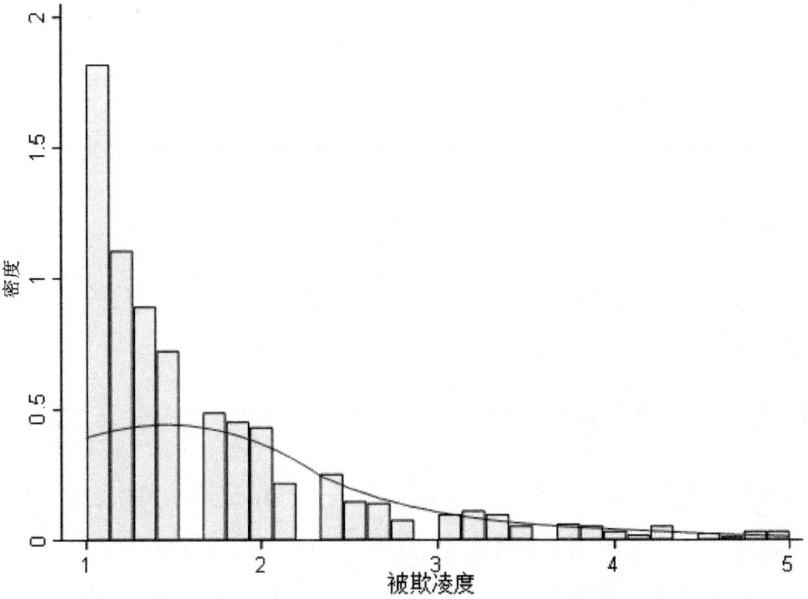

图 7-6　被欺凌度分布图

二、被欺凌度对中介变量的调节效应检验

按照上述对被欺凌度的分组，对“中介效应 1”至“中介效应 4”的模型采用分组回归。按照本书研究模型，“被欺凌度”的调节效应分为对中介效应的前端调节与后端调节（见图 7-7）。

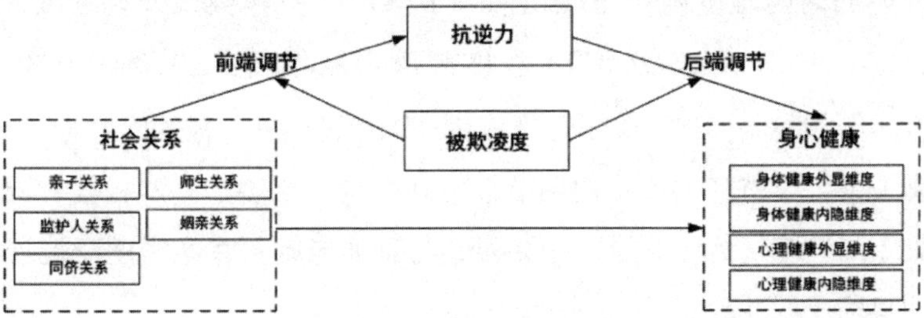

图 7-7　调节效应检验示意图

在广义结构方程模型（GSEM）分析模式下，Stata 软件不提供分组回归时

的系数差异检验，因此，本书采用人工计算。由于不同组别的样本量存在差异，因此，计算联合标准误时采用泰勒公式展开的简单公式（误差的交互项乘积值忽略不计）①，并利用样本量进行修正。

对模型进行分组回归，其中高欺凌组的被欺凌度≥2，低欺凌组的被欺凌度<1.17，为了获得更精准的回归标准误差，本书采用与中介效应分析时相同的Bootstrap方法重复抽取2500个样本（随机抽样的种子数同中介分析部分：10101）。为了便于对比以及从简洁性出发，本章只将与调节效应检验直接相关的结果进行展示。

（一）前端调节效应

被欺凌度对抗逆力中介效应的前端调节效应分组分析结果如表7-19所示，依据分析结果，可以得出以下结论：

（1）在身体健康外显和内隐维度，被欺凌度对抗逆力中介效应的前端调节效应均显著。具体而言，对于“（3）与监护人关系”与抗逆力A的关系，被欺凌度在身体健康外显和内隐维度均呈现负向调节（身体健康外显维度：$\Delta\beta_{231}=-0.0337$，$t_{231}=-4.86$，$P_{231}<0.000$；身体健康内隐维度：$\Delta\beta_{232}=-0.0337$，$t_{232}=-4.78$，$P_{232}<0.000$），除了标准误存在细微差别外，被欺凌度对“（3）与监护人关系”与抗逆力关系的调节效应在这两个维度上基本相等。由此可见，处于高欺凌度情境下的留守儿童，与监护人关系亲密度对抗逆力培育效果要明显强于低欺凌度。对于“（8）与普通老师关系”与抗逆力A的关系，被欺凌度在身体健康外显和内隐维度则均呈现正向调节效应（身体健康外显维度：$\Delta\beta_{281}=0.0281$，$t_{281}=9.37$，$P_{281}<0.000$；身体健康内隐维度：$\Delta\beta_{282}=0.0281$，$t_{282}=9.69$，$P_{282}<0.000$），同样，除了标准误存在细微差别外，被欺凌度对“（8）与普通老师关系”与抗逆力关系的调节效应在这两个维度上基本相等。调节效应显示，处于高欺凌度情境下的留守儿童，与普通老师关系亲密度对抗逆力培育效果要明显弱于低欺凌度。

① PREACHER K J, RUCKER D D, HAYES A F. Addressing moderated mediation hypotheses: theory, methods, and prescriptions [J]. Multivariate behavioral research, 2007, 42 (1): 185-227.

上述结论有两个特点：一是只有在良好的生活环境中（低欺凌度），与普通老师的亲密社会关系才能更有效培育留守儿童的抗逆力；二是留守儿童将监护人与普通老师（及其他社会关系）在学校生活中的角色进行了有效区分，他们认为自己在学校的遭遇，只有实际监护人才能够有效解决。

（2）在心理健康外显维度，被欺凌度对抗逆力中介效应的前端调节效应显著。具体而言，对于“（5）与同学关系”与抗逆力 A 的关系，被欺凌度呈正向调节（$\Delta\beta_{253}=0.0347$，$t_{253}=14.90$，$P_{253}<0.000$）。如同调节普通老师与身体健康关系一样，处于高欺凌度情境下的留守儿童，与同学关系亲密度对抗逆力培育效果要明显弱于低欺凌度。因此，只有在轻松的校园环境下，与同学的良好关系才能有效培育抗逆力。

（3）在心理健康内隐维度，被欺凌度对抗逆力中介效应的前端调节效应在“（1）与父亲关系”（$\Delta\beta_{214}=0.0475$，$t_{214}=12.83$，$P_{214}<0.000$）、“（4）与兄弟姐妹关系”（$\Delta\beta_{244}=0.0330$，$t_{244}=4.18$，$P_{244}<0.000$）上显著，但是在“（3）与监护人关系”（$\Delta\beta_{234}=-0.0056$，$t_{234}=-0.88$，$P_{234}=0.380>0.05$）、“（5）与同学关系”（$\Delta\beta_{254}=-0.0013$，$t_{254}=-0.70$，$P_{254}=0.487>0.05$）上则不显著。依据调节效应结果可知，在心理健康内隐维度上，被欺凌度对抗逆力中介效应的前端调节效应均是正向调节，即这些社会关系需要在留守儿童处于比较宽松的环境下才能建构更强的抗逆力。

综合上述分析，留守儿童在通过社会关系构筑抗逆力方面，他们将实际监护人与其他所有社会关系区分开：当留守儿童在学校处于高欺凌环境（高逆境），他们更倾向于与实际监护人建构关系来建构抗逆力，因为实际监护人可以给予儿童切切实实的保护，即使是与父亲关系，也需要留守儿童处于一种轻松的校园环境才能发挥较强的抗逆力培育效果。这说明留守儿童将不同的社会关系并入不同的“关系账户”。

表 7-19　被欺凌度对抗逆力中介效应的前端调节效应

被欺凌度	自变量	回归系数	标准误	样本量	联合标准误	系数差(高-低)[a]	T 值	P 值	调节效应
模型因变量：身体健康外显维度									
调节关系：社会关系→抗逆力 A									

续表

被欺凌度	自变量	回归系数	标准误	样本量	联合标准误	系数差(高-低)[a]	T值	P值	调节效应
低	(3)监护人关系	-0.0898	0.0450	135	0.00694	-0.0337	-4.86	0.000	成立
高	(3)监护人关系	-0.1235	0.0463	87					
低	(8)普通老师关系	-0.0596	0.0388	135	0.00299	0.0281	9.37	0.000	成立
高	(8)普通老师关系	-0.0315	0.0459	87					
模型因变量：身体健康内隐维度									
调节关系：社会关系→抗逆力A									
低	(3)监护人关系	-0.0898	0.0454	135	0.00706	-0.0337	-4.78	0.000	成立
高	(3)监护人关系	-0.1235	0.0478	87					
低	(8)普通老师关系	-0.0596	0.0390	135	0.00289	0.0281	9.69	0.000	成立
高	(8)普通老师关系	-0.0315	0.0440	87					
模型因变量：心理健康外显维度									
调节关系：社会关系→抗逆力A									
低	(5)同学关系	-0.0732	0.0339	125	0.00233	0.0347	14.90	0.000	成立
高	(5)同学关系	-0.0385	0.0264	76					
模型因变量：心理健康内隐维度									
调节关系：社会关系→抗逆力A									
低	(1)父亲关系	-0.0819	0.0419	125	0.00371	0.0475	12.83	0.000	成立
高	(1)父亲关系	-0.0343	0.0417	76					
低	(3)监护人关系	-0.0923	0.0424	125	0.00633	-0.0056	-0.88	0.380	不成立
高	(3)监护人关系	-0.0978	0.0518	76					
低	(4)兄弟姐妹关系	-0.1360	0.0452	125	0.00789	0.0330	4.18	0.000	成立
高	(4)兄弟姐妹关系	-0.1030	0.0469	76					
低	(5)同学关系	-0.0441	0.0306	125	0.00180	-0.0013	-0.70	0.487	不成立

续表

被欺凌度	自变量	回归系数	标准误	样本量	联合标准误	系数差(高–低)[a]	T 值	P 值	调节效应
高	(5)同学关系	-0.0453	0.0259	76					

注：[a]高欺凌度的回归系数值-低欺凌度的回归系数值的差值。

（二）后端调节效应

被欺凌度对抗逆力中介效应的后端调节效应分组分析结果参见表 7-20，依据分析结果，可以得出以下结论：

（1）被欺凌度对抗逆力 A 与身体健康外显维度关系（$\Delta\beta_{301}=-0.0016$，$t_{301}=-0.18$，$P_{301}=0.798>0.05$）的调节效应不显著，即留守儿童抗逆力对身体健康外显维度的影响不受校园环境是否紧张影响。

（2）被欺凌度对抗逆力 A 与身体健康内隐维度（$\Delta\beta_{302}=0.0632$，$t_{302}=2.97$，$P_{302}=0.003<0.05$）、心理健康外显维度（$\Delta\beta_{303}=0.0047$，$t_{303}=6.54$，$P_{303}=0.000<0.05$）以及心理健康内隐维度（$\Delta\beta_{304}=0.1128$，$t_{304}=10.94$，$P_{304}=0.000<0.05$）的关系均存在显著的正向调节效应。高欺凌环境下，抗逆力对留守儿童的身心健康的影响显著高于低欺凌环境，这说明在欺凌度越高的校园环境中，越需要培育儿童的抗逆力来保护其身心健康。

表 7-20 被欺凌度对抗逆力中介效应的后端调节效应

被欺凌度	回归系数	标准误	样本量	联合标准误	系数差值(高—低)[a]	T 值	显著性 P 值	调节效应
模型因变量：身体健康外显维度								
调节关系：抗逆力 A→身体健康外显维度								
低欺凌度	0.0708	0.0910	135	0.0088	-0.0016	-0.18	0.798	不成立
高欺凌度	0.0692	0.0878	87					
模型因变量：身体健康内隐维度								
调节关系：抗逆力 A→身体健康内隐维度								
低欺凌度	0.1526	0.0668	135	0.0213	0.0632**	2.97	0.003	成立
高欺凌度	0.2158	0.1022	87					
模型因变量：心理健康外显维度								

续表

被欺凌度	回归系数	标准误	样本量	联合标准误	系数差值(高—低)[a]	T值	显著性P值	调节效应
调节关系：抗逆力A→心理健康外显维度								
低欺凌度	0.0113	0.0189	135	0.0007	0.0047^{***}	6.54	0.000	成立
高欺凌度	0.0160	0.0580	87					
模型因变量：心理健康内隐维度								
调节关系：抗逆力A→心理健康内隐维度								
低欺凌度	0.1232	0.0359	125	0.0103	0.1128^{***}	10.94	0.000	成立
高欺凌度	0.2360	0.0477	76					

注：(1) $^{*}P<0.1$, $^{**}P<0.05$, $^{***}P<0.01$；

(2) [a]高欺凌度的回归系数值减去低欺凌度的回归系数值的差值。

第四节　抗逆力的中介效应与被欺凌度的调节效应小结

一、抗逆力的中介效应小结

在95%置信水平下，抗逆力能够有效解释四大类社会关系（亲子关系、监护人关系、同侪关系以及师生关系）对留守儿童身心健康的影响（参见表7-21）；影响留守儿童身心健康的社会关系子类别累计达12个次别（含重叠），抗逆力能够有效解释的达到9个次别（其中包括1个子类别“与普通老师关系”对留守儿童身体健康外显维度的影响是在90%置信水平上显著），解释比重达到75%。由此可以认为，抗逆力能够较好解释社会关系亲密度影响留守儿童身心健康的发生机制。在未得到支持的解释变量中，“与母亲关系”是一个非常重要的变量，但在所有的模型中中介效应均未获得有效验证。

表7-21　抗逆力对社会关系与身心健康的中介效应

中介模型	自变量	中介变量	因变量	中介效应
中介模型1	（3）与监护人关系	抗逆力	身体健康外显维度	$显著^{**}$
	（8）与普通老师关系			$显著^{*}$
	（5）与校外成人关系			未获得验证

续表

中介模型	自变量	中介变量	因变量	中介效应
中介模型 2	（3）与监护人关系	抗逆力	身体健康内隐维度	显著**
	（8）与普通老师关系			显著**
	（2）与母亲关系			未获得验证
中介模型 3	（5）与同学关系	抗逆力	心理健康外显维度	显著**
中介模型 4	（1）与父亲关系	抗逆力	心理健康内隐维度	显著**
	（2）与母亲关系			未获得验证
	（3）与监护人关系			显著**
	（4）与兄弟姐妹关系			显著**
	（5）与同学关系			显著**

注：(1) $^{*}P<0.1$ $^{**}P<0.05$ $^{***}P<0.01$。

二、被欺凌度对中介效应的调节作用小结

表7-22集中展示了被欺凌度对中介效应的调节作用。由表可知，在前端调节效应中，除了“调节模型4”中对“（3）与监护人关系”→抗逆力A和“（5）与同学关系”→抗逆力A的调节效应不明显外，其余调节效应均在95%的置信水平下显著。在具有显著调节效应的关系中，被欺凌度对“（1）与监护人关系→抗逆力A”表现为负向调节，而对其他关系均表现为正向调节，这说明当留守儿童在遭遇校园欺凌时，实际监护人的作用与其他社会关系完全不同（包括不在家的父母）。

后端调节效应中，除了对抗逆力A→身体健康外显维度的调节效应不明显外，其余调节效应均表现为显著的正向调节（95%置信水平）。对抗逆力的中介效应主要表现为正向调节，说明在越紧张的校园环境下，抗逆力的中介效应越明显——在校园欺凌越明显（高逆境）的情况下，留守儿童的抗逆力对身心健康的中介效应越强。这一点与同雪莉（2016）的研究结论基本吻合，即“如果将抗逆力视为一种结果，那么一定要危机或困境出现时才会有抗逆力的产生，

而且危机或困境的强度不同，抗逆力所体现的强度也不同”①。因此，培育抗逆力有助于留守儿童在逆境中更好地应对可能出现的不利情况，并降低不利因素对身心健康的影响。

表 7-22　被欺凌度对抗逆力中介效应的调节作用

<table>
<tr><th rowspan="2">调节模型</th><th rowspan="2">自变量</th><th>前端调节</th><th rowspan="2">中介变量</th><th>后端调节</th><th rowspan="2">因变量</th></tr>
<tr><th>→</th><th>→</th></tr>
<tr><td rowspan="2">调节模型（1）</td><td>（3）与监护人关系</td><td>显著***（负向调节）</td><td rowspan="2">抗逆力</td><td rowspan="2">不显著</td><td rowspan="2">身体健康外显维度</td></tr>
<tr><td>（8）与普通老师关系</td><td>显著***（正向调节）</td></tr>
<tr><td rowspan="2">调节模型（2）</td><td>（3）与监护人关系</td><td>显著***（负向调节）</td><td rowspan="2">抗逆力</td><td rowspan="2">显著***（正向调节）</td><td rowspan="2">身体健康内隐维度</td></tr>
<tr><td>（8）与普通老师关系</td><td>显著***（正向调节）</td></tr>
<tr><td>调节模型（3）</td><td>（5）与同学关系</td><td>显著***（正向调节）</td><td>抗逆力</td><td>显著***（正向调节）</td><td>心理健康外显维度</td></tr>
<tr><td rowspan="4">调节模型（4）</td><td>（1）与父亲关系</td><td>显著***（正向调节）</td><td rowspan="4">抗逆力</td><td rowspan="4">显著***（正向调节）</td><td rowspan="4">心理健康内隐维度</td></tr>
<tr><td>（3）与监护人关系</td><td>不显著</td></tr>
<tr><td>（4）兄弟姐妹关系</td><td>显著***（正向调节）</td></tr>
<tr><td>（5）与同学关系</td><td>不显著</td></tr>
</table>

注：（1）* $p<0.1$，** $p<0.05$，*** $p<0.01$。

三、假设检验结论小结

依据“表 7-21 抗逆力对社会关系与身心健康的中介效应”及“表 7-22 被欺凌度对抗逆力中介效应的调节作用”的结论可以得到假设 H7—H9 的验证结果（具体推导过程参见表 7-23）。

① 同雪莉．留守儿童抗逆力生成研究［D］．南京：南京大学，2016.

（1）假设 H7。由于抗逆力对社会关系影响身体健康（外显和内隐两个维度）的中介效应均不是完全显著（95%置信水平），所以“H7a：抗逆力中介社会关系对留守儿童身体健康外显/内隐维度的影响”只获得部分支持；抗逆力对社会关系→心理健康外显维度的中介作用虽然获得完全支持，但是对社会关系→心理健康内隐维度的中介作用只是部分支持，所以，“H7b：抗逆力中介社会关系对留守儿童心理健康外显/内隐维度的影响”也只获得部分支持。因此，假设“H7：社会关系影响留守儿童身心健康是通过抗逆力传递的，即抗逆力中介社会关系对留守儿童身心健康的影响”只获得部分支持。

（2）假设 H8。被欺凌度对社会关系→抗逆力→身心健康模型的前端调节效应在因变量为身体健康外显维度、身体健康内隐维度及心理健康外显维度时均获得支持，但是当因变量为心理健康内隐维度时只获得部分支持。因此，假设“H8：留守儿童被欺凌度调节社会关系对中介变量抗逆力的影响”仅获得部分支持。

（3）假设 H9。被欺凌度对社会关系→抗逆力→身心健康模型的后端调节效应在因变量为心理健康外显维度和心理健康内隐维度时，调节效应均显著，因此假设“H9b：留守儿童被欺凌度调节抗逆力对心理健康的影响”获得支持。当因变量为身体健康内隐维度时，调节效应显著；但当因变量为身体健康外显维度时，调节效应不再显著，因此“H9a：留守儿童被欺凌度调节抗逆力对身体健康的影响”只得到部分支持。依据 H9a 和 H9b 的验证结果，可知 H9 只获得部分支持。

表 7-23 中介效应与调节效应相关假设检验结果总结

假设	身体健康		心理健康		假设检验
	外显维度	内隐维度	外显维度	内隐维度	
1. 中介效应假设检验					
H7：社会关系影响留守儿童身心健康是通过抗逆力传递的，即抗逆力中介社会关系对留守儿童身心健康的影响	部分支持	部分支持	支持	部分支持	部分支持

续表

假设	身体健康		心理健康		假设检验
	外显维度	内隐维度	外显维度	内隐维度	
H7a：抗逆力中介社会关系对留守儿童身体健康外显/内隐维度的影响	部分支持	部分支持			部分支持
H7b：抗逆力中介社会关系对留守儿童心理健康外显/内隐维度的影响			支持	部分支持	部分支持
2. 调节效应假设检验之1：前端调节					
H8：留守儿童被欺凌度调节社会关系对中介变量抗逆力的影响	支持	支持	支持	部分支持	部分支持
社会关系→抗逆力→身体健康外显维度	支持				支持
社会关系→抗逆力→身体健康内隐维度		支持			支持
社会关系→抗逆力→心理健康外显维度			支持		支持
社会关系→抗逆力→心理健康内隐维度				部分支持	部分支持
3. 调节效应假设检验之2：后端调节					
H9：留守儿童被欺凌度调节中介变量抗逆力对身心健康的影响。	不支持	支持	支持	支持	部分支持
H9a：留守儿童被欺凌度调节抗逆力对身体健康的影响（后端调节）	不支持	支持			部分支持
H9b：留守儿童被欺凌度调节抗逆力对心理健康的影响（后端调节）			支持	支持	支持

第八章

结论与建议

第一节　主要研究结论

本书将18岁以下、父母全部外出而未与其共同居住的儿童定义为留守儿童，而将父母至少一人在家陪伴的儿童定义为非留守儿童。本书按照身体/心理健康以及外显/内隐维度将儿童身心健康划分为四个维度，基于“2017年四川省J县留守儿童问卷调查”数据，利用倾向值分析法对留守儿童与非留守儿童的健康差异进行了分析，利用回归分析方法对留守儿童社会关系（包括亲子关系、监护人关系、同侪关系、师生关系以及姻亲关系）与其身心健康的关系进行了分析，利用广义结构方程模型对抗逆力在社会关系→留守儿童身心健康模型中的中介效应、被欺凌度对抗逆力中介效应的调节作用（前端调节与后端调节）进行了分析。

一、不同社会关系显著影响留守儿童不同维度的身心健康

本书将留守儿童的社会关系划分为如下五个维度：一是亲子关系（含与父、母关系），二是监护人（指留守儿童的实际监护人）关系，三是同侪关系（含与同学、朋友及兄弟姐妹关系），四是师生关系（含与最喜欢老师关系及与普通老师关系），五是姻亲关系（主要指与留守儿童父母有姻亲关系的校外成年人），并以此五类关系为基础来分析其对留守儿童身心健康的影响。

（1）留守儿童在亲子关系、监护人关系、同侪关系三类社会关系亲密度上

显著低于非留守儿童。具体而言，留守儿童与父亲关系亲密度、与监护人关系亲密度、与同学关系亲密度以及与朋友关系亲密度要显著低于非留守儿童。在众多关系中，亲子关系是最重要的关系。留守儿童与父亲的关系亲密度之所以显著低于非留守儿童，和父亲对留守儿童的探视频率较低有关。样本数据显示：留守儿童父亲“从不见面/探望”孩子的比重高达 34.02%，一月低于一次的累计频率高达 64%。

（2）留守儿童身心健康镶嵌于社会关系中，社会关系对其身心健康的影响表现出如下特点：

第一，所有社会关系大类均对留守儿童的身心健康有影响，但没有任何一类社会关系对身心健康的四个维度均有显著影响（见表 8-1）。具体而言（在 95%置信水平下），亲子关系对留守儿童身体健康内隐维度、心理健康内隐维度有显著影响，但是对身体健康外显维度、心理健康外显维度并无显著影响；监护人关系除了对心理健康外显维度无显著影响外，对留守儿童身体健康外显维度、身体健康内隐维度、心理健康内隐维度均有显著影响；同侪关系对留守儿童身体健康外显维度、身体健康内隐维度均没有影响，但是对其心理健康外显维度、心理健康内隐维度均有显著影响；师生关系对留守儿童身体健康外显维度、身体健康内隐维度有显著影响，但是对其心理健康外显维度、心理健康内隐维度影响均不显著；姻亲关系对留守儿童身体健康外显维度有显著影响（且是唯一表现为负向影响的社会关系），而对其他维度影响则均不显著。

第二，监护人关系对留守儿童身心健康的影响维度最多，达到三个，说明这类关系是留守儿童最重要的关系。与非留守儿童相比，留守儿童的亲子关系对其身心健康的影响明显偏弱——非留守儿童的亲子关系在其身心健康的四个维度上均发挥显著影响作用。

第三，除了姻亲关系对留守儿童身体健康外显维度是负向影响外，其余社会关系均表现为正向影响。说明以留守儿童为中心建构更为积极、多元、紧密的支持性社会关系，有助于提升留守儿童的身心健康水平。

第四，显著影响留守儿童身心健康的社会关系子类别（累计 12 个子类别）要远高于非留守儿童（累计 8 个子类别）。说明留守儿童在父母缺位时，会自动寻找补偿性关系以进行身心健康的自我保护（其实是抗逆力提升的一种表现）。

表 8-1 社会关系对留守儿童身心健康的影响（置信水平 95%）

社会关系类别	身体健康		心理健康	
	外显维度	内隐维度	外显维度	内隐维度
1. 亲子关系		√		√
2. 监护人关系	√	√		√
3. 同侪关系			√	√
4. 师生关系	√	√		
5. 姻亲关系	⊙			

注：（1）“√”表示具有显著正向影响；
（2）“⊙”表示具有显著负向影响；
（3）空格表示无显著影响。

二、留守儿童并非在身心健康所有维度上与非留守儿童存在差异

按照儿童身体、心理健康状态是否可以被直接观察，本书将身心健康分为外显维度（包括身体患病情况、饮食与精神集中度、日常生活行为等）和内隐维度（包括儿童情绪、自我认知等心理活动）。借助因子分析法，形成了研究留守儿童身心健康的四个维度：身体健康外显维度（身体病患次数、饥饿以及由饥饿导致的精神状态等）、身体健康内隐维度（身体状态的自我认知、与同龄人的自我比较等）、心理健康外显维度（主要包含在学校的不良行为）以及心理健康内隐维度［包括抑郁情绪得分、自我（负面）认知等］。四个维度在内容上、指标得分上具有较好的区分度，结构效度良好；因为儿童在自我认知方面存在较大的偏差，导致整体测量指标的 α 信度指标仅达到 0.604，说明测量指标有待进一步优化。

利用相关性统计分析方法（回归分析）与因果关系研究方法（倾向值分析），本书发现亲子分离是留守儿童在身心健康部分维度上得分低于非留守儿童的原因（见表 8-2）。具体而言，留守身份导致留守儿童在身体健康外显维度、心理健康内隐维度显著低于非留守儿童，而留守身份不是导致留守儿童身体健康内隐维度、心理健康外显维度与非留守儿童存在差异的原因，即留守儿童在身体健康内隐维度、心理健康外显维度与非留守儿童不存在统计学意义上的差异。上述结论显示，留守儿童虽然在两个维度上的得分与非留守儿童基本持平，

但是四个维度上的得分却没有一个维度优于非留守儿童，这说明留守儿童的身心健康问题的确值得关注。另外，本书的研究结论较好地解释了部分文献在留守儿童身心健康差异问题上的矛盾研究结论，即留守儿童并不是在身心健康的所有维度上都与非留守儿童存在差异，只是在某些维度存在差异；如果不加区分地求取二者平均值的差异，则可能得出矛盾的结论。

表 8-2 留守身份与儿童健康水平关系的假设验证结果

假设	验证结果
H1：留守身份会显著影响儿童的身心健康水平	√
H1a：留守儿童在身体健康的外显维度水平比非留守儿童更低；	√
H1b：留守儿童在身体健康的内隐维度水平比非留守儿童更低；	×
H1c：留守儿童在心理健康的外显维度水平比非留守儿童更低。	×
H1d：留守儿童在心理健康的内隐维度水平比非留守儿童更低。	√

注："√"表示假设检验得到验证；"×"表示假设检验未得到验证。

三、抗逆力中介社会关系对身心健康的影响

文献认为，抗逆力是引导留守儿童在逆境中处理不利环境的一种资产或能力，因此，本书将抗逆力作为解释社会关系与身心健康的中介变量。结合影响留守儿童身心健康的社会关系（见表 6-19）以及巴伦和肯尼提出的中介机制发生条件①，排除了"同侪关系"中的"与朋友关系"，"师生关系"中的"与最喜欢老师关系"，"亲子关系"中的"与母亲关系"，以及"姻亲关系"。余下 4 个社会关系大类（包括亲子关系、监护人关系、同侪关系以及师生关系）、5 个社会关系子类别（包括与父亲关系、与监护人关系、与兄弟姐妹关系、与同学关系以及与普通老师关系）符合条件，被用于进行中介效应的检验。

检验结果显示（见表 8-3），抗逆力能够有效解释四大类社会关系（亲子关系、监护人关系、同侪关系以及师生关系）对留守儿童身心健康的影响。影响留守儿童身心健康的 12 个（含重叠）社会关系子类别中，抗逆力能够有效解释的达到 9 个次别（其中 1 个子类别"与普通老师关系"为在 90%置信水平显著），解释比重达到 75%。由此可以认为，抗逆力能够较好解释社会关系亲密度

① 见本书第七章第一节"二、社会关系与抗逆力的相关关系"正文第一段。

影响留守儿童身心健康的发生机制。

在所有的解释效应中，抗逆力对社会关系→心理健康内隐维度模型的解释程度特别高。例如，“与父亲关系”“与监护人关系”以及“与兄弟姐妹关系”3个社会关系子类别对留守儿童心理健康内隐维度的中介效应均达到30%以上（见表7-16）。

表8-3 抗逆力对社会关系→身心健康的中介效应总结

<table>
<tr><th>中介模型</th><th>自变量</th><th>中介变量</th><th>因变量</th><th>中介效应</th></tr>
<tr><td rowspan="3">1</td><td>（3）与监护人关系</td><td rowspan="12">抗逆力</td><td rowspan="3">身体健康外显维度</td><td>√</td></tr>
<tr><td>（8）与普通老师关系</td><td>⊙</td></tr>
<tr><td>（5）与校外成人关系</td><td></td></tr>
<tr><td rowspan="3">2</td><td>（3）与监护人关系</td><td rowspan="3">身体健康内隐维度</td><td>√</td></tr>
<tr><td>（8）与普通老师关系</td><td>√</td></tr>
<tr><td>（2）与母亲关系</td><td></td></tr>
<tr><td>3</td><td>（5）与同学关系</td><td>心理健康外显维度</td><td>√</td></tr>
<tr><td rowspan="5">4</td><td>（1）与父亲关系</td><td rowspan="5">心理健康内隐维度</td><td>√</td></tr>
<tr><td>（2）与母亲关系</td><td></td></tr>
<tr><td>（3）与监护人关系</td><td>√</td></tr>
<tr><td>（4）与兄弟姐妹关系</td><td>√</td></tr>
<tr><td>（5）与同学关系</td><td>√</td></tr>
</table>

注：“√”表示中介效应在95%置信水平下显著；“⊙”表示中介效应在90%置信水平下显著；空格表示中介效应未得到验证。

四、被欺凌度对抗逆力的中介效应具有调节效应

在前端调节效应检验中，被欺凌度除了在“与监护人关系”→抗逆力上表现为负向调节外，对其他关系（亲子关系、同侪关系及师生关系）均表现为正向调节。即留守儿童处于宽松的校园环境中，则越亲密的社会关系（与监护人关系除外）越有利于其抗逆力的形成。而在与监护人关系上，被欺凌度表现为负向调节，即外部环境比较紧张时，与监护人的关系越亲密越有助于留守儿童抗逆力的形成。这说明留守儿童在通过社会关系构筑抗逆力方面，将实际监护

人与其他所有社会关系（包括与父亲关系）区分开来：当留守儿童在学校处于高欺凌状态（紧张环境），他们更倾向于与实际监护人建构关系来培育抗逆力——因为这种关系更实在，更让留守儿童看得见、摸得着。

被欺凌度对社会关系→抗逆力→身心健康模型的后端调节效应显示，除了因变量为身体健康外显维度时调节效应不显著外，其余模型的调节效应均显著，且调节均为正向调节。其含义是在校园欺凌越明显（高逆境）的情况下，留守儿童的抗逆力对身心健康的中介效应越强。这说明培育抗逆力有助于留守儿童在逆境中更好地应对可能出现的不利情景，并降低不利因素对身心健康的影响。

第二节　建议

留守儿童身心健康问题，是我国社会经济发展历程中一个特殊时期、特殊人口群体的人口素质问题。留守儿童身心健康水平的提升，不仅有利于其个人的成长，也有利于我国未来的城市发展、乡村振兴和现代化建设。留守儿童身心健康问题是一个多元因素共同导致的系统性复杂问题，本书仅从社会关系视角提出提升留守儿童身心健康水平的相关政策建议。

一、推进乡村振兴，构建关爱留守儿童身心健康的长效机制

积极落实习近平总书记提出的“乡村振兴”20字方针，构建保障儿童身心健康的长效机制。一是推进农村地区产业发展，激活乡村经济，积极拓宽村民就近就业渠道，增加就近就业岗位；二是积极帮扶有子女的外出务工人员回乡创业，通过回乡创业实现乡村振兴；三是通过乡村振兴提高农村居民生活水平、构建生态良好的农村社区，提高农村生活的便利性、宜居性；四是打造农村和谐家庭的文化氛围，构建家庭成员共同生活的幸福观。

乡村振兴，是减少留守儿童数量、消除留守儿童现象的重要保障。积极推进和实现乡村振兴，有助于逐渐消除留守儿童在身体健康外显维度（身体病患次数、饥饿以及由饥饿导致的精神状态等）和心理健康内隐维度［包括抑郁情绪得分、自我（负面）认知等］等方面显著低于非留守儿童的现象。

二、完善社会生态系统，全面构建保障留守儿童身心健康的社会环境

社会生态系统理论认为，一个人的发展和社会化受到与之有积极互动关系的社会生态环境的影响，社会生态环境由一系列与个体直接相关和间接相关的群体构成，这些多层级的社会群体所构成的社会生态系统对个体产生直接和间接的形塑、神塑的影响。

完善留守儿童的社会生态系统，需要构建留守儿童个人、家庭、学校、农村社区、基层组织等与留守儿童直接相关的良好的农村微观社会生态系统，也需要构建由各种信息媒体形成的诸如崇拜群体、归属群体、意见领导人等参考群体所构成的良好的宏观社会生态系统，进而在多层级的社会生态系统中，让留守儿童获得正向信息、价值认同和社会支持，在社会生态系统的完善与治理中，消减在农村社区和校园中的欺凌等现象。

完善农村社会生态系统，需要强化乡风文明建设，通过切实推进乡风、民风、家风建设，为留守儿童建构良好社会关系打下坚实的外部环境基础。

三、整合社会关系，强化相关群体对留守儿童的正向社会支持

社会关系指留守儿童与其直接相关群体之间的关系，社会关系通过向留守儿童提供正向或负向的社会支持，进而对儿童的身心健康产生深刻影响。解决留守儿童身心健康问题，需要强化与留守儿童相关的各种社会群体向留守儿童提供正向的社会支持。

（一）提升实际监护人的主体监护能力

应综合多方努力，共同促进实际监护人主体监护能力的提升。本书研究结果显示，实际监护人对留守儿童身心健康和抗逆力培育方面的影响均高于其他社会关系；被欺凌度对抗逆力中介效应的调节作用中，“与监护人的关系”的调节方向也不同于其他社会关系。这表明，作为与留守儿童日常接触最多的群体，实际监护人对留守儿童身心健康维度的影响最广泛，也是留守儿童面临逆境时最依赖的群体，甚至留守儿童自己也将与实际监护人的关系同其他社会关系完全区分开来。因此，合适的、具有较高监护能力的实际监护人，将有助于留守

儿童身心健康水平的提升。

在现实中，农村留守儿童的实际监护人多为其爷爷奶奶、外公外婆。受限于实际监护人的年龄、精力、体力、受教育程度等多方面因素，他们对留守儿童的学习帮助和深层次情感关怀比较有限，教育方式和教育技巧也存在局限，还可能较父母有更多的溺爱。因此，首先，基层党组织、社区应当承担起职责，定期组织实际监护人参加科学培育后代的学习培训，提高“爷爷辈”监护人科学监护的能力；其次，学校应强化家校联系，定期与实际监护人进行多元化的互动、沟通；最后，留守儿童的父母要通过多种渠道了解实际监护人是否存在不恰当监护行为，如有，应及时进行纠正。

（二）强化家庭的主体责任和亲子关系的主导作用

应多方面增进亲子关系，强化家庭的主体责任和主导作用。本书研究结果显示，在样本儿童中（众数是 11—12 岁儿童），亲子关系只正向促进留守儿童身心健康的两个维度（身体健康内隐、心理健康内隐），少于非留守儿童，且母亲的影响维度多于父亲；在培育抗逆力方面，父亲的作用则显著强于母亲。这表明，亲子关系对留守儿童身心健康的影响较非留守儿童有限，但母亲在促进儿童部分维度的身心健康方面仍发挥重要作用，而父子关系增强则有助于儿童抗逆力的提升，即在孩子的成长过程中，无论是父亲缺失还是母亲缺失，均会对儿童的身心健康产生显著影响。依恋理论告诉我们，母子依恋与父子依恋对儿童存在不同的正向作用，保持即便短暂但是高频的联系，也有助于亲子依恋关系的维持；而早年遭遇亲子依恋关系的剥夺，则会对儿童当下及未来造成严重伤害。因此，留守儿童的父母应在以下三方面努力强化自己对儿童身心健康的主体责任和主导作用：一是尽可能与儿童保持高频的沟通和联系（如通过微信等途径），并尽可能保持高频率的回家探访，这样可以缓冲陪伴缺失的负面影响；二是在沟通时应拓展交流内容的深度和广度，了解和理解儿童的真实想法和诉求，让儿童感到被父母关心和爱护，既获得物质支持也获得精神支持，使沟通效果事半功倍；三是应当尽量创造条件实现就近就业，或者将孩子随迁到自己的工作地去生活学习。

（三）强化学校和教师的主体责任

应强化学校和教师的主体责任，深化师生关系对留守儿童身心健康的引导作用。本书研究结果显示，除了对留守儿童的身体健康外显和内隐维度上有明显正向促进影响外，师生关系对留守儿童心理健康的外显和内隐维度均没有明显促进作用。要解决上述问题：第一，需要强化师生关系，加强教师与留守儿童的交流、沟通，提升双方的社会关系水平，增强相互信任。教师对留守儿童心理健康缺乏显著正向促进作用，学生工作不够细致、责任心有待进一步强化、方法不恰当等都可能是其中原因。学校可以考虑将教师与留守儿童的交流内容、交往频次以及师风师德等纳入考核范畴。第二，学校要勇于担当，鼓励探索教师在留守儿童教育教学中的自主权，发挥教师的主导作用。随着自媒体在舆论导向中的力量越来越大，部分教师的失职行为被过度放大或者教师的正当行为被误解，教师在教育中的主动作为变得比较保守，或者出于明哲保身的目的，采取不作为行为，降低了其在留守儿童教育工作中应有的职能。要实现提升教师在留守儿童教育中的自主权，发挥教师在教育教学中的主导作用，学校要允许老师犯错，并主动承担老师所犯错误带来的负面效应。第三，学校应采取措施净化校园环境，减少甚至杜绝校园欺凌。

四、多方齐抓共管，全面落实保障留守儿童身心健康的政策措施

深入贯彻落实我国 2016 年《国家卫生计生委关于做好农村留守儿童健康关爱工作的通知》文件的要求，切实加强农村留守儿童保健服务和疾病防治工作，积极推进医疗卫生“进学校、进农村、进家庭”工作，在经费、人员配备等方面监督落实；建议将贫困家庭的留守儿童纳入重点帮扶计划，在切实保障贫困留守儿童“两不愁”（不愁吃、不愁穿）和“三保障”（基本医疗、义务教育和住房安全保障）的基础上，保障儿童饮食安全卫生及营养结构平衡。采用“家庭—学校—医院”三结合等方式，定期选派业务水平扎实的医务人员，深入留守儿童所在学校、乡镇、自然村（社区）等，通过培训、课程选修等方式，提升农村留守儿童实际监护人、所在学校教师及安全人员、留守儿童自身的卫生常识和技能水平，提升这些人员的卫生应急意识以及自救互救能力。此外，还

需持续加强基层党组织在留守儿童身心健康保障中的作用。基层党组织作为一线的基层治理组织，具有较强的群众工作、矛盾问题解决能力，同时，他们又具有对留守儿童的家庭状况、社会关系、身心健康问题熟悉了解等优势，便于及时发现、有效解决留守儿童面临的身心健康问题。

第三节　研究不足与展望

本书的研究可能存在如下不足：

第一，本书所采用数据的样本主要集中在11～12岁年龄段（占比95.76%），由于不同年龄阶段儿童自我认知能力差别较大，对影响身心健康的外部环境（包括社会关系）的适应能力差别也较大，因此，本书结论是否适用于11～12岁以外的其他年龄段有待进一步确认。

第二，本书采用数据为非追踪数据，因而只从静态角度分析留守儿童社会关系与身心健康的关系，但无法确认社会关系变化与留守儿童身心健康变化的关系。

在进一步研究中，一是增加样本年龄的分布宽度，增强结论的外部效度。二是加大定性研究的内容，对一些比较特殊的结论，如“与母亲关系”对抗逆力影响不显著、被欺凌度对“与监护人关系”的调节方向与其他关系完全不同等，运用扎根理论等定性研究方法，进一步开展研究，以探究其内在机理。

参考文献

[1] 安德斯·斯科隆多，索菲亚·拉贝-赫斯基思．广义潜变量模型——多层次、纵贯性以及结构方程模型［M］．陈华珊，叶鹏飞，李洋，等，译．重庆：重庆大学出版社，2011.

[2] 陈成文．社会弱者论：体制转换时期社会弱者的生活状况与社会支持［M］．北京：时事出版社，1999.

[3] 陈强．高级计量经济学及STATA应用：第二版［M］．北京：高等教育出版社，2014.

[4] 戴维·迈尔斯．社会心理学：第11版［M］．侯玉波，乐国安，张智勇，译．北京：人民邮电出版社，2016.

[5] 费孝通．乡土中国［M］．北京：人民出版社，2008.

[6] 郭申阳，马克·W. 弗雷泽．倾向值分析：统计方法与应用［M］．郭志刚，巫锡炜，译．重庆：重庆大学出版社，2012.

[7] 马建青．心理卫生与心理咨询论丛［M］．杭州：浙江大学出版社，2005.

[8] 乔纳森·H. 特纳．社会学理论的结构：第七版［M］．邱译奇，张茂元，译．北京：华夏出版社，2006.

[9] 苏毓淞．倾向值匹配法的概述与应用［M］．重庆：重庆大学出版社，2017.

[10] 威廉·詹姆斯．心理学原理（精华本）［M］．李红艳，译．北京：中国商业出版社，2009.

[11] 吴明隆．问卷统计分析实务——SPSS操作于应用［M］．重庆：重庆大学出版社，2010.

[12] 中共中央马克思恩格斯列宁斯大林著作编译局．马克思恩格斯全集（第42卷）[M]．北京：人民出版社，1979.

[13] 边慧敏，崔佳春，唐代盛．中国欠发达地区农村留守儿童健康水平及其治理思考 [J]．社会科学研究，2018（2）.

[14] 边燕杰，张文宏．经济体制、社会网络与职业流动 [J]．中国社会科学，2001（2）.

[15] 操小兰，文丝莹，柯晓殷，等．深圳市中学生校园欺凌及其与生存质量的相关性 [J]．中国学校卫生，2019，40（11）.

[16] 常进锋，刘烁梅，虎军．甘肃省某县农村留守儿童校园欺凌行为现状 [J]．中国学校卫生，2018，39（9）.

[17] 陈成文，潘泽泉．论社会支持的社会学意义 [J]．湖南师范大学社会科学学报，2000（6）.

[18] 陈丽，王晓华，屈智勇．流动儿童和留守儿童的生长发育与营养状况分析 [J]．中国特殊教育，2010（8）.

[19] 陈在余．中国农村留守儿童营养与健康状况分析 [J]．中国人口科学，2009（5）.

[20] 邓纯考．农村留守儿童社区支持的资源与路径——基于西部地区四省两区的调研 [J]．教育发展研究，2013，33（1）.

[21] 丁继红，徐宁吟．父母外出务工对留守儿童健康与教育的影响 [J]．人口研究，2018，42（1）.

[22] 杜琼．农村留守初中生社会支持、生活满意度与心理健康的关系研究 [D]．扬州：扬州大学，2009.

[23] 杜文军，刘馨宇，张建明，等．小学高年级留守儿童亲子依恋与养育状况关系分析 [J]．中国学校卫生，2015，36（6）.

[24] 段成荣，赖妙华，秦敏．21世纪以来我国农村留守儿童变动趋势研究 [J]．中国青年研究，2017（6）.

[25] 段成荣，杨舸．我国农村留守儿童状况研究 [J]．人口研究，2008（3）.

[26] 段成荣，袁艳，郭静．我国流动人口的最新状况 [J]．西北人口，2013，34（6）.

［27］段成荣，周福林．我国留守儿童状况研究［J］．人口研究，2005（1）．

［28］方晓义，徐洁，孙莉，等．家庭功能：理论、影响因素及其与青少年社会适应的关系［J］．心理科学进展，2004（4）．

［29］冯宝轩．基于社会网络理论产业集群升级理论及其实证研究［D］．长春：吉林大学，2008.

［30］谷禹，王玲，秦金亮．布朗芬布伦纳从襁褓走向成熟的人类发展观［J］．心理学探新，2012，32（2）．

［31］顾东风，HE J，段秀芳，等．中国成年人体重与死亡率的关系［J］．中华内分泌代谢杂志，2007，23（4）．

［32］何婷婷．留守儿童和流动儿童身心健康状况及其影响因素的比较研究［D］．上海：华东理工大学，2017.

［33］贺寨平．国外社会支持网研究综述［J］．国外社会科学，2001（1）．

［34］侯静．依恋理论与社会网络理论的进展［J］．心理发展与教育，2008（1）．

［35］胡安宁．倾向值匹配与因果推论：方法论述评［J］．社会学研究，2012，27（1）．

［36］胡春光．校园欺凌行为：意涵、成因及其防治策略［J］．教育研究与实验，2017（1）．

［37］胡芳芳，桑青松．3—5岁流动儿童心理理论发展与家庭功能的关系［J］．学前教育研究，2011（7）．

［38］胡心怡，刘霞，申继亮，等．生活压力事件、应对方式对留守儿童心理健康的影响［J］．中国临床心理学杂志，2007（5）．

［39］黄亮，赵德成．中学校园欺凌：现状、后果及其应对策略——基于中国四省（市）与OECD国家数据的研究［J］．现代教育管理，2018（12）．

［40］江荣华．农村留守儿童心理问题现状及对策［J］．成都行政学院学报（哲学社会科学），2006（1）．

［41］解立军．校园欺凌中之学校和教师的法律责任及其规避策略［J］．中小学管理，2016（8）．

[42] 近千万留守儿童一年到头见不到父母 [J]. 云南教育(视界时政版), 2015, 793 (7).

[43] 孔炜莉. 社会网络对留守儿童身心健康的影响 [J]. 宁夏社会科学, 2009 (2).

[44] 雷芳. 不同地区留守儿童心理健康状况和人格特征比较 [J]. 中国健康心理学杂志, 2010, 18 (1).

[45] 李光友, 陶方标. 14~16 岁留守儿童心理状况及自杀倾向分析 [J]. 中国公共卫生, 2009, 25 (8).

[46] 李培林, 田丰. 中国农民工社会融入的代际比较 [J]. 社会, 2012, 32 (5).

[47] 李强, 臧文斌. 父母外出对留守儿童健康的影响 [J]. 经济学(季刊), 2011, 10 (1).

[48] 李强. 关注转型时期的农民工问题(之三)户籍分层与农民工的社会地位 [J]. 中国党政干部论坛, 2002 (8).

[49] 李庆丰. 农村劳动力外出务工对"留守子女"发展的影响——来自湖南、河南、江西三地的调查报告 [J]. 上海教育科研, 2002 (9).

[50] 李晓敏, 罗静, 高文斌, 等. 有留守经历大学生的负性情绪、应对方式、自尊水平及人际关系研究 [J]. 中国临床心理学杂志, 2009, 17 (5).

[51] 李旭, 豆小红. 社会失范、教养偏差与青少年犯罪关系探讨 [J]. 中国青年研究, 2014 (6).

[52] 李竹馨. 中学生抗逆力及影响因素研究 [D]. 西安: 西北大学, 2017.

[53] 梁玉成, 鞠牛. 社会网络对健康的影响模式的探索性研究——基于网络资源和个体特征的异质性 [J]. 山东社会科学, 2019 (5).

[54] 梁在, 李巧. 劣势处境对农村儿童身体健康的影响——基于社会支持和饮食摄入视角的分析 [J]. 人口学刊, 2022, 44 (5).

[55] 廖传景. 留守儿童安全感研究 [D]. 重庆: 西南大学, 2015.

[56] 林宏. 福建省"留守孩"教育现状的调查 [J]. 福建师范大学学报(哲学社会科学版), 2003 (3).

[57] 刘方然. 农村留守儿童社会互动关系和自我概念发展的关系研究 [D]. 郑州: 河南大学, 2017.

[58] 刘霞，胡心怡，申继亮．不同来源社会支持对农村留守儿童孤独感的影响［J］．河南大学学报（社会科学版），2008（1）．

[59] 刘晓，吴梦雪．“围观群体”在校园欺凌中的角色与行为机制研究［J］．全球教育展望，2018，47（2）．

[60] 刘欣．基于结构方程模型的留守儿童心理健康及社会性发展关系研究［D］．西安：陕西师范大学，2010.

[61] 刘岩．社会工作介入农村留守儿童成长问题的个案研究［D］．长春：吉林农业大学，2019.

[62] 刘艳．大学生网络欺凌应对方式与自尊、社会支持的关系［D］．昆明：云南师范大学，2013.

[63] 刘志军．留守儿童的定义检讨与规模估算［J］．广西民族大学学报（哲学社会科学版），2008（3）．

[64] 罗国芬．从1000万到1.3亿：农村留守儿童到底有多少［J］．青年探索，2005（2）．

[65] 罗怡，刘长海．校园欺凌行为动因的匮乏视角及其启示［J］．教育科学研究，2016（2）．

[66] 吕绍清．中国农村留守儿童问题研究［J］．中国妇运，2006（6）．

[67] 马雷军．让每个学生都安全：校园欺凌相关问题及对策研究［J］．中小学管理，2016（8）．

[68] 彭小辉，傅宇辰，史清华．农民工汇款对留守儿童教育的影响及其作用机制——基于CFPS数据的实证分析［J］．中国农村观察，2022（5）．

[69] 钱铭怡，武国城，朱荣春，等．艾森克人格问卷简式量表中国版（EPQ-RSC）的修订［J］．心理学报，2000（3）．

[70] 丘海雄，陈健民，任焰．社会支持结构的转变：从一元到多元［J］．社会学研究，1998（4）．

[71] 全国妇联课题组．全国农村留守儿童 城乡流动儿童状况研究报告［J］．中国妇运，2013（6）．

[72] 任海涛．“校园欺凌”的概念界定及其法律责任［J］．华东师范大学学报（教育科学版），2017，35（2）．

[73] 任远，邬民乐．城市流动人口的社会融合：文献述评［J］．人口研

究，2006（3）.

[74] 宋月萍，韩筱，崔龙韬. 困境留守儿童社会排斥状况及对健康的影响[J]. 人口研究，2020，44（2）.

[75] 宋月萍，张耀光. 农村留守儿童的健康以及卫生服务利用状况的影响因素分析[J]. 人口研究，2009，33（6）.

[76] 宋月萍. 中国农村儿童健康：家庭及社区影响因素分析[J]. 中国农村经济，2007（10）.

[77] 苏春景，徐淑慧，杨虎民. 家庭教育视角下中小学校园欺凌成因及对策分析[J]. 中国教育学刊，2016（11）.

[78] 孙立平. "关系"、社会关系与社会结构[J]. 社会学研究，1996（5）.

[79] 孙时进，施泽艺. 校园欺凌的心理因素和治理方法：心理学的视角[J]. 华东师范大学学报（教育科学版），2017，35（2）.

[80] 孙文凯，王乙杰. 父母外出务工对留守儿童健康的影响——基于微观面板数据的再考察[J]. 经济学（季刊），2016，15（3）.

[81] 唐冬纯，蔡伟聪，李丽萍. 广州留守与非留守儿童校园受欺凌情况及其影响因素[J]. 中国学校卫生，2018，39（7）.

[82] 田疆，张欣，汪培山. 儿童孤独症危险因素的研究[D]. 天津：天津医科大学，2006.

[83] 田旭，黄莹莹，钟力，等. 中国农村留守儿童营养状况分析[J]. 经济学（季刊），2018，17（1）.

[84] 同雪莉. 留守儿童抗逆力生成研究[D]. 南京：南京大学，2016.

[85] 同雪莉. 抗逆力的发展：人格、家庭环境及生活事件的影响[J]. 中国健康心理学杂志，2017，25（5）.

[86] 童宗斌，风笑天. 独生子女青少年社会化过程中的自我认知——对全国14个城市青少年社会化状况的调查分析[J]. 青年探索，2005（2）.

[87] 万江红，李安冬. 从微观到宏观：农村留守儿童抗逆力保护因素分析——基于留守儿童的个案研究[J]. 华东理工大学学报（社会科学版），2016，31（5）.

[88] 汪建华，黄斌欢. 留守经历与新工人的工作流动 农民工生产体制如

何使自身面临困境［J］．社会，2014，34（5）．

［89］王健，李春玫，谢飞，等．江西省高中生校园欺凌影响因素分析［J］．中国学校卫生，2018，39（12）．

［90］王良锋，张顺，孙业桓，等．农村留守儿童孤独感现况研究［J］．中国行为医学科学，2006（7）．

［91］王跃生．中国家庭代际关系的理论分析［J］．人口研究，2008（4）．

［92］魏叶美，范国睿．社会学理论视域下的校园欺凌现象分析［J］．教育科学研究，2016（2）．

［93］温义媛，曾建国．留守经历对大学生人格及心理健康影响［J］．中国公共卫生，2010，26（2）．

［94］文育锋，王金权，刘荣强，等．皖南农村留守儿童健康状况的研究［J］．现代预防医学，2008（4）．

［95］邬志辉，李静美．农民工随迁子女在城市接受义务教育的现实困境与政策选择［J］．教育研究，2016，37（9）．

［96］吴方文，宋映泉，黄晓婷．校园欺凌：让农村寄宿生更“受伤”——基于17841名农村寄宿制学校学生的实证研究［J］．中小学管理，2016（8）．

［97］吴杰梅．社会支持与留守儿童社会化的关系研究［D］．桂林：广西师范大学，2018.

［98］吴霓．农村留守儿童问题调研报告［J］．教育研究，2004（10）．

［99］吴培材．父母外出务工对农村留守儿童身心健康的影响研究［J］．南方经济，2020（1）．

［100］吴倩岚．农村留守与非留守儿童身心健康状况及影响因素分析［D］．武汉：华中科技大学，2009.

［101］吴强．留守青少年校园欺凌现象影响研究［D］．合肥：安徽大学，2017.

［102］吴瑞，李建桥，刘琴，等．留守中学生生活事件与应对方式对心理健康的影响［J］．卫生研究，2014，43（4）．

［103］吴愈晓．社会关系、初职获得方式与职业流动［J］．社会学研究，2011，26（5）．

［104］吴元发．知识与德行的断裂：校园欺凌者何以知善而不为善——从学生意志薄弱现象看校园欺凌事件［J］．教育发展研究，2018，38（12）．

［105］肖鸿．试析当代社会网研究的若干进展［J］．社会学研究，1999（3）．

［106］肖水源．《社会支持评定量表》的理论基础与研究应用［J］．临床精神医学杂志，1994（2）．

［107］谢家树，魏宇民，ZHU Z. 当代中国青少年校园欺凌受害模式探索：基于潜在剖面分析［J］．心理发展与教育，2019，35（1）．

［108］邢淑芬，梁熙，岳建宏，等．祖辈共同养育背景下多重依恋关系及对幼儿社会——情绪性发展的影响［J］．心理学报，2016，48（5）．

［109］熊凤水，慕良泽．农民工城市适应：层次及其转型——基于社会关系理论的分析［J］．调研世界，2007（7）．

［110］许明．英国中小学校园欺凌现象及其解决对策［J］．青年研究，2008（1）．

［111］严骏夫，徐选国．社会资本、抗逆力与留守儿童的教育获得——基于7省“农村中小学生发展状况调查”的实证研究［J］．中国农业大学学报（社会科学版），2020，37（2）．

［112］杨帆，俞冰，朱永新，等．校园欺凌与学校归属感的相关效应：来自新教育实验的证据［J］．课程·教材·教法，2017，37（5）．

［113］杨丽珠，徐敏．教师期望对幼儿自我认知积极偏向的影响：师生关系的中介效应［J］．心理与行为研究，2015，13（5）．

［114］杨岭，毕宪顺．中小学校园欺凌的社会防治策略［J］．中国教育学刊，2016（11）．

［115］杨雪岭，冯现刚，崔梓天．大学生的留守经历与心理韧性、心理病理症状［J］．中国心理卫生杂志，2014，28（3）．

［116］杨元花．初中生安全感发展的家庭动因研究［D］．长沙：湖南师范大学，2006.

［117］叶敬忠，王伊欢，张克云，等．对留守儿童问题的研究综述［J］．农业经济问题，2005（10）．

［118］叶一舵，白丽英．国内外关于亲子关系及其对儿童心理发展影响的

研究［J］．福建师范大学学报（哲学社会科学版），2002（2）．

［119］一张．“留守儿童”［J］．瞭望新闻周刊，1994（45）．

［120］于海琴．亲子依恋对儿童社会性发展影响的研究进展［J］．华中科技大学学报（人文社会科学版），2002（1）．

［121］于士伟，武春雷，王博，等．安阳市寄宿中学生校园欺凌与焦虑症状的相关性［J］．中国学校卫生，2020，41（10）．

［122］袁书华，邢占军．多元福利范式下农村留守儿童主观幸福感研究［J］．中国特殊教育，2018（12）．

［123］张高华．留守儿童心理研究文献综述［J］．山东师范大学学报（人文社会科学版），2016（5）．

［124］张克云，叶敬忠．留守儿童社会支持网络的特征分析——基于四川省青神县一个村庄的观察［J］．中国青年研究，2010（2）．

［125］张文宏，阮丹青．城乡居民的社会支持网［J］．社会学研究，1999（3）．

［126］张小华，项宗友．浙江中学生校园欺凌的实证调查及影响因素分析——以生活方式理论和日常活动理论为视角［J］．晋阳学刊，2016（5）．

［127］张元．自我认知的实现路径［J］．宁夏社会科学，2013（5）．

［128］赵晨晓，董志勇．父母外出务工与农村留守儿童健康——基于CFPS微观证据的考察［J］．湖北社会科学，2021（2）．

［129］赵嘉琦，安媛媛．留守儿童抗逆力与抑郁情绪的关系：反刍思维和情绪灵活性的中介作用［C］//中国心理学会．第二十二届全国心理学学术会议摘要集．北京：中国心理学会，2019.

［130］赵景欣，刘霞，张文新．同伴拒绝、同伴接纳与农村留守儿童的心理适应：亲子亲合与逆境信念的作用［J］．心理学报，2013，45（7）．

［131］赵茜．留守儿童的抗逆力——内蒙古赤峰市巴林右旗留守儿童个案研究［D］．北京：中国人民大学，2007.

［132］赵如婧，周皓．儿童健康发展的比较研究［J］．青年研究，2018（1）．

［133］中国人口与发展研究中心课题组，桂江丰，马力，等．中国人口城镇化战略研究［J］．人口研究，2012，36（3）．

[134] 周福林，段成荣．留守儿童研究综述［J］．人口学刊，2006（3）．

[135] 周林刚，冯建华．社会支持理论——一个文献的回顾［J］．广西师范学院学报，2005（3）．

[136] 周嵚，石国兴．积极心理学介绍［J］．中国心理卫生杂志，2006（2）．

[137] 周铁民，阴国恩．中国青少年心理健康素质·自我的研究［J］．心理与行为研究，2007（4）．

[138] 周永红，李慧玲，吕催芳．农村留守儿童自我意识及其保护性因素的研究［J］．教育学术月刊，2013（12）．

[139] 周遵琴，李森，刘海燕．留守儿童身体健康状况及影响因素分析——以贵州省为例［J］．贵州民族研究，2015，36（6）．

[140] 邹红军，柳海民，王运豪．概念·成因·治策：我国校园欺凌研究的三维构景——基于相关文献的述评［J］．教育科学研究，2019（7）．

[141] 国家卫生计生委．《国家卫生计生委关于做好农村留守儿童健康关爱工作的通知》解读［EB/OL］．（2016-05-25）［2020-11-05］．http：//www.gov.cn/zhengce/2016-05/25/content_5076670.htm.

[142] 国家统计局．2011 年我国农民工监测调查报告［EB/OL］．（2012-04-27）［2020-11-05］．http：//www.stats.gov.cn/ztjc/ztfx/fxbg/201204/t20120427_16154.html.

[143] 国家统计局．2019 年农民工监测调查报告［EB/OL］．（2020-04-30）［2020-11-05］．http：//www.stats.gov.cn/tjsj/zxfb/202004/t20200430_1742724.html.

[144] 国家统计局．2021 年我国农民工监测调查报告［EB/OL］．（2022-04-29）［2022-11-27］．http：//www.stats.gov.cn/sj/zxfb/202302/t20230203_1901452.html.

[145] 国家卫生计生委流动人口司．11 月例行发布会材料：《中国流动人口发展报告（2015）》有关情况［EB/OL］．（2015-11-11）［2020-11-05］．http：//www.nhc.gov.cn/xcs/s3574/201511/07b8efe0246e4a59bd45d1fd7f4e3354.shtml.

[146] 国务院．国务院关于加强农村留守儿童关爱保护工作的意见［EB/OL］．（2016-02-14）［2020-11-05］．http：//www.gov.cn/zhengce/content/

2016-02/14/content_ 5041066. htm.

［147］国务院教育督导委员会办公室．国务院教育督导委员会办公室关于开展校园欺凌专项治理的通知［EB/OL］．(2016-05-09)［2020-11-05］．http：//www. gov. cn/xinwen/2016-05/09/content_ 5081203. htm.

［148］郭泽涵．李克强：去年常住人口城镇化率首次超过 60%［EB/OL］．(2020-05-22)［2020-11-05］．http：//www. china. com. cn/lianghui/news/2020-05/22/content_ 76075730. shtml.

［149］教育部，中央综治办，最高人民法院，等．教育部等九部门关于防治中小学生欺凌和暴力的指导意见［EB/OL］．(2016-11-02)［2020-11-05］．http：//www. moe. gov. cn/srcsite/A06/s3325/201611/t20161111_ 288490. html.

［150］潘跃．民政部发布数据显示 农村留守儿童少了两成多［EB/OL］．(2018-11-02)［2020-11-05］．http：//www. gov. cn/guowuyuan/2018-11/02/content_ 5336714. htm.

［151］中华人民共和国国民经济和社会发展第十四个五年规划和 2035 年远景目标纲要［EB/OL］．(2021-03-13)［2022-11-27］．http：//www. gov. cn/xinwen/2021-03/13/content_ 5592681. htm.

［152］AINSWORTH M D S，WITTIG B A. Attachment and the exploratory behaviour of one-year-olds in a strange situation［M］// Foss B M. Determinants of infant behaviour，Vol. 4. London：Methuen，1969.

［153］AINSWORTH M D S. Infancy in Uganda：infant care and the growth of love［M］. Baltimore：Johns Hopkins University Press，1967.

［154］BOWLBY J. Attachment and loss，Vol. Ⅱ：Separation［M］. New York：Basic Books，1973.

［155］BOWLBY J. Attachment and loss，Vol. Ⅰ：Attachment［M］. New York：Basic Books，1969.

［156］BRONFENBRENNER U. The ecology of human development：Experiments by nature and design［M］. Boston：Harvard University Press，1979.

［157］BURT R S. Structural holes［M］. Boston：Harvard University Press，1992.

［158］COHEN S，SYME S L. Issues in the study and application of social support [M] // COHEN S, SYME S L. Social support and health. New York: Academic Press, 1985.

[159] COLOROSO B. The bully, the bullied, and the bystander: from preschool to hHigh school--how parents and teachers can help break the cycle of violence [M]. New York: Harper Re-source, 2003.

[160] GUNNAR M R, COLLINS W A. Development during the transition to adolescence: the minnesota symposia on child psychology [M]. Vermont: Psychology Press, 2013.

[161] HAIR J F, BLACK W C, BABIN B J, et al. Multivariate data analysis: 7th edition [M]. London: Pearson, 2014.

[162] HAZAN C. Intimate attachment capacity to love and be loved [M] // PETERSON C, SELIGMAN M E P. The values in action classification of strenghs and virtues. Washington, D. C.: American Psychological Association, 2004.

[163] HOUSE J S. Work stress and social support [M]. Reacling: Addiscon-Wesley Institute for social research, 1981.

[164] KUMPFER K L. Factors and processes contributing to resilience [M] // GLANTZ M D, JOHNSON J L. Resilience and Development. Boston: Springer, 2002.

[165] LACZKO F, LÖNNBACK L J. Migration and the United Nations post-2015 development agenda [M]. Geneva: International Organization for Migration, 2013.

[166] LANG F R. Social motivation across the life span [M] // LANG F R, FINGERMAN K L. Advances in personal relationships. Growing together: Personal relationships across the lifespan. London: Cambridge University Press, 2004.

[167] MASLOW A H. Motivation and personality [M]. New York: Harper and Row, 1954.

[168] MASTEN A S, WRIGHT M O D. Resilience over the lifespan: developmental perspectives on resistance, recovery, and transformation [M] //REICH J W, ZAUTRA A J, HALL J S. Handbook of adult resilience. New York: The Guilford Press, 2010.

[169] MITCHELL J C. The concept and use of social networks [M] //MITCHELL J C. Social network in urban situations. Manchester: Manchester University

Press, 1969.

[170] OLWEUS D. Bullying at School [M] //HUESMANN L R. Aggressive Behavior. London: Springer, 1994.

[171] PALLANT J. SPSS survival manual: a step by step guide to data analysis using SPSS: 4th edition [M] . Austrialia: Allen & Unwin, 2011.

[172] RHEINGOLD H L. The effect of a strange environment on the behaviour of infants [M] //FOSS B M. Determinants of infant behaviour, Vol. 4. London: Methuen; New York: Barnes & Noble, 1969.

[173] SHAVER P R, MIKULINCER M. Adult attachment strategies and the regulation of emotion [M] //GROSS J J. Handbook of emotion regulation New York: Guiford Press, 2007.

[174] STEELE H, STEELE M. Understanding and resolving emotional conflict: the London parent-child project [M] //GROSSMANN K E, WATERS E. Attachment from infancy to adulthood: The major longitudinal studies. New York: Guilford Press, 2005.

[175] WALDER A G. Communist Neo-traditionalism: work and authority in Chinese industry [M] . Berkeley: University of California Press, 1988.

[176] WILLS T A. Social support and interpersonal relationships [M] // CLARK M S. Review of Personality and Social Psychology, Vol. 12. Prosocial behavior. Sage Publications, Inc. , 1991.

[177] WILLS T A. Supportive functions of interpersonal relationships [M] // COHEN S, SYME S L. Social Support and Health. New York: Academic Press, 1985.

[178] World Health Organization. The first ten years of the World Health Organization [M] . Greneva: World Health Organization, 1958.

[179] ADHIKARI R, JAMPAKLAY A, CHAMRATRITHIRONG A, et al. The impact of parental migration on the mental health of children left behind [J] . Journal of immigrant and minority health, 2014, 16 (5) .

[180] ADOLPHS R. Cognitive neuroscience of human social behaviour [J] . Nature reviews neuroscience, 2003, 4 (3) .

[181] AGID O, SHAPIRA B, ZISLIN J, et al. Environment and vulnerability to major psychiatric illness: a case control study of early parental loss in major depression, bipolar disorder and schizophrenia [J] . Molecular psychiatry, 1999, 4.

[182] AINSWORTH M D S, BOWLBY J. An ethological approach to personality development [J] . American psychologist, 1991, 46 (4) .

[183] ANTÓN J I. The impact of remittances on nutritional status of children in ecuador [J] . International migration review, 2010, 2.

[184] BALOG J E. The meaning of health [J] . Journal of health education, 2005, 36 (5) .

[185] BARNES L L, DE LEON C F M, WILSON R S, et al. Social resources and cognitive decline in a population of older African Americans and whites [J] . Neurology, 2004, 63 (12) .

[186] BARON, KENNY. The moderator-mediator variable distinction in social psychological research: conceptual, strategic, and statistical considerations [J] . Journal of personality and social psychology, 1986, 51 (6) .

[187] BATSCHE G M, KNOFF H M. Bullies and their victims: understanding a pervasive problem in the schools [J] . School psychology review, 1994, 23 (2) .

[188] BENZIES K, MYCHASIUK R. Fostering family resiliency: a review of the key protective factors [J] . Child & family social work, 2009, 14 (1) .

[189] BERKMAN L F, GLASS T, BRISSETTE I, et al. From social integration to health: Durkheim in the new millennium [J] . Social science & medicine, 2000, 51 (6) .

[190] BERKMAN L F. The role of social relations in health promotion [J] . Psychosomatic medicine, 1995, 57.

[191] BIFULCO A, BERNAZZANI O, MORAN P, et al. Lifetime stressors and recurrent depression: preliminary findings of the Adult Life Phase Interview (ALPHI) [J] . Soc psychiatry psychiatr epidemiol, 2000, 35 (6) .

[192] BOLDT L J, KOCHANSKA G, YOON J E, et al. Children's attachment to both parents from toddler age to middle childhood: links to adaptive and maladaptive outcomes [J] . Attachment & human development, 2014, 16.

[193] BOND L, CARLIN J B, THOMAS L, et al. Does bullying cause emotional problems? A prospective study of young teenagers [J]. Bmj clinical research, 2001, 73 (11).

[194] BOURDIEU P. Le capital social: notes provisoires [J]. Actes de la recherche en sciences sociales, 1980, 31 (1).

[195] BOWLBY J. Attachment and loss: retrospect and prospect [J]. American journal of orthopsychiatry, 1982, 52 (4).

[196] BOWLBY J. Forty-four juvenile thieves: their characters and home lives [J]. International journal of psycho-analysis, 1944, 25.

[197] BOWLBY J. Grief and mourning in infancy and early childhood [J]. The psychoanalytic study of the Child, 1960, 15.

[198] BOWLBY J. Separation anxiety [J]. International journal of psycho-analysis, 1960, 41.

[199] BOWLBY J. The nature of the child's tie to his mother [J]. International journal of psycho-analysis, 1958, 39 (5).

[200] BRADLEY R H, CORWYN R F. Socioeconomic status and child development [J]. Annual review of psychology, 2002, 53 (1).

[201] BRADSHAW J, CROUS G, REES G, et al. Comparing children's experiences of schools-based bullying across countries [J]. Children & youth services review, 2017 (6).

[202] BRETHERTON I. The origins of attachment theory: John Bowlby and Mary Ainsworth [J]. Developmental psychology, 1992, 28 (5).

[203] BRONFENBRENNER U. Ecological systems theory [J]. Annals of child development, 1992, (6).

[204] BRUMARIU L E, KERNS K A. Parent-child attachment and internalizing symptoms in childhood and adolescence: a review of empirical findings and future directions [J]. Development and psychopathology, 2010, 22.

[205] CACIOPPO J T, CACIOPPO S. Social relationships and health: the toxic effects of perceived social isolation [J]. Social and personality psychology compass, 2014, 8 (2).

[206] CHRISTAKIS N A, FOWLER J H. Social contagion theory: examining dynamic social networks and human behavior [J]. Statistics in medicine, 2013, 32 (4).

[207] COHEN S, DOYLE W J, SKONER D P, RABIN B S, et al. Social ties and susceptibility to the common cold [J]. Journal of the American medical association, 1997, 277.

[208] COHEN S, DOYLE W J, TURNER R, et al. Sociability and susceptibility to the common cold [J]. Psychologicla science, 2003, 14.

[209] COHEN S, GOTTLIEB B H, UNDERWOOD L G. Social relationships and health: challenges for measurement and intervention [J]. Advances in mind-body medicine, 2001, 17 (2).

[210] COHEN S, WILLS T A. Stress, social support, and the buffering hypothesis [J]. Psychological bulletin, 1985, 98 (2).

[211] COHEN S. Social relationships and health [J]. American psychologist, 2004, 59 (8).

[212] COLEMAN J S. Social capital in the creation of human capital [J]. American journal of sociology, 1988, 94.

[213] CONNOR K M, DAVIDSON J R T. Development of a new resilience scale: the Connor-Davidson resilience scale (CD-RISC) [J]. Depression and anxiety, 2003, 18 (2).

[214] CONTRADA R J, ASHMORE R D. Self and social identity: key to understanding social and behavioral aspects of physical health and disease? [J]. Rutgers series on self and social identity, 1999, 2.

[215] DE LA GARZA R. Migration, development and children left behind: a multidimensional perspective [R]. New York: UNICEF, 2010.

[216] DU S, MROZ T A, ZHAI F, et al. Rapid income growth adversely affects diet quality in China--particularly for the poor! [J]. Social science & medicine, 2004, 59 (7).

[217] ERNST J M, HEESACKER M. Application of the elaboration likelihood model of attitude change to assertion training [J]. Journal of counseling psychology,

1993, 40 (1) .

[218] FISKE A P. The four elementary forms of sociality: framework for a unified theory of social relations [J] . Psychological review, 1992, 99 (4) .

[219] FORD M E. Social cognition and social competence in adolescence [J] . Developmental psychology, 1982, 18 (3) .

[220] FULLER-THOMSON E. Grandparents raising grandchildren in Canada: a profile of skipped generation families [D] . Hamilton: McMaster University, 2005.

[221] GAERTNER L, SEDIKIDES C, CHANG K. On pancultural self-enhancement: well-ajusted Taiwanese self-enhance on personally valued traits [J] . Journal of cross-cultural psychology, 2008, 39 (4) .

[222] GARMEZY N, MASTEN A S, TELLEGEN A. The study of stress and competence in children: a building block for developmental psychopathology. [J] . Child Dev, 1984, 55 (1) .

[223] GE T, WANG L. Multidimensional child poverty, social relationships and academic achievement of children in poor rural areas of China [J] . Children and youth services review, 2019, 103.

[224] GE Y, SE J, ZHANG J. Research on relationship among internet-addiction, personality traits and mental health of urban left-behind children [J] . Global journal of health science, 2015, 7 (4) .

[225] GIBSON J, MCKENZIE D, STILLMAN S. Accounting for selection and duration-dependent heterogeneity when estimating the impact of emigration on incomes and poverty in sending areas [J] . Economic development and cultural change, 2013, 61 (2) .

[226] GOW A J, CORLEY J, STARR J M, et al. Which social network or support factors are associated with cognitive abilities in old age? [J] . Gerontology, 2013, 59 (5) .

[227] GRANOVETTER M S. Economic action and social structure: the problem of embeddedness [J] . American journal of sociology, 1985, 91 (3) .

[228] GRANOVETTER M S. The strength of weak ties [J] . American journal of sociology, 1973, 78 (6) .

[229] GROSSMAN M. On the concept of health capital and the demand for health [J] . Journal of political economy, 1972, 80 (2) .

[230] GUDLAUGSDOTTIR G R, VILHJALMSSON R, KRISTJANSDOTTIR G, JACOBSEN R, MEYROWITSCH D. Violent behavior among adolescents in iceland: a national survey [J] . International journal of epidemiology, 2004, 33 (5) .

[231] HÄRKÖNEN U. The Bronfenbrenner ecological systems theory of human development [C] . Scientific articles of v international conference, 2007.

[232] HARTUP W W. Social relationships and their developmental significance [J] . American psychologist, 1989, 44 (2) .

[233] HAWKINS D L, PEPLER D J, CRAIG W M. Naturalistic observations of peer interventions in bullying [J] . Social development, 2001, 10 (4) .

[234] HAWKLEY L C, HUGHES M E, WAITE L J, et al. From social structural factors to perceptions of relationship quality and loneliness: the Chicago health, aging, and social relations study [J] . The journals of gerontology: series B, psychological sciences and social sciences, 2008, 63 (6) .

[235] HAYNIE D L, NANSEL T, EITEL P, et al. Bullies, victims, and bully/victims: distinct groups of at-risk youth [J] . The journal of early adolescence, 2001, 21 (1) .

[236] HECKMAN J J. Assessing the case for social experiments [J] . Journal of economic perspectives, 1995, 9 (2): 85-110.

[237] HECKMAN J J. Sample selection bias as a specification error [J] . Econometrica, 1979, 47.

[238] HINDE R A. Interactions, relationships and social structure [J] . Man, 1976, 11 (1) .

[239] HIRSCHI A, NILES S G, AKOS P. Engagement in adolescent career preparation: social support, personality and the development of choice decidedness and congruence [J] . Journal of adolescence, 2011, 34 (1) .

[240] HOLT-LUNSTAD J, TIMOTHY B S, LAYTON J B. Social relationships and mortality risk: a meta-analytic review [J] . PLOS Medicine, 2010, 7 (7) .

[241] HOWES C. Patterns of friendship [J] . Child development, 1983, 54 (4) .

[242] JACOBS R H, REINECKE M A, GOLLAN J K, et al. Empirical evidence of cognitive vulnerability for depression among children and adolescents: A cognitive science and developmental perspective [J]. Clin Psychol Rev, 2008, 28 (5).

[243] JAN C, ZHOU X, STAFFORD R S. Improving the health and well-being of children of migrant workers [J]. Bulletin of the World Health Organization, 2017, 95 (12).

[244] JARVINEN D W, NICHOLLS J G. Adolescents' social goals, beliefs about the causes of social success, and satisfaction in peer relations [J]. Developmental psychology, 1996, 32 (3).

[245] JIA Z, TIAN W. Loneliness of left-behind children: a cross-sectional survey in a sample of rural China [J]. Child Care Health Dev, 2010, 36 (6).

[246] KELLY M E, DUFF H, KELLY S, et al. The impact of social activities, social networks, social support and social relationships on the cognitive functioning of healthy older adults: a systematic review [J]. Systematic reviews, 2017, 6 (1).

[247] KERNS K A, KLEPAC L, COLE A. Peers relationships and preadolescents' perceptions of security in the child-mother relationship [J]. Developmental psychology, 1996, 32.

[248] KEYS A, FIDANZA F, KARVONEN M J, KIMURA N, TAYLOR H L. Indices of relative weight and obesity [J]. Journal of chronic diseases, 1972, 25 (6-7).

[249] KOCHANSKA G, KIM S. Early attachment organization with both parents and future behavior problems: from infancy to middle childhood [J]. Child development, 2013, 84.

[250] LAN X, MOSCARDINO U. Direct and interactive effects of perceived teacher-student relationship and grit on student wellbeing among stay-behind early adolescents in urban China [J]. Learning and individual differences, 2019, 69.

[251] LANG F R, CARSTENSEN L L. Time counts: future time perspective, goals, and social relationships [J]. Psychology and aging, 2002, 17 (1).

[252] LANG F R , HECKHAUSEN J. Perceived control over development and

subjective well-being: differential benefits across adulthood [J]. Journal of personality and social psychology, 2001, 81 (3).

[253] LATKIN C A, KNOWLTON A R. Social network assessments and interventions for health behavior change: a critical review [J]. Behavioral medicine, 2015, 41 (3).

[254] LEPORE S J, SILVER R C, WORTMAN C B, et al A. Social constraints, intrusive thoughts, and depressive symptoms among bereaved mothers [J]. Journal of personality and social psychology, 1996, 70 (2).

[255] LIEBERMAN M, DOYLE A, MARKIEWICZ D. Developmental patterns in security of attachment to mother and father in late childhood and early adolescence associations with peers relations [J]. Child development, 1999, 70 (1).

[256] LIEW J, CHEN Q, HUGHES J N. Child effortful control, teacher-student relationships, and achievement in academically at-risk children: additive and interactive effects [J]. Early childhood research quarterly, 2010, 25 (1).

[257] LIN H S, PROBST J C, HSU Y C. Depression among female psychiatric nurses in southern Taiwan: main and moderating effects of job stress, coping behaviour and social support [J]. Journal of clinical nursing, 2010, 19 (15-16).

[258] LIN N, ENSEL W M, VAUGHN J C. Social resources and strength of ties: structural factors in occupational status attainment [J]. American sociological review, 1981, 46 (4).

[259] LIN N. Social resources and social actions: a progress report [J]. Connections, 1983, 6 (2).

[260] LING H, FU E, ZHANG J R. Peer relationships of left-behind children in China moderate their loneliness [J]. Social behavior and personality, 2017, 45 (6).

[261] LIU Y, LI X, CHEN L, et al. Perceived positive teacher-student relationship as a protective factor for Chinese left-behind children's emotional and behavioural adjustment [J]. International journal of psychology2015, 50 (5).

[262] LIU Z, LI X, GE X. Left too early: the effects of age at separation from parents on Chinese rural children's symptoms of anxiety and depression [J].

American journal of public health, 2009, 99 (11) .

[263] LUETHI M, MEIER B, SANDI C. Stress effects on working memory, explicit memory, and implicit memory for neutral and emotional stimuli in healthy men [J] . Frontiers in behavioral neuroscience, 2009, 2.

[264] MASLOW A H, HIRSH E, STEIN M, et al. A clinically derived test for measuring psychological security-insecurity [J] . The journal of general psychology, 1945, 33 (1) .

[265] MASLOW A H. A theory of human motivation [J] . Psychological review, 1943, 50 (4) .

[266] MCKAY G. Social support, stress and the buffering hypothesis: a theoretical analysis [J] . Handbook of psychology and health, 1984, 2.

[267] MILLER P J E, REMPEL J K. Trust and partner-enhancing attributions in close relationships [J] . Personality and social psychology bulletin, 2004, 30 (6) .

[268] MODECKI K L, MINCHIN J, HARBAUGH A G, et al. Bullying prevalence across contexts: a meta-analysis measuring cyber and traditional bullying [J] . The Journal of adolescent health, 2014, 55 (5) .

[269] MOKDAD A H, FOROUZANFAR M H, DAOUD F, et al. Global burden of diseases, injuries, and risk factors for young people's health during 1990-2013: a systematic analysis for the Global Burden of Disease Study 2013 [J] . The lancet, 2016, 387 (10036) .

[270] OLIVIER E, ARCHAMBAULT I. Hyperactivity, inattention, and student engagement: the protective role of relationships with teachers and peers [J] . Learning and individual differences, 2017, 59.

[271] OLWEUS D. Family and temperamental determinants of aggressive behavior in adolescent boys: a causal analysis [J] . Developmental psychology, 1980, 16 (6) .

[272] ORTH U, LUCIANO E C. Self-esteem, narcissism, and stressful life events: testing for selection and socialization [J] . Journal of personality and social psychology, 2015, 109 (4) .

[273] PINTO - JAYAWARDENA K. Left behind, left out: the impact on children and families of mothers migrating for work abroad: summary report [R]. Colombo: Save the children in Sri Lanka, 2006.

[274] PREACHER K J, RUCKER D D, HAYES A F. Addressing moderated mediation hypotheses: theory, methods, and prescriptions [J]. Multivariate behavioral research, 2007, 42 (1).

[275] RANSON K E, URICHUK L J. The effect of parent-child attachment relationships on child biopsychosocial outcomes: a review [J]. Early child development and care, 2008, 178 (2).

[276] RAUDINO A, FERGUSSON D M, HORWOOD L J. The quality of parent-child relationships in adolescence is associated with poor adult psychosocial adjustment [J]. Journal of adolescence, 2013, 36 (2).

[277] REYES M M. Migration and Filipino children left-behind: a literature review [J]. Development (DFID), 2007.

[278] RICHARDSON G E. The metatheory of resilience andresiliency [J]. Journal of clinical-psychology, 2002 (58).

[279] ROEPKE A M, JAYAWICKREME E, RIFFLE O M. Meaning and health: a systematic review [J]. Applied research in quality of life, 2014, 9 (4).

[280] ROSENBAUM P R, RUBIN D B. The central role of the propensity score in observational studies for causal effects [J]. Biometrika, 1983, 70 (1).

[281] RUAN D. Social network in urban China [D]. Columbia University, 1993.

[282] RYFF C D, SINGER B. Interpersonal flourishing: a positive health agenda for the new millennium [J]. Personality and social psychology review, 2000, 4 (1).

[283] SALMIVALLI C, LAGERSPETZ K, BJÖRKQVIST K, et al. Bullying as a group process: participant roles and their relations to social status within the group [J]. Aggressive behavior, 1996, 22 (1).

[284] SALMIVALLI C. Bullying and the peer group: a review [J].

Aggression and violent behavior, 2010 (2) .

[285] SANDERS A E, LIM S, SOHN W. Resilience to urban poverty: theoretical and empirical considerations for population health [J] . American journal of public health, 2008, 98 (6) .

[286] SANTINI Z I. The impact of social networks and social support on mental disorders and mortality [D] . Barcelona: Universitat de Barcelona, 2016.

[287] SATCHER D. Mental health: a report of the Surgeon General--executive summary [J] . Professional psychology: research and practice, 2000, 31 (1) .

[288] SCARMEAS N, STERN Y. Cognitive reserve and lifestyle [J] . Journal of clinical and experimental neuropsychology, 2003, 25 (5) .

[289] SCHMITT D P, ALCALAY L, ALLENSWORTH M, et al. Patterns and universals of adult romantic attachment across 62 cultural regions: are models of self and of other pancultural constructs? [J] . Journal of cross-cultural psychology, 2004, 35 (4) .

[290] SCOTT J. Social network analysis [J] . Sociology, 1988, 22 (1) .

[291] SIJTSEMA J J. Preadolescents and their friends: similarity in aggression and depressive problems as a function of social status and friendship reciprocity [J] . International journal of behavioral development, 2016, 40 (6) .

[292] SIMPSON J A. Influence of attachment styles on romantic relationships [J] . Journal of personality & social psychology, 1990, 59.

[293] SNYDER C R, HOZA B, PELHAM W E, et al. The development and validation of the Children's Hope Scale [J] . Journal of pediatric psychology, 1997, 22 (3) .

[294] SROUFE L A, FLEESON J. Attachment and the construction of relationships [J] . Relationships and development, 1986, 51.

[295] SU S, LI X, LIN D, et al. Psychological adjustment among left-behind children in rural China: the role of parental migration and parent-child communication [J] . Child: care, health and development, 2013, 39 (2) .

[296] SUTTON J, SMITH P K. Bullying as a group process: an adaptation of the participant role approach [J] . Aggressive behavior, 1999, 25 (2) .

[297] TAKAHASHI K. Toward a life span theory of close relationships: the affective relationships model [J]. Human development, 2005, 48 (1-2).

[298] TAO X, GUAN H, ZHAO Y, FAN Z. Mental health among left-behind preschool-aged children: preliminary survey of its status and associated risk factors in rural China [J]. Journal of international medical research, 2014, 42 (1).

[299] TAYLOR E J. The new economics of labour migration and the role of remittances in the migration process [J]. International migration, 1999, 37 (1).

[300] TAYLOR S E, WELCH W T, KIM H S, et al. Cultural differences in the impact of social support on psychological and biological stress responses [J]. Psychological science, 2007, 18 (9).

[301] THOITS P A. Mechanisms linking social ties and support to physical and mental health [J]. Journal of health and social behavior, 2011, 52 (2).

[302] THOITS P A. Social support as coping assistance [J]. Journal of consulting and clinical psychology, 1986, 54 (4).

[303] TILLICH P. The meaning of health [J]. Perspectives in biology and medicine, 1961, 5 (1).

[304] TONG L, YAN Q, KAWACHI I. The factors associated with being left-behind children in China: Multilevel analysis with nationally representative data [J]. PloS one, 2019, 14 (11).

[305] UMBERSON D. Family status and health behaviors: social control as a dimension of social integration [J]. Journal of health and social behavior, 1987.

[306] UNGAR M, GHAZINOUR M, RICHTER J. Annual research review: what is resilience within the social ecology of human development? [J]. Journal of child psychology and psychiatry, 2013, 54 (4).

[307] UNICEF. The impact of parental deprivation on the development of children left behind by Moldovan migrants [R]. New York, UNICEF, 2008.

[308] VALTOLINA G G, COLOMBO C. Psychological well-being, family relations, and developmental issues of children left behind [J]. Psychological reports, 2012, 111 (3).

[309] VAN NOORDEN T H J, HASELAGER G J T, CILLESSEN A H N,

BUKOWSKI W M. Empathy and involvement in bullying in children and adolescents: a systematic review [J] . Journal of youth and adolescence, 2015, 44 (3) .

[310] VERSCHUEREN K, MARCOEN A. Representation of self and socioemotional competence in kindergartners: differential and combined effects of attachment to mother and to father [J] . Child development, 1999, 70.

[311] WANG J, RONALD J I, TONJA R N. School bullying among adolescents in the United States: physical, verbal, relational, and cyber [J] . Journal of adolescent health, 2009, 45 (4) .

[312] WANG L, MESMAN J. Child development in the face of rural-to-urban migration in China: a meta-analytic review [J] . Perspectives on psychological science, 2015, 10 (6) .

[313] WANG M T, BRINKWORTH M, ECCLES J. Moderating effects of teacher-student relationship in adolescent trajectories of emotional and behavioral adjustment [J] . Developmental psychology, 2013, 49 (4) .

[314] WEN M, LIN D. Child development in rural China: children left behind by their migrant parents and children of nonmigrant families [J] . Child development, 2012, 83 (1) .

[315] WENTZEL K R. Social relationships and motivation in middle school: the role of parents, teachers, and peers [J] . Journal of educational psychology, 1998, 90 (2) .

[316] YANG T, LI C, ZHOU C, JIANG S, CHU J, MEDINA A, ROZELLE S. Parental migration and smoking behavior of left-behind children: evidence from a survey in rural Anhui, China [J] . International journal for equity in health, 2016, 15 (1) .

[317] YE J, PAN L. Differentiated childhoods: impacts of rural labor migration on left-behind children in China [J] . Journal of peasant studies, 2011, 38 (2) .

[318] YE M, LV M, LI L, et al. The psychological problems and related influential factors of left-behind adolescents (LBA) in Hunan, China: a cross sectional study [J] . International journal for equity in health, 2017, 16 (1) .

[319] ZHANG N, BÉCARES L, CHANDOLA T. Does the timing of parental

migration matter for child growth? A life course study on left-behind children in rural China [J] . BMC public health, 2015, 15 (1) .

[320] ZHANG X, LI M, GUO L, et al. Mental health and its influencing factors among left-behind children in South China: a cross-sectional study [J] . BMC public health, 2019, 19 (1) .

[321] ZHAO X, LYNCH J G, CHEN Q. Reconsidering Baron and Kenny: myths and truths about mediation analysis [J] . Journal of consumer research, 2010, 37 (2) .

[322] CENTERS FOR DISEASE CONTROL AND PREVENTION. About Child & Teen BMI [EB/OL] . [2020-11-05] . https://www.cdc.gov/healthyweight/assessing/bmi/childrens_bmi/about_childrens_bmi.html.